우리 음식의 언어

우리 음식의 언어

국어학자가 차려낸 밥상 인문학

한성우 지음

어크로스

'밥'은 왜 '밥'인가?

엉뚱한 질문으로 여겨지지만 말에 대한 순수한 호기심을 가지고 있는 이라면 한번쯤은 품어볼 만한 의문이다. 우리말을 연구하고 가르치는 것을 직업으로 삼고 있지만 이 질문에 대해 '밥이니까 밥이다'라는 옹색한 대답밖에 할 수 없다. '밥'은 'ㅂ, ㅏ, ㅂ'의 세 소리로 구성된 한 음절이라는 것, 각지의 방언을 다 뒤져봐도 모두 '밥'뿐이라고 설명을 하고 나서도 역시 뒷맛이 개운하지 않다. 과연 이 질문이 이런 재미없는 답을 원한 것이었을까?

'호박'은 왜 '호박'인가, 그리고 '애호박'은 왜 '애호박'인가?

그나마 대답할 거리가 조금 있는 질문이다. '박'이란 말이 있으니 '호'를 설명하면 될 터이고, '호박'이란 말이 있으니 '애'를 설명하면 된다. 여유가 있다면 '수박'을 설명하고, 더 나아가 '오이', '참외', '물외'의 관계를 설명할 수도 있다. 그래도 역시 뭔가 미진하다는 생각을 지울 수 없다. 과연 이 질문이 어원이 궁금해서 나온 질문이었을까?

말에 대한 연구와 교육이 직업이다 보니 주변 사람들로부터 이러한 질문을 수없이 받게 되고, 스스로도 던지게 된다. 이러한 질문은 논문이나 책의 소재가 되기도 하고 수업 시간의 이야깃거리가 되기도 한다. 그러나 아무리 노력을 해도 '연구'와 '교육'이란 말이 앞에 붙는 순간 어렵고도 재미없는 것이 되고 만다.

우리말을 연구하고 가르치면서 늘 가져왔던 생각 중 하나가 '말의 주인은 그 말을 쓰는 사람들의 것'이라는 명제이다. 그러나 말에 대한 연구의 결과는 정작 말의 주인은 이해하기 어렵고, 말에 대한 교육은 말의 젊은 주인들조차도 따분해한다. 이러한 연구와 교육이 반드시 필요하기는 하지만 말의 주인이 소외되는 상황은 안타깝기 그지없다. 말의 참된 주인과 함께 호흡하고, 일상에서 늘 접하는 말에서 시작해 그 뜻을 되새겨 그 속에서 재미와 의미를 찾는 것이 필요하다.

《우리 음식의 언어》는 이러한 필요를 채우기 위한 책이다. 누구나 먹고 마신다. 그리고 먹고 마시는 것에 대해서 이야기를 나눈다. 그러니 모두에게 중요한 문제이고 누구나 관심을 가지는 것이 먹고 마시는 것에 대한 말이다. 우리가 먹고 마시는 것의 재료와 그것을 가공해서 만든 음식, 그리고 그것을 둘러싼 우리의 다양한 말들이 이 책의 관심사인 동시에 모두의 관심사가 될 수 있다. 그것을 쉽게 풀 수만 있다면 함께 먹고 마시면서 이야기를 나눌 수 있으니 더할 나위 없이 좋은 일이다.

제목에서 알 수 있듯이 이 책의 핵심어는 '음식'과 '언어' 그리고 '우리' 세 가지이다. 이 책은 '음식'에 관한 책이되 '요리, 요리법, 요리사, 맛집, 먹방' 등에 초점을 맞춘 것은 아니다. 또 '언어'에 관한 책이니 말의 의미, 기원, 변화 등에 대해 다루고 있으나 이런 것들에만 몰두하는 것은 아니다. 마지막으로 '우리' 것에 대한 책이되 '우리'의 것에만 한정된 것은 아니다. 우리가 먹고 마시는 모든 것이 말로 표현되고 있으니 그와 관련된 말을 하나하나 되새겨보는 것이 이 책의 목적이다.

이 책은 말의 참된 주인과 함께 호흡하고자 하는 두 번째 책이다. 첫 책인《방언정담》은 우연히 맺은 인연으로 출간했지만 이 책은 그 인연의 연장선에서 나오게 되었다. 방언조사를 하면서, 그리고 일상의 대화를 통해서 음식과 관련된 소재들을 차곡차곡 쌓아오던 차에 미국의 언어학자 댄 주래프스키Dan Jurafsky의《음식의 언어The Language of Food》를 만나게 되었다. 존경스러운 동업자의 노고에 경외와 감사의 마음을 느끼면서 그동안 쌓아왔던 것을 하루빨리 엮어야겠다는 조급증도 생겼다. 대신 누구나 읽을 수 있도록 조금 더 쉽고 재미있게 써야 한다는 당위성도 느껴졌다.

책을 쓰면서 많은 이들에게 빚을 졌다. 먹고 마시는 것, 그리고 말을 가르쳐준 주변의 모든 이들에게 무엇보다도 먼저 고마움의 말을 전하고 싶다. 연구와 교육의 대상으로서의 말을 가르쳐준 모든 선생님들, 그리고 각자의 영역에서 훌륭한 연구 결과를 내어준 연구자들의 도움에도 많은 빚을 졌다. 일일이 그 출처를 밝히고 인용을 해야겠지만 책의 성격상 그리 하지 못한 것에 대한 양해를 구한다. 그리고 지식의 폭과 사고의 깊이가 부족해서 혹시라도 잘못 서술한 것에 대해서는 언제든지 다시 배우고 고칠 준비가 되어 있다.

책을 쓰는 것은 저자의 몫이지만 책을 만드는 것은 출판사의 몫이다.《방언정담》을 쓰고 만들면서 느꼈던 감사의 마음이 이 책을 쓰면서 더 커졌다. 열정이 넘치는 유능한 편집자 서지우 씨와 저자로 하여 금 더 유익하고도 재미있는 책을 쓸 수 있도록 물심양면의 지원을 아 끼지 않는 김형보 대표께 다시 한 번 감사를 드린다. 멋진 표지를 만들 어준 디자이너 오필민 씨, 그리고 글과 그림을 조화롭게 배치해준 김 성인 씨에게도 감사를 드린다. 그리고 일일이 열거할 수는 없지만 틈 틈이 원고를 읽고 수정 의견을 준 주변의 모든 이들에게도 고마움을 표한다.

이 책을 쓰면서 '식구'란 말의 의미와 그 소중함을 다시금 깨달았다. 함께 음식을 준비하고 함께 먹은 나의 '식구'들에 대한 고마움은 시간 이 지날수록 커지기만 한다. 부모, 형제, 자매, 처, 자식이 모두 식구이 지만 그중에 한 분은 특별히 언급하지 않을 수 없다. 태어나서 첫 번 째로 먹는 음식인 젖을 물려준 이, 지금도 여전히 그 애틋한 마음으로 식구들의 먹고 마실 것을 준비하기 위해 늘 노심초사하는 어머니에게 이 책을 바친다.

2016년 9월
한성우

차례

일러두기

- 중국어는 원어를 알 수 있도록 한자와 병음을 함께 썼다.
- 이 책에 실린 각 지역 사람들의 대화는 가능하면 방언형을 그대로 살리되 표준어의 맞춤법에 준한 '방언 맞춤법'을 따라 적었다. 이해하기 어려운 방언은 표준어역을 하되, 일반적으로 이해할 수 있다고 판단되는 것들은 그 표준어역을 생략했다.

먹고사는 이야기

"먹고살기 힘들다."

삶이 팍팍하게 느껴질 때마다 우리 입에서는 습관적으로 이런 말이 튀어나온다. 이 말이 나오는 맥락도 그렇고, 말 자체의 뜻도 결국은 '살기 힘들다'는 뜻이다. 그냥 '살기 힘들다'고 하면 될 것을 굳이 그 앞에 '먹다'를 붙이는 것이다. 고된 노동을 하면서 '다 먹고살자고 하는 짓'이라고 말하거나 더 어려운 상황에서는 '입에 풀칠이라도 하려고'라고 말하는 것도 이와 비슷하다. '먹는 것'이 곧 '사는 것'이고 '사는 것'이 곧 '먹는 것'이다. 그런데 이렇게 결론을 내리고 나면 만물의 영장이라 스스로 일컫는 인간이 고작 입에 풀칠이나 하고 고깃덩어리나 뜯으려 하는 존재로 전락하고 만다. 그러나 먹어야 생존할 수 있고, 생존 후에야 생활이 가능하니 '먹고'서 사는 것의 중요성은 어느 누구도 부정할 수 없다.

다행스럽게도 우리 인간은 이 문제를 슬기롭게 해결한다. 채집과 사냥에만 의존하던 단계를 넘어 먹을 것을 직접 기르는 방법을 터득한다. 나아가 이런 먹거리를 잘 먹을 수 있는 방법, 그리고 맛있게 먹을 수 있는 방법인 '요리법' 혹은 '조리법'을 개발한 지구상의 유일한 존재가 인간이기도 하다. 불을 자유자재로 이용해 스스로 준비한 먹거리를 굽고, 삶고, 찌고, 튀기고, 볶고, 지진다. 갖가지 식재료를 어우러지게 하여 함께 먹기도 하고, 양념이나 향신료로 불리는 것을 가미해 색다른 맛을 내기도 한다. 살기 위해 먹던 것이 어느덧 즐기기 위해 먹는 것으로 바뀌게 된다.

이렇게 우리가 먹고 살아가는 모든 것은 말로 표현된다. 요리와 마찬가지로 말도 인간 고유의 것이다. 인간은 그 말로 갖가지 재료, 조리법, 그리고 그 결과물을 이야기한다. 그 결과물은 '음식飮食'이라는 말로 뭉뚱그려지는데 이 말에는 '먹을 것'뿐만 아니라 '마실 것'도 포함된다. 지역에 따라 먹고 사는 방법이 다르니 먹을 것과 마실 것도 다르다. 말도 다르니 먹을 것과 마실 것을 표현하는 방법도 다르다. 게다가 시간의 흐름에 따라 먹고 마시는 것도 변하고, 말도 변하니 먹을 것과 마실 것에 관한 말도 끊임없이 변한다.

'우리 음식의 언어'에 대해 곰곰이 되짚어 보려고 하는 이유가 여기에 있다. '먹고사는 것'이 인간의 삶이다 보니 음식과 관련된 말에는 인간의 삶이 그대로 투영되어 있다. 우리의 말로 표현된 그 속에는 우리네 삶의 향기가 고스란히 배어 있다. 우리가 먹고 마시는 것의 재료들은 우리 땅의 풍토를 말해주고, 그것들에 우리의 손길을 가하는 갖가지 조리법은 우리 삶의 지혜를 말해준다. 그렇게 만들어진 음식, 그리고 그 음식과 관련된 말은 우리의 정서를 대변해준다. 결국 우리 음식의 언어는 우리 삶의 말인 것이다.

음식의 언어를 다루는 방법에는 여러 가지가 있을 수 있다. 요리사라면 재료, 조리법, 요리를 먹는 법에 대한 말을 이야기할 것이다. 역사학자라면 먹고 마시는 것에 대한 말을 시간 순서대로 이야기할 듯하고, 문화학자라면 공간의 이동에 따라 한식, 중식, 일식, 양식 등의 문화적 의미에 대해 이야기할 듯하다. 그리고 국문학자라면 우리의 작품 속에 반영된 먹고 마시는 이야기를 꼼꼼하게 따져볼 듯하고, 국어학자라면 음식과 관련된 말의 어원과 의미의 변화를 상세하게 설명할 수 있겠다.

이런 갖가지 방법 중에 어느 하나에만 기댄다면 우리 음식의 언어, 나아가 우리 삶의 언어를 오롯이 담아내기는 어렵다. 재료와 조리법, 그리고 요리에는 각각의 이름이 있고, 그 시대에 따라 그 이름이 조금씩 다르다. 오늘날에는 세계 각지의 재료와 요리가 국경을 넘어 자유롭게 오가기 때문에 하나의 밥상, 혹은 식탁에 동서고금의 음식이 함께 놓인다. 같은 음식을 앞에 두고서도 저마다 생각이 다르고 느낌이 다르다. 이렇듯 다양한 음식과 그것을 둘러싼 다채로운 삶을 말로써 온전히 들여다보기 위해 앞서 언급한 여러 방법이 함께 어우러지도록 했다. 순서는 우리가 어떻게 먹으며 사는가를 기준으로 삼았다.

우리는 저마다 밥과 국을 앞에다 놓고 반찬과 찌개를 함께 먹는다. 그러니 우리 음식의 언어는 밥에서 시작해서 국과 찌개, 그리고 반찬의 순으로 살펴보는 것이 우리의 정서에 맞는다. 때때로 국수와 빵이 밥을 대신하기도 하니 이에 대한 이야기도 중간에 끼워 넣는 것이 우리의 삶과 맞아 떨어진다. 알곡과 풀 이외에 고기가 밥상에서는 빠질 수 없으니 뭍과 물의 고기를 차례차례 살펴보아야 한다. 입가심으로 먹는 과일과 마실 것, 그리고 때때로 먹는 주전부리 또한 우리에게 먹고 마시는 즐거움을 주니 빠질 수 없고, 음식의 맛을 더해주는 각종 양념 또한 곁들여야 한다. 그리고 이 모든 음식이 탄생하는 마법의 공간인 부엌과 그 안을 채우고 있는 부엌살림에 대한 이야기도 빠질 수 없다.

먹고살기 힘들다는 말은 여전히 들리지만 과거의 극단적인 배고픔에서 해방된 것은 다행이다. 기아보다 비만을 걱정해야 할 만큼 먹고 마실 거리가 풍부해진 상황이니 이제는 '살기 위해' 먹는 것이 아니라 '먹기 위해' 살 수도 있는 상황이 되었다. 이러한 상황에서 우리가 먹고 마시는 것을 어떻게 말하는가에 대해 되돌아보는 것은 우리의 삶을 되돌아보는 것인 동시에 우리의 삶을 더욱더 풍성하게 하는 길이라 믿는다.

1

쌀과 밥의 언어학

● 일편단심 밥! ● 햅쌀에 담긴 비밀 ● 반으로 줄어든 밥심 ●

● 가마솥에 누룽지 ● 죽이 한자어? ● 삼시 세끼와 며느리밥풀꽃 ●

영어의 '라이스rice'는 꽤나 불친절한 단어
다. 때로는 '벼', 때로는 '쌀', 때로는 '밥'을 뜻한다. 갈무리해놓은 낟
알 중에 실한 놈을 잘 말려 겨울을 난 후 싹을 틔워 못자리에 붓는다.
적당한 길이만큼 자라면 모를 쪄서 모내기를 한다. 애벌, 두벌, 세벌의
김을 매며 잘 키우면 그것이 벼다. 가을이 되어 알곡이 누렇게 익고 이
삭이 고개를 숙일 때쯤 베어 낟알을 떨어내면 그것도 벼다. 방앗간에
서 왕겨를 벗겨내면 현미가 되고 다시 몇 차례 등겨를 벗겨내면 백미
가 되는데 이것을 쌀이라 부른다. 쌀을 안쳐 불을 때다 뜸을 들이면 비
로소 밥이 된다. 이처럼 우리말에서는 세세히 분화되어 있는데 영어
에서는 그저 라이스일 뿐이다. 우리처럼 삼시 세 끼 밥을 먹지 않으니
영어를 탓할 것이 아니라 우리의 밥에 대한 애착을 다시 볼 일이다.

'요리를 하다'와 마찬가지로 '밥을 하다'란 말을 쓰기도 하지만 '밥
을 짓다'가 제격이다. 음식은 그저 '만들다'란 동사를 쓰면 되지만 밥
만은 '만들다'를 쓰지 못하고 '짓다'를 쓴다. '짓다'는 집, 옷, 배, 짝, 농
사, 매듭, 이름, 죄 등을 목적어로 삼아 '만들다'보다는 좁은 영역에서

벼, 쌀, 밥

우리는 각각을 구별하지만 영어에서는 모두 '라이스rice'다. 일본어에서는 각각 '이네いね', '고메こめ', '메시めし'라 하고, 중국어에서는 각각 '다오쯔稻子/daozi', '미米/mi', '판饭/fan'이라 한다. 쌀이 중요한 식량인 지역에서는 각각을 구별하지만 그렇지 않은 지역에서는 딱히 구별할 필요가 없으니 하나의 단어로 부른다.

쓰이지만 훨씬 더 중요한 대상에 대해 쓴다. 밥도 '짓다'를 쓰니 밥이 우리의 삶에서 얼마나 중요한 존재인지 가늠할 수 있다. '뜸'은 밥을 지을 때만 활용하게 되는 독특한 조리법인데 그 뜸이 일상에서 '뜸을 들이다'란 말로 쓰이고 있으니 이 역시 밥의 중요성을 일깨워준다. 이 래저래 밥이 얼마나 큰 비중을 가진 말인지 확인할 수 있다.

　우리에게 밥은 그저 음식 중의 하나가 아니라 음식 전체를 가리키기도 한다. 밥이 있어야 국과 찌개, 그리고 반찬이 의미가 있다. 밥이 밥상의 중심이기에 밥이 결국 음식 전체를 의미하게 되었다. 밥은 우리 삶의 원천이자 음식의 출발이다. 그러기에 음식에 대한 이야기는 밥에서부터 시작하는 것이 당연하다.

일편단심 밥!

'밥'은 방언을 아무리 뒤져봐도 다른 변이가 발견되지 않는다. 이 땅의 모든 곳에서 '밥'이라 하고 현재까지 남아 있는 모든 문헌을 뒤져봐도 그렇다. '밥'을 '봅' 또는 '박'이라고 할 수도 있을 듯한데 그런 흔적조차 보이지 않는다. 어휘적인 차이가 없다는 것은 처음부터 같은 계통의 말 하나만 있었다는 것이다. '밥'의 말소리 구성을 살펴봐도 첫머리나 받침의 'ㅂ'은 기본적인 자음에 속하고 모음 'ㅏ' 또한 기본적인 모음이다. 게다가 한글로는 한 글자로 쓸 수 있는 한 음절이니 변이를 일으킬 가능성은 더 적어진다. 이러한 언어학적 풀이도 가능하지만 애초에 모든 지역에서 기본 중의 기본에 해당하는 음식이었으니 변이가 일어날 여지가 없었다고 볼 수도 있다.

'밥'을 '부추'와 비교해보면 그 특이함이 더 분명해진다. 표준어로는 '부추'라고 하는 이 채소는 '본추', '부자', '부초', '분추', '불구', '불초', '비자', '세우리', '소풀', '솔', '쉐우리', '염지', '저구지', '정구지', '졸', '졸파', '줄', '쫄', '푸초', '푸추', '푼추' 등으로 매우 다양하게 나타난다. 부추가 우리 식단에서 차지하는 지위가 그리 높지 않은데도 방언형만으로 치면 어떤 식물명보다도 많은 숫자를 보여주고 있다. 이에 비하면 전국 방방곡곡에서 모두 밥을 오로지 '밥'이라고 하는 것은 오히려 신기하다. 사람들의 입에 많이 오르내리는 말일수록 변화를 겪기 쉬운데 이 말만은 전혀 변화를 겪지 않은 것으로 보인다. 부엌을 '부엌'이라고 하는 지역이든 '정지'라고 하는 지역이든 가릴 것 없이 밥은 '밥'이다.

그래도 약간의 변이를 볼 수 있는 것은 '이밥', '이팝' 등과 같이 다른 말과 합쳐진 것들이다. '이'는 흰쌀을 뜻한다. 쌀은 흰색이라고 생각하기 쉬우나 벼의 겉껍질인 왕겨를 벗겨낸 쌀은 '검다'는 뜻의 '현미玄米'다. 현미는 건강에는 좋다지만 밥을 지으면 너무 거칠고 밥맛도 그리 좋지 않다. 그래서 겉을 깎아내면 깎아낼수록 더 희어지고 맛도 좋아진다. 이렇게 밥맛이 좋도록 깎아낸 쌀로 지은 밥이 '이밥'이다. 이것이 '이팝'이 된 것은 다소 의외다. '이팝'이 되기 위해서는 '이'가 본래 '잎'이었다고 봐야 한다. 오늘날의 '머리〔髮〕', '살〔肉〕' 등이 포함된 말이 '머리카락', '살코기' 등으로 남아 있는 것은 '머리'와 '살'이 과거에는 '머맇', '샇'이었기 때문이다. 이러한 것을 고려하면 '이'는 '잎'이었을 것으로 보이는데 다른 데는 쓰이지 않으니 그리 추정해볼 뿐이다.▮

햅쌀에 담긴 비밀

말을 배우는 아이들은 너나없이 훌륭한 언어학자다. '햇곡식', '햇사

▮   이런 말들은 화석에 비유된다. 지금은 사라진 동식물이 지층에 흔적을 남긴 것을 화석이라고 하듯이 어떤 말이 더 이상 쓰이지 않거나 모습이 변했지만 과거의 모습이 오늘날의 말 속에 남아 있으면 그것을 '화석'이라고 하는 것이다. '몹쓸 사람'도 더 극적인 화석의 유형이다. '못 쓸'이 아니라 '몹쓸'이 된 것은 오늘날의 '쓰다'가 과거에는 'ᄡᅳ다'였기 때문이다. '못'의 받침까지 밀어내고 '몹쓸'이 되었다. 지금은 'ㅎ'을 받침으로 가진 명사가 없는데 과거에는 여럿 있었다. 그 흔적은 '살코기', '머리카락', '안팎' 등에 남아 있다. 모두 '샇', '머맇', '않'이던 시절에 만들어진 단어가 지금까지 이어져 내려오고 있는 것이다.

天日漢捺 米日菩薩

손목, 〈계림유사〉
'하늘[天]'을 '한날[漢捺]'이라 하고 '쌀[米]'을 '보살[菩薩]'이라 한다.

과', '햇밤' 등의 말을 익히기 시작한 어린아이들은 이 단어들을 놓고 인수분해를 한다. '곡식', '사과', '밤'이란 말이 따로 있으니 '햇'이 분리된다. 그리고 그 뜻과 용법을 머릿속에 저장해둔다. 여기에 올해 수확한 벼를 찧어 나온 쌀이 있다. 아이는 당연하게 '햇쌀'이라고 이름을 붙인다. 그런데 틀렸다. 담임선생님은 가차 없이 붉은 색연필로 빗금을 긋고 부모님은 꿀밤을 때린다. 그러고는 '햅쌀'이라고 가르친다. 억울한 아이는 그 이유를 어른들에게 묻는다. 그런데 돌아오는 대답은 "그냥 그래. 외워!"가 전부다.

그 비밀을 캐기 위해 11세기 고려의 수도 송도로 가보자. 송나라 사신 손목[孫穆]은 고려말에 관심이 많다. 그리하여 열심히 고려말을 기록한 후 책으로 남긴다. 그런데 아뿔싸, 손목이 아는 문자는 한자밖에 없는데 고려의 말소리를 한자로 완벽하게 적을 방법이 없다. 할 수 없이 고려말과 소리가 가장 비슷한 한자로 적는다. 그렇게 《계림유사[鷄林類事]》에 남겨놓은 단어가 353개. '하늘'과 '쌀'도 여기에 포함되어 있다. '하늘'은 '한날[漢捺]'로 기록되어 있는데 오늘날의 발음과 비슷하고 글자 수도 같다. 손목이 기록한 고려말은 이렇게 대부분 추정과 확인이 가능하다. 그런데 '쌀'을 '보살[菩薩]'로 적은 것이 문제다. 오늘날 쌀은 한 글자인데 손목은 두 글자로 적어놓았다. '쌀'과 '보살'은 소리가 같

 은 듯하면서도 다르다.

다른 단어에 대한 기록을 살펴보면 손목이 거짓말을 한 것 같지는 않다. 뭔가 남모를 고민이 있었던 듯하다. 세종대왕이 프로야구 경기를 본다면? 엉뚱한 상상이지만 손목과 세종대왕을 비슷한 상황에 두면 그 해답을 얻을 수 있다. 최고의 언어학자인 세종대왕이 'strike'란 심판의 콜을 들으면 어떻게 적을까? 오늘날은 '스트라이크'라고 적지만 세종대왕은 주저하지 않고 위 그림처럼 적을 것이다. 그리고 이 글자를 읽으라고 하면 정확하게 영어의 'strike' 발음과 같게 읽을 것이다. 영어 'strike'는 한글로 다섯 글자로 적지만 영어에서는 한 번에 소리를 낼 수 있는 한 음절이다. 한 음절이니 한 글자로 적어야 하고 실제의 소리가 이와 같으니 세종대왕 당시의 기준으로 하면 너무나 당연한 표기다.

손목도 비슷한 상황에 처하게 된다. 고려말의 '쌀' 발음을 들어보니 단어의 첫머리에 'ㅂ' 소리와 'ㅅ' 소리가 차례로 들리는데 한 번에 발음하는 한 음절이다. 중국어에서는 단어의 첫머리에 소리 두 개가 오는 일이 없으니 결국 두 글자로 적기로 한다. 세종대왕은 한 글자로 적을 수 있는 것을 오늘날 우리는 다섯 글자로 적는 것과 비슷한 상황이다. 훈민정음 창제 이후의 초기 문헌도 그 비밀을 풀어준다. '쌀'은 본래 '뿔'이었다. 오늘날에는 단어의 첫머리에 자음이 하나밖에 올 수 없지만 이 시기에는 둘도 올 수 있었고, 'ㅄ'은 '브스'에서 'ㅡ'가 없는 듯이 내는 소리였을 것으로 추정한다. 당시의 고려 사람들은 이 단어를 한 음절로 발음하지만 손목의 귀에는 첫머리의 'ㅂ'과 'ㅅ' 소리가 모두 들리니 '보살'로 적은 것이다.

우리 음식의 언어

오늘날 쌀과 관련된 여러 단어들도 이를 확인해준다. 여러 종류의 쌀을 구별하기 위해 쌀 앞에 다른 단어를 붙일 수 있다. 그런데 '찹쌀', '멥쌀', '입쌀', '좁쌀' 등을 살펴보면 모두 'ㅂ' 소리가 포함되어 있음을 알 수 있다. 쌀의 찰기에 따라 차진 쌀과 메진 쌀이 구별되는데 '쌀'이 '뿔'이던 시기에 각각 '차뿔'과 '메뿔'로 결합되었으니 'ㅂ'이 앞의 단어에 붙었다가 오늘날까지 남아 있는 것이다. 희다는 뜻의 '이'가 결합된 '입쌀'이나 조의 낱알을 뜻하는 '좁쌀'도 마찬가지다. 쌀뿐만 아니라 '볍씨', '입때', '몹쓸' 등도 마찬가지 현상을 보여준다. 오늘날 '햇쌀'이 아닌 '햅쌀'로 적는 이유가 여기에 있다. 우리는 '쌀'을 먹지만 '뿔'을 먹던 조상의 말을 이어받아 쓰고 있는 것이다.

이러한 비밀스러운 역사가 있지만 한 가지 확실한 것이 있다. '밥'과 마찬가지로 '쌀'은 사투리가 없다. 첫소리 'ㅂ'이 사라진 후 누구나 '쌀'이라고 한다. 'ㅆ'을 발음하지 못하는 지역의 사람들이 '살'이라고 발음하기도 하지만 이는 발음의 문제일 뿐이다. 종류가 다양해 다른 이름이 붙을 수도 있지만 그저 '무슨무슨 쌀'로 불린다. 밥이 그렇듯이 쌀도 우리에겐 생명의 말이다. 아주 오랜 세월 동안 꿋꿋이 이어져 내려온.

반으로 줄어든 밥심

1977년의 어느 봄날, 초등학교 3학년 사내아이 몇 명의 얼굴에 웃음기가 사라지지 않는다. 온양에서 소년체전 씨름 종목의 지역 예선이 벌어지는 날이다. 전교생이 400명에 불과한 시골 학교에 씨름부가 있을 리 만무했는데 무슨 이유인지 일주일 새 씨름부가 급조돼 예선에 참가하게 된 것이다. 일주일 동안 배운 것이라곤 샅바 매는 방법과 지도 교사의 필살기인 앞무릎치기가 전부인 아이들은 씨름에는 관심이 없다. 10시 넘어 출발하면 점심 때 온양에 도착, 김칫국물이 흐르는 도시락을 온양까지 가져갈 이유가 없으니 틀림없이 점심은 선생님께서 사주실 것이다. 사내아이들의 머릿속에 그려진 음식은 단 하나, 두툼한 면발에 구수하고도 짭조름한 검은색 소스가 잔뜩 부어진 짜장면 곱빼기다. 씨름을 지도한 총각 선생님이 아닌, 환갑이 넘으신 교장 선생님이 인솔하신다고 해서 약간 불길한 예감이 들기는 했지만 그래도 온양에 나가면 늘 먹게 되는 그것이니 의심을 하지는 않았다.

온양에 도착하자마자 찾아간 식당 '아산집'. 영 불안하다. '관', '루', '반점'이 붙은 집이 아니다. '다꽝'과 '다마네기', 그리고 '와리바시'와 '엽차'를 가져다줘야 할 어린 종업원도 보이지 않는다. 대신 교장 선생님의 눈짓에 야한 화장을 한 '젊은 할머니'가 밥, 국, 찌개, 김치, 밑반찬을 무심한 듯 펼쳐놓는다. 원망 섞인 아이들의 눈초리에 교장 선생님은 딱 한마디로 정리를 하신다.

"한국 사람들은 밥심이여."

밉다. 한없이 원망스럽다. 짜장면이 아니라 밥이라니……. 힘 한 번 쓰지 못하고 모두 예선 1차전 탈락이다. 짜장면이었다면 예선 통과는 거뜬했을 것이라고, 곱빼기였다면 서울까지 갈 정도의 실력을 발휘했을 것이라고 변명할 거리가 생긴 것이 그나마 다행이다.

우리 음식의 언어

1890년대의 주막집 밥상
일상적인 밥상이었는지 확인할 길은 없지만 밥과 국의 양이 엄청나다.

　요즘 젊은이들에게는 동의를 얻기 어렵겠지만 한국 사람은 밥심으로 산다. '밥심'의 '심'은 '힘'의 사투리니 '밥힘'이라고 해야 하지만 '밥심'이라고 해야 느낌이 산다. '뱃심', '입심'과 더불어 '밥심'은 우리에게 너무나 일상적이고도 친숙한 말이다.

　그런데 밥은 힘을 내는 데 그리 효율적이지는 않다. 밥의 주성분인

탄수화물은 큰 힘을 오래 쓰는 데는 적합하지 않다. 힘을 쓰려면 단백질이나 지방을 먹어야 하는데 푸성귀 위주의 우리 밥상에 단백질이나 지방이 오르는 일은 드물다. 결국 밥을 많이 먹는 수밖에 없다.

1890년대의 주막집 밥상 사진을 보면 밥그릇과 국그릇의 크기가 상상을 초월할 만큼 크다. 오늘날 그렇게 먹었다가는 비만에 성인병에 시달릴 것이 분명하지만 밥상의 주인은 깡말라 있고 눈도 쾡하다. 그 시기에는 그만큼 먹어야 그나마 힘을 쓸 수 있었던 것이다. 밥그릇만 큰 것이 아니다. '고봉'은 밥을 곱빼기로 만드는 마술을 보여준다. 밥은 찰기가 많아 눌러 담아도 그 모양이 흐트러지지 않는다. 어떤 밥그릇이든 밥그릇 안의 양만큼 위에 더 쌓을 수 있다. 그게 '고봉'이다. '고봉'은 아마도 '높은 봉우리'를 뜻하는 '高峰'일 텐데 밥을 높은 봉우리처럼 쌓아야 할 정도로 많이 먹어야 했던 것이다. 밥그릇의 크기는 1940년대부터 지금까지 70년의 세월을 거치면서 반으로 줄어들었다. 표면적으로는 밥을 적게 먹는 것이겠지만 실제로는 적게 먹어도 되는 상황이 되었다고 보는 것이 맞다. 다른 주전부리가 늘었고, 밥심보다 더 큰 힘을 주는 다른 음식이 많아진 것이다.

밥그릇의 크기는 반찬의 염도와도 비례한다. 밥을 오래 씹으면 단맛을 느낄 수 있지만 실상은 별맛이 없다. 그렇다고 흰쌀밥에 간을 하는 것도 영 이상하다. 결국 밥상의 다른 것으로 밥에 맛을 더해야 한다. 국이 짠 이유, 국보다 더 짠 찌개가 있는 이유, 각종 소금 절임이 '짠지'로 불리는 이유, 젓갈이 소태처럼 짠 이유의 일부는 밥의 양과 맛에서 찾을 수 있다. 무미의 쌀밥에 간의 균형을 맞추려면 다른 것을 많이 먹는 것도 방법이다. 그러나 각종 반찬의 재료보다 소금의 값이 훨

우리 음식의 언어

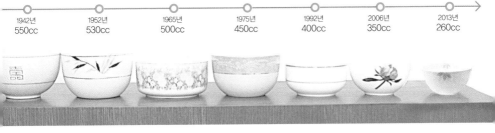

밥그릇 크기의 변화
100년이 채 안 되는 기간에 밥그릇의 크기가 반 이상으로 줄었다. 밥그릇에 들어가는 물의 용량으로 잰 것이니 밥을 고봉으로 푸면 그 양의 차이는 훨씬 더 커진다.(행남자기)

씬 더 싸니 소금을 많이 쓰는 것이 더 효과적인 방법이다. 여기에 매운맛으로 혀를 마비시키면 무미한 밥과 균형을 맞출 수 있다. 짜고 매운 우리 음식이 성인병의 주범으로 낙인이 찍혔지만 우리 음식이 그렇게 된 데에는 다 이유가 있다. 밥그릇의 크기가 줄어드는 속도를 소금의 양이 줄어드는 속도가 따르지 못하는 상황에서 그리된 것이다.

입맛은 하루아침에 형성된 것도 아니고 일시에 바뀌는 것도 아니다. 개인의 입맛도 그렇지만 이 땅에 살고 있는 사람들의 집단적인 입맛은 더 그렇다. 어린 시절의 입맛은 어머니의 손맛에 길들여진다. 그 아이가 커서 밥상을 좌지우지할 때면 음식이 달라지기 시작한다. 밥상의 구성도 달라지고 각각의 양도 달라진다. 과거에 사는 어머니는 어릴 적의 큰 밥그릇에 밥을 가득 담아내지만 현재를 사는 다 큰 자식은 그것이 부담스럽다. 그렇게 밥을 덜어내고 소금기와 고춧가루를 줄이고 한참이 지나서야 집단의 입맛도 변하게 될 것이다. 이미 밥의 양은 반으로 줄었고 늘 부족하기만 하던 쌀은 창고에서 썩어나가고 있는 것이 현실이다. '밥심'도 그렇게 힘을 잃어가고 있다.

가마솥에 누룽지

하늘 천 따 지 가마솥에 누룽지, 득득 긁어서 훈장님은 한 숟갈, 나는 한 그릇

좀 고약한 노래지만 입에 착착 감긴다. 엄하기만 한 훈장님을 골리는 노랫말 때문은 아니다. '하늘 천 따 지'까지는 잘 나가다가 '가물현'과 '누를 황'을 적절히 '가마솥'과 '누룽지'로 바꿨기 때문도 아니다. 노래를 부르면 저절로 떠오르는 누룽지의 고소한 맛 때문이다. 밥을 푸는 어머니 곁에 쭈그리고 앉아 누룽지를 기다려본 사람들만 느낄 수 있는 그 향기 때문이다. 전기밥솥에 지은 밥이나 '햇반'만 아는 사람들은 모르는 추억의 맛이 느껴지기 때문이다.

누룽지는 '가마솥에 지은 밥'에서만 생긴다. 중국이나 서양 사람들은 쌀에 물을 많이 잡아 한소끔 끓인 뒤에 물을 따라내니 '지은 밥'이 아니라 '끓인 밥'이어서 누룽지가 안 생긴다. 군대나 대형 급식소에서 불린 쌀에 수증기를 올려 만든 '찐 밥'에도 누룽지는 안 생긴다. 우리처럼 물을 적게 잡고 한소끔 끓인 뒤에 뜸을 들여 찰지고도 탱탱하게 밥을 지을 때만 누룽지가 생긴다. 가마솥이 없다면 양은 냄비도 괜찮다.

누룽지는 밥을 퍼내고 불을 다시 한 번 살짝 지피는 게 관건이다. 잘만 하면 솥이나 냄비 바닥 모양 그대로의 한 덩어리로 떼어낼 수 있

다. 다시 지핀 불이 너무 세면 타서 맛이 없고, 약하면 잘 떨어지지 않을 뿐만 아니라 고소한 맛도 떨어진다. '눌은밥'은 누룽지와는 다르다. 누룽지 위에 물을 더 붓고 끓여서 부드럽게 만든 것이 눌은밥이다. 바삭바삭한 건식은 누룽지고 질척질척한 습식은 눌은밥인 것이다. 누룽지는 아이들 간식으로 그만이고, 눌은밥은 소화가 잘 안 되는 어른들의 대용식으로 제격이다.

누룽지든 눌은밥이든 모두 '눋다'란 말과 관련이 있다. '눋다'란 말은 죽을 쑤어본 사람이라야 그 뜻을 제대로 알고 쓴다. 죽을 쑬 때 불이 세면 냄비 바닥에 재료가 달라붙고 더 지나면 새카맣게 탄다. 이렇게 되는 것을 '눋는다'고 한다. 이 말은 '듣다', '걷다' 등과 마찬가지로 쓰임이 좀 불규칙하다. 같은 뜻이지만 '눋다', '눋고', '눋지'에서의 말소리와 '눌어서', '눌으면', '눌은'에서의 말소리가 다르다. '눌은밥'은 본래 '눌은 밥'임을 쉽게 알아차릴 수 있다. '누룽지'도 당연히 이와 같은 방법으로 만들어진 것일 텐데 '눌은지'도 아니고 '누른지'도 아닌 '누룽지'다. '눌은지'에서 받침 'ㄹ'을 뒤로 물려 쓰고 첫소리의 'ㅜ' 때문에 다음 소리의 'ㅡ'가 'ㅜ'로 바뀐 것은 짐작이 가능한데 여전히 풀어야 할 문제가 남아 있다.

'누룽지'의 충청도 사투리 '누룽갱이'가 이 문제를 풀 열쇠를 제공한다. '누룽갱이'는 '누룽기'와 '앙이'로 분해될 수 있다. 할머니들이 손주들을 "아이고 내 새깽이"라고 부를 때 '새깽이'는 '새끼'에 '앙이'가 붙은 것임을 생각하면 이해가 된다. '누룽기'는 본래 '눌은 기'였을 것이다. '눌은 기'가 '누룬기'가 되고 이것이 다시 '누룽기'가 되는 이유는 '군기'를 빨리 발음하면 [궁기]가 되는 것으로 금세 유추할 수 있다. 'ㄴ'이 'ㄱ' 앞에 놓이면 자연스럽게 'ㄱ'을 닮아 'ㅇ'으로 바뀌는 것이다. 이제 남은 문제는 '기'의 정체인데 안타깝게도 다른 예를 찾기 어렵다. 그래도 바닥에 달라붙은 무엇 정도로 추측해볼 수는 있다. '누룽기'에서 '기'는 나중에 '지'로 바뀌어 최종적으로 '누룽지'가 된다. '기름'이 '지름'이 되는 것과 같은 변화다.

'누룽지'의 방언을 살펴보면 '깜밥', '소꼴기', '바깡', '밥구잘', '까마티' 등으로 매우 다양하게 나타난다. '깜밥'은 '까만 밥'에서 유래를 찾을 수 있고, '소꼴기'는 '솥 긁이' 정도로 풀이된다. 술을 빚고 남은 지게미를 '술강'이라고도 했으니 '바깡'은 아마도 '밥강'이었을 것이다. '밥강'이 왜 '바깡'이 되는가는 직접 발음해보면 스스로 깨우칠 수 있다. '밥구잘'은 '밥 과줄' 정도로 추측해볼 수 있다. '과줄'은 밀가루를 기름과 꿀에 반죽하여 기름에 지진 일종의 과자이니 '밥 과줄'이란 말이 나올 수 있다. '까마티'는 '가마티', '가마치'로도 나타나는데 '가마'는 말 그대로 '가마솥'이다. 결국 '누룽지'의 '기'와 함께 '티'가 무엇일까는 숙제로 남는다.

누룽지가 있으면 자연스럽게 따라오는 것이 숭늉이다. 밥을 퍼낸 후 물을 붓고 다시 불을 지피면 구수한 숭늉이 만들어진다. 밥을 다 먹고

■ '가마티'의 '티'가 '티끌'의 '티'가 아닌 것은 이른바 구개음화와 관련지어보면 확인할 수 있다. '가마티'는 '가마치'로도 나타나는데 '티'가 '치'로 구개음화된 것이다. '티끌'의 '티'도 이와 비슷한 환경이기 때문에 '치끌'로도 나타날 수 있을 것 같지만 어떤 방언에서도 이렇게 나타나지 않는다. 이때의 구개음화는 'ㅣ' 때문에 나타나는데 '티끌'의 '티'는 본래 '틔'였다. 'ㅡ'가 사이에 끼어 있으니 구개음화가 일어나지 않은 것이다. '틔'가 나중에 '티'로 바뀌었으나 그때는 이미 구개음화 규칙이 사라진 시기여서 '치'로 바뀌지 않았다. '느티나무', '잔디', '마디' 등도 마찬가지다. '잔디'는 아직도 '잔듸'로 쓴 것이 종종 발견되기도 한다.

우리 음식의 언어

나서 마지막에 숭늉을 몇 모금 들이켜면 구수한 느낌이 오래도록 입안을 맴돈다. '우물에서 숭늉 찾는다'는 속담이 있을 정도로 우리에게 친숙한 것이 숭늉이지만 그 글자나 소리는 꽤나 낯설다. '늉'이 쓰인 다른 단어가 있을까 싶을 정도로 낯설다. 자연스럽게 도대체 '숭늉'이 어디에서 왔을까, 혹은 어떻게 만들어졌을까 하는 의문이 든다.

'숭늉'의 어원을 한자어 '숙랭熟冷'에서 찾는 것이 일반적이다. '숙'은 '익는다'는 뜻이고 '랭'은 '차갑다'는 뜻이다. 말 그대로 풀이하면 '익혔다가 차게 만들었다'는 뜻이다. 쓰기는 '숙랭'으로 쓰지만 발음은 [숭냉]이니 '숭늉'의 발음과 가깝다. 뜻이나 발음을 고려해보면 '숭늉'과 관계가 있을 것 같기도 하다. 방언에서는 '숭늉' 이외에 '숭님', '숭냉' 등으로 나타난다. '숭냉'이 확인되니 한자어 '숙랭'이 근원인 것으로 보이기도 한다. 그런데 아무래도 의아함이 남는다. 중국어에서도 '숙랭'이 쓰이기는 하지만 우리의 숭늉은 아니다. 중국에서 받아들인 말이 아니라면 우리 조상이 만든 한자어일 텐데 왜 이렇게 만들어졌을지 궁금하다.

숭늉이 먼저일까, '숭늉'이라는 이름이 먼저일까를 따져보면 당연히 숭늉이 먼저일 것이다. 누군가가 누룽지에 물을 붓고 다시 끓여 먹게 되고 그것이 퍼져나갔을 텐데, 처음에는 이름이 없었다. 언제일지는 모르지만 한문깨나 하는 어느 양반이 익혔다[熟] 식혔으니[冷] '숙랭'이라고 아이들 이름을 짓듯이 지었을 것으로 보이지는 않는다. 처음부터 '숭늉' 혹은 비슷한 소리로 불렀을지도 모른다. 그런데 지금은 '숭늉'과 '숙랭'을 논할 겨를이 없다. 가마솥이 없으니 누룽지도 없고, 우물이 없으니 우물가에서 숭늉을 찾을 일도 없다. 식은 밥을 달궈진

철판에 눌러 누룽지를 만드는 세상이다. 이렇게 세월이 흐르다 보면 누군가는 '누룽지'를 '누른 밥'으로 해석하려 할지도 모를 일이다.

죽이 한자어?

70년대 말, 아홉 살 아이에게 편도선 제거 수술은 너무 가혹한 수술이었다. 수술이 끝나고 커다란 얼음주머니를 목에 차고 며칠간 아이스크림만 먹어야 한다. 뼛속까지 아픈 페니실린 주사보다 더 괴로운 것이 밥을 먹을 수 없다는 것. 이것이 그렇게 서러운 일인 줄 처음 느끼게 된다. 지긋지긋한 아이스크림과 맹물에 지쳐갈 무렵 나온 미음, 천국의 맛이다. 할머니가 편찮을 때 가끔 드시던 '믬'을 서울에서는 '미음'이라고 한다는 것을 처음 알게 된다. 그리고 다시 하루 뒤에 나온 죽, 아직 밥에는 미치지 못하지만 그래도 밥알의 형체가 비스무리하게 보이니 기쁠 따름이다.

생각해보니 '믬', '죽', '밥'이 모두 한 글자다. 아니다. '미음'은 두 글

■   '믬'의 '의' 소리는 충청도말뿐만 아니라 서울말에서도 흔히 나타난다. 서울 토박이들이 '영감', '영등포' 등을 발음하는 것을 잘 들어보면 '이응감', '이응등포'처럼 들리기도 한다. 물론 '이응'은 하나의 소리처럼 연결해서 발음해야 한다. 'ㅢ'와 비슷하게 생긴 'ㆎ'는 사실 세종대왕이 만든 글자이기도 하다. 시골말에서나 들리는 소리라고 밝혀져 있긴 하지만.

자인데 소리만 한 글자처럼 나는 것일 뿐이다.˙ 미음, 죽, 밥은 모두 쌀로 만드는 음식이다. 물을 많이 잡고 푹 끓여낸 뒤 체에 걸러 만드는 것이 미음이다. 곡기는 먹되 넘기거나 소화하는 데 부담이 되는 밥알의 형체를 없앤 것이다. 죽도 물을 많이 잡아서 끓이지만 밥알의 형체는 보인다. 푹 끓여내서 밥알이 퍼지기는 했지만 그래도 목에 걸리는 느낌은 있다. 보통 사람들은 밥을 먹으니 미음이나 죽은 환자나 어린 아이들이 먹는 음식이다.

'미음'이나 '죽'도 고유어일 듯하다. 말소리에서 받는 느낌도 그렇지만 '밥'이 고유어이니 이에 이끌려서 '미음'이나 '죽'도 고유어일 것으로 생각된다. 그런데 아니다. '미음'은 '米飮'으로 쓰는 한자어다. '미'는 '쌀'이란 뜻이고 '음'은 '마신다'는 뜻이니 마실 수 있도록 쌀로 만든 음식이 미음인 것이다. 뜻은 통하지만 우리가 흔히 접하는 한자어의 구성과 달라서 한자어처럼 보이지 않을 뿐이다. '죽'도 엄연히 '粥'이라는 한자가 있으니 한자어임에 틀림없다. '죽'이란 소리를 가진 한자가 대나무를 뜻하는 '竹' 외에는 없는 듯해서 낯설기는 하지만 '죽'이 한자어란 사실은 틀림이 없다.

'밥'은 고유어인데 '죽'과 '미음'은 왜 한자어일까? 먼 옛날, 죽과 미음을 뜻하는 고유의 우리말이 있었을지 모른다. 물의 양에 따라 셋이 구별되니 당연히 옛날 사람들도 각각의 조리법과 용도를 알았을 것이다. 그런데 왜 고유한 우리말은 남아 있지 않고 한자어만 남아 있는 것일까? 사실 이런 사례는 한둘이 아니다. 당연히 고유어가 있을 것 같은 '강江', '산山' 등도 오늘날에는 고유어가 거의 안 쓰이고 한자어만 남아 있으니 말이다. 그래도 밥은 언제 어디서나 여전히 '밥'이다. 죽과 미음은 드물게 먹어도 밥은 하루도 빼놓지 않고 먹으니 다른 나라 말이 끼어들 여지가 없었을지도 모른다.

미음은 환자나 갓난아이가 먹는 특별식이니 일상적인 우리의 말에서 언급되는 일이 거의 없지만 죽은 꽤나 많이 등장한다. '밥'은 '짓다'를 쓰지만 '죽'은 '쑤다'를 쓴다. '쑤다'는 '죽'이나 '풀'에만 쓰는 특별한 단어이기는 하지만 '죽을 쑤다'와 같이 결합되면 영 고약한 뜻이된다. 뭔가 열심히 했지만 일을 망쳐버렸을 때 '죽을 쒔다'라고 표현하는 것이다. '죽 쒀서 개 줬다'나 '다 된 죽에 코 빠뜨린다'는 죽 자체가 나쁘게 표현되지는 않았지만 이 속담들이 지시하는 상황은 썩 기분 좋지 않다. '식은 죽 먹기'는 손쉬운 일을 표현할 때 쓰지만 이때의 죽은 만만한 대상이다. 소화가 잘되는 죽, 건강에는 좋을 수 있지만 금방 꺼지니 힘을 쓰지 못한다. 요즘에야 건강식으로 먹지만 먹을 것이 부족한 과거에는 양을 늘리기 위해 물을 잔뜩 부어 만든 것이니 그리 탐탁한 음식은 아니다. 미음이든 죽이든 밥의 친구가 될 수 없다. 밥이되지 못한 것들일 뿐이다.

삼시 세끼와 며느리밥풀꽃

〈삼시세끼〉란 텔레비전 프로그램도 있지만 '삼시에 세끼'가 당연한 것으로 받아들여진 것은 그리 오래된 일이 아니다. '삼시'는 당연히 아침, 점심, 저녁의 세 때를 가리킨다. '아침'과 '저녁'은 본디 해가 뜨고 지는 무렵을 뜻하는 고유어이지만 '점심'은 때를 가리키는 말도 아니고 고유어도 아니다. '점심'은 한자어 '點心'에서 유래한 것으로 보고 있는데 억지로 풀이하자면 마음에 점을 찍듯이 조금 허기를 달래며 음식을 먹는다는 의미다. 일상적인 단어의 기원을 한자에서 찾는 것이 불만이기는 하지만 방언에 '덤심', '겸심' 등으로 나타나는 것을 보면 맞는 듯하다. 이 풀이대로라면 '점심'은 때를 뜻하는 것이 아니라 음식을 뜻하는 것임을 알 수 있다. 이러한 사실은 점심이 꽤 늦게 만들어진 단어이고 그만큼 익숙하지 않은 단어였다는 것을 방증한다.

먹을 것이 충분하지 않을 때의 식사는 '이시 두끼'였다. 해 뜰 무렵에 아침을 먹고 해 질 무렵에 저녁을 먹는 것이 전부였다. 임금님은 하루 다섯 끼를 드셨지만 관원들조차도 점심은 먹지 못했다. 궁궐을 아무리 돌아봐도 관원들의 밥을 위한 시설을 찾을 수 없고, 퇴청이 늦어질 경우 허기를 견디지 못해 궐 밖의 떡을 몰래 사 먹었다는 기록이 남아 있는 것을 봐도 그렇다. 보통 사람들이 점심을 먹으려면 제 몫의 아침을 남기는 수밖에 없다. 안 그래도 부족한 아침밥을 낮에 먹을 마음의 점으로 남기는 것은 쉬운 일이 아니다. 아침과 점심 모두 뭔가 부족함을 느끼며 세끼를 먹을 것인가, 아침이라도 조금 든든히 먹고 낮동안 내내 배고픔을 느낄 것인가의 선택밖에 없었으니 말이다.

집안의 웃어른이 드실 흰쌀밥이나 생일을 맞은 아이에게 줄 흰쌀밥 한 그릇을 짓는 것은 며느리인 동시에 어머니인 이의 손에 달려 있다. 웬만한 부잣집이 아니면 보리를 섞어 밥을 지었으니 쌀밥 한 그릇을 따로 만들어내는 것은 쉬운 일이 아니다. 그렇다고 커다란 가마솥에 한 그릇의 밥을 따로 지을 수는 없다. 슬기로운 며느리 혹은 어머니는 솥 한가운데에 소복하게 흰쌀만 두고 그릇을 덮은 뒤 나머지 잡

'며느리'라는 이름이 붙은 두 꽃
며느리밥풀꽃(왼쪽)은 빛깔도 곱고 달라붙은 듯한 밥풀 모양도 귀엽다. 그러나 이름에
는 며느리에 대한 의심과 증오가 서려 있다. '기생오라비'처럼 고운 며느리밑씻개(오른
쪽)는 손을 잘못 댔다간 살점을 뜯기기 십상이다.

곡 쌀과 함께 밥을 짓는다. 가운데서 따로 퍼낸 흰쌀밥 한 그릇은 주인
이 따로 있으니 나머지 식구들은 부러운 눈길만 보낼 뿐이다. 부엌살
림은 며느리나 어머니의 소관이니 주부들은 몰래 흰쌀밥을 먹을 법도
하다. 그러나 며느리는 시어머니가 무섭고 어머니는 자식들이 눈에
밟힌다. 주부들은 식구들이 먹고 물린 상에 밥과 누룽지의 경계에 있
는 '글갱이 밥'으로 끼니를 때운다.

　'며느리밥풀꽃'은 이런 며느리의 설움을 그대로 보여준다. 사전에
는 '꽃며느리밥풀'로 올라 있지만 일상적으로 부르는 이름은 '며느리
밥풀꽃'인데 꽃을 보면 왜 '밥풀'이 이름에 들어 있는지 금세 알 수 있
다. 분홍색 고운 꽃에 색도 모양도 밥알 같은 흰 점이 네 개씩 박혀 있
다. 꽃의 빛깔이 며느리가 시집올 때 입었던 고운 저고리 색과 닮아 있
어서 그럴 리는 만무하다. 며느리는 노동력 착취의 대상이다. 집안에
며느리를 들이는 것은 온갖 궂은일을 떠맡길 사람이자 새로운 노동력
을 생산해낼 사람을 들이는 것이다. 그렇게 들어온 며느리가 온갖 설

　　　　　　　　　　　　　　　　　　　　　　우 리　음 식 의　언 어

움을 당하다 다시 시어머니가 되어 며느리를 괴롭히게 되지만 그것은 성품이 못돼서 그런 것이 아니라 없는 살림을 이어가기 위한 어쩔 수 없는 선택의 결과일 뿐이다. 그런 며느리를 예쁘게 보고 꽃 이름을 지었을 리가 없다.

'며느리'가 이름에 들어가 있는 또 다른 풀꽃 '며느리밑씻개'를 보면 궁금증이 풀린다. 우연히도 며느리밥풀꽃과 며느리밑씻개의 꽃 색깔이나 모양이 닮아 있기는 하지만, 그래서 '며느리'란 이름을 공유하고 있는 것은 아니다. 며느리밑씻개는 꽃도 예쁘고 열매도 흑진주처럼 고혹적이지만 잎과 줄기를 보면 섬뜩하다. 잎과 줄기에 가시가 촘촘한데 뾰족하게 쭉 뻗은 가시가 아니라 갈고리 모양의 가시다. 날카롭고 억센 갈고리가 풀 쪽을 향해 꼬부라져 있어 누군가 꽃이나 열매를 따려고 손을 내밀었다가는 갈고리가 사정없이 살에 박혀 결국 살이 뜯긴다. 어머니가 가르쳐준 그 풀꽃의 이름은 '기생오라비풀'이다. 곱상하게 생긴 기생오라비에게 순진한 처녀가 순정을 바쳤다가 몸과 마음 모두가 뜯기게 된다는 설명이 뒤따르는 그런 이름이다.

그런 풀을 며느리의 밑씻개로 쓴다니……. '밑씻개'는 똥을 싼 후에 뒤를 닦는 모든 것을 가리킨다. 요즘에는 비데도 있고 휴지도 흔하지만 신문지나 일력종이도 귀하던 시절에는 짚이나 잎으로 밑을 닦았다. 잎은 촉감도 부드럽고 크기도 적당한 콩잎이 최고지만 급하면 다른 잎도 쓴다. 그러나 갈고리 같은 가시가 잔뜩 돋은 이 잎으로 밑을 닦는 것은 상상도 못할 일이다. 며느리에 대한 원천적 증오가 이 풀꽃의 이름에 녹아 있는 것이다. 며느리밥풀꽃도 마찬가지다. 꽃에 붙은 밥풀을 며느리가 나중에 먹으려고 몰래 붙여놓았다고 본 것이다. 가

난한 살림을 축낼지도 모른다는 의심이 풀꽃의 이름에 담겨 있으니 서럽게 느껴진다.

　모두 쌀이 부족하던 시절의 이야기다. 삼시 세 끼 밥만 먹을 수밖에 없는데 밥을 지을 쌀이 부족하던 시절의 이야기다. 쌀이 생명의 원천이고, 밥이 힘의 원천이던 시절의 이야기다. 쌀이 남아돌고 밥이 말 그대로 '찬밥' 취급을 받는 세상이니 이런 얘기들이 더 이상 가슴에 와 닿지 않는다. 이제 우리의 눈길은 배를 부르게 할 무엇이 아니라 맛있는 것, 즐길 수 있는 것으로 향하게 된다. 오로지 쌀과 밥에만 집착하지 않아도 되는 것은 기쁜 일이다. 그래도 쌀과 밥이 사라지는 일은 없을 듯하다. 물론 그 이름이 변하지도 않을 것이다. 이제까지 그래 왔던 것처럼.

2
'집밥'과 '혼밥' 사이

● 밥의 등급 ● 집밥의 탄생 ● 식구 없는 혼밥 ● 짬밥의 출세기 ●
● 비빔밥 논쟁이 놓치고 있는 것 ●

● 덧밥의 도전 ● 이상하고도 쏩쏠한 뻥튀기 ● 밥상의 주인 ●

"밥은 먹고 다니냐?"

영화 〈살인의 추억〉의 마지막 장면에 나오는 명대사다. 형사 박두만(송강호 분)이 살인 용의자 박현규(박해일 분)에게 던진 말이다. 대본에는 없는 대사를 감독이 배우에게 주문해서 나온 애드리브이기 때문에 그 말뜻은 추측하기 나름이다. 상식적인 의미로는 안부를 묻는 표현이다. 삼시 세끼 배불리 먹기 힘든 시절 혹시 끼니를 거르지 않았을까 염려해서 인사 대신 건네는 말이다. 그러나 형사가 살인 용의자에게 이렇게 살뜰한 마음을 담아서 말을 건네지는 않았을 터. 후일담에 따르면 '살인을 저지르고도 밥이 넘어가니?'의 뜻으로 던진 말이란다. 어느 쪽이든 '밥'이 등장한다는 것에는 변함이 없다.

'밥'은 두 가지 의미가 있다. 좁게는 쌀이나 다른 곡물로 지은 음식 자체를 뜻한다. 쌀로만 지었으면 '쌀밥' 또는 '이밥'이고 다른 곡물을 섞었으면 '보리밥', '조밥', '기장밥' 등의 잡곡밥으로 불린다. 어느 것이든 우리가 먹는 음식의 일부이자 대표 격인 좁은 의미의 '밥'이다. 넓게는 우리가 먹는 음식 전부를 뜻한다. 〈살인의 추억〉 속 박 형사의 말에 포함된 '밥'은 당연히 후자의 의미다. 밥이 들어간 말인 '밥상'도 '밥만 올려놓은 상'을 뜻하는 것이 아니라 '음식 전체'를 뜻한다. 밥이 주식인 까닭에 '밥'이 뜻을 넓혀 음식 전부를 뜻하게 된 것이다. '밥맛이 없다'라고 말할 때의 '밥맛'도 결국은 음식 전체에 대한 맛이다. 때로 '입맛'으로 대체되기도 하니 입으로 먹는 음식 전체가 '밥'인 것이다.

밥의 등급

'밥'의 높임말은 '진지'다. 딱 보기에는 한자어일 것 같은데 고유한 우리말이다. '진지'는 높임말이기 때문에 격에 맞게 써야 한다. 나이가 많은 사람, 신분이 높은 사람이 아니면 '진지'란 말을 쓸 수 없다. '밥'은 '먹다'와 짝을 이루어 쓰이지만 '진지'는 '들다', '자시다', '잡수다'와 짝을 이루어 써야 한다. '밥'의 또 다른 말로 '식사食事'가 있다. 말 그대로 '음식을 먹는다'는 뜻으로 쓰이기도 하고 '먹는 음식'의 뜻으로 쓰이기도 한다. '식사'를 '밥'의 높임말로 알고 쓰는 경우가 있는데 맞는 용법이라고 보기는 어렵다. 그렇기 때문에 어른들에게 말을 높인답시고 "식사하세요"라고 말하면 틀렸다고 지적을 받기도 한다.

'밥'을 더 높여 '수라'라는 말을 쓰기도 한다. 이때의 '밥' 또한 넓은 의미의 '밥'으로서 임금에게 올리는 음식 전체를 '수라'라고 한다. 그런데 '수라'라는 말의 어원은 약간의 쏠쏠함을 자아낸다. '수라'의 어원은 몽골어의 '슐라'에서 찾는다. 몽골어 '슐라'는 음식을 뜻하는데 고려가 원나라의 지배를 받던 시절에 들어온 말이다. 그저 음식을 뜻하는 몽골어 '슐라'가 임금이 먹는 음식만 따로 지시하게 된 것도 영기분이 좋지는 않다. 같은 뜻의 고유어와 한자어가 있을 경우 한자어가 대접을 받는 것도 탐탁지 않은데 몽골어가 최고의 대접을 받는 것이다. 아픈 역사와 사대 의식이 담겨 있기는 하지만 우리말의 일부로 들어와 있으니 인정할 수밖에 없다. '수라'는 가장 높이는 말이기 때문에 '잡수다'나 '자시다'보다 더 높이는 말인 '젓수다'를 쓴다.

"밥 먹었니?", "진지 드셨어요?", "수라 젓수셨는지요?" 중 어느 것을 써야 하는가는 상대와 상황에 따라 달라진다. 그러나 어느 것이든 결국 밥이다. 먹지 않으면 생명을 이어갈 수 없으니 밥이 우리 삶의 원동력인 것은 분명하다. 생계를 위한 직업이 곧 '밥벌이'이고, '먹고살기 위해서' 하는 모든 행위가 결국은 경제 행위다.

집밥의 탄생

2015년 가을의 저녁 식사 자리, 오늘도 아빠는 초등학생 딸에게 채널을 빼앗겼다. 아이는 '무도'와 '백 선생'을 연달아 본다. 아이가 즐기는 프로그램에는 전혀 관심을 기울이지 않았는데 이날만은 묵묵히 텔레비전을 응시하다가 밥과 함께 눈물도 삼킨다. 일제에 의해 강제징용을 당한 이들, 막장에서 굶주림에 시달리다 세상을 떠난 영령들을 위해 공양탑 앞에 덩그렇게 올려진 밥과 국, 그리고 편지의 사연이 서럽다. 밥과 국의 좌우가 바뀌었다는 딸아이의 말에 젯밥은 받는 이들을 기준으로 하는 것이라고 가르친다. 이어지는 '백 선생' 재방송. 구수하고도 넉넉한 백 선생의 충청도 사투리 때문에 아빠는 불만이 전혀 없다. 다만 방송을 볼 때마다 식탁에 그 음식을 올리겠다고 나서는 아내나 딸의 성화가 무서울 따름이다.

🍚

'이밥에 고깃국'은 음식에 대한 우리의 열망을 가장 상징적으로 보여준다. 〈무한도전〉의 서경덕 교수와 하하 씨가 이국에서 이름 없는 죽음을 맞이한 이들에게 '이밥에 고깃국'을 바친 것은 먼저 간 이들의 기록과 살아남은 이들의 증언에 따른 것이다. 주먹밥 한 덩이조차 제대로 주지 않은 채 막장에서 하루 종일 중노동을 강요하는 상황에서 가장 간절히 생각난 것이 흰쌀밥이다. 여기에 쇠고기 양지를 푹 삶아 국물을 내어 무를 나박나박 썰어 넣고 양지를 결대로 찢어 듬뿍 올린 고깃국이면 금상첨화다. 한국전쟁 시기의 인민군 소년 병사도 남쪽에 가면 '이밥에 고깃국'을 배불리 먹을 수 있다는 말에 멋모르고 따라나섰다는 얘기에서도 마찬가지다. 머릿속에 가장 먼저 떠오르는 것, 가장 먹고 싶은 것, 가장 그리운 것은 그저 '이밥에 고깃국'이다.

음식에 대한 이러한 열망은 오늘날의 그것과는 사뭇 다르다. 요즘 사람들에게 지금 이 순간 가장 먹고 싶은 것이 뭐냐고 물으면 '이밥에 고깃국'이 대답으로 나올 가능성은 전혀 없다. 아이들은 피자나 치킨을 떠올릴 가능성이 가장 높고, 어른들은 프라이드치킨과 맥주의 조합인 '치맥'이나 삼겹살에 소주 한잔이 가장 앞자리를 차지할 가능성이 크다. 피자나 치킨, 그리고 삼겹살은 밥이 아닌 요리, 안주다. 밥은 질리도록 매일 먹으니 밥에 집착할 이유가 없다. 국과 찌개, 그리고 반찬은 밥에 늘상 딸려 나오는 것이니 반찬을 떠올릴 이유도 없다. '외식'이라는 말은 '밖에서 먹는 밥'이지만 밥을 먹으러 나가는 일은 없다. 식당에서의 밥은 1000원짜리 '공깃밥'일 뿐, '이밥에 고깃국'을 열망하던 이들의 밥은 아니다.

그런 의미에서 식당의 '백반白飯'은 지극히 특이한 메뉴다. '백반'은 말 그대로 풀이하자면 '흰밥'이다. 흰밥은 잡곡을 섞지 않고 입쌀만으로 지어야 하니 결국 '백반'은 '흰쌀밥'이다. 그런데 백반은 세대에 따라 그것이 지칭하는 것도 다르고 우리에게 주는 느낌도 다르다. 애초에 백반이란 메뉴는 밥에 초점을 맞추어 이름이 지어진다. 쌀이 귀하던 시절, 보리나 콩 등의 잡곡을 섞지 않은 흰쌀밥은 명절, 제사, 생일 등의 특별한 날에만 먹을 수 있다. 그런데 돈을 지불하면 언제든 먹을 수 있도록 식당에서 흰쌀밥을 팔기 시작한 것이다. 밥에는 당연히 반찬이 딸려 나오는 법이니 탐스러운 흰쌀밥을 배부르게 먹을 수 있다는 것만으로 충분히 매력적이다. 그러나 젊은 세대에게 백반이란 그저 그런 식당 메뉴다. 딱히 눈에 띄는 주 요리 없이 그저 그런 반찬에 공깃밥 하나를 주는 메뉴에 불과하다. 제대로 된 백반이라면 고기와 물고기, 그리고 나물과 밑반찬이 함께 나오지만 그렇다고 특별한 것은 아니니 그냥 한 끼 적당히 때우는 음식일 뿐이다.

'가정식 백반'의 등장은 새로운 세태를 보여준다. 밥 앞에 수식어가 붙었다는 것은 무언가 구별할 필요가 있다는 뜻이다. '가정'도 '집'을 뜻하는 것이니 '집'의 상대가 되는 말이 있어야 하는데 아무래도 그것은 식당일 수밖에 없다. 결국 '가정식 백반'은 집에서 먹을 수 있는 밥을 식당에서 파는 것이니 앞뒤가 맞지 않는 말이다. 그래도 조미료를 많이 쓰지 않고 자극적인 맛도 그리 강하지 않아 집에서 먹는 음식과 비슷한 음식을 파는 것으로 다들 이해하고 있다. 흰쌀밥을 먹기 위해 식당에 가야 될 필요가 없어진 오늘날, 자극적인 맛의 요란한 요리가 입에 물릴 때 한번쯤 찾을 수 있는 메뉴가 된 것이다. 전라도 지역에서 백반은 아직도 수십 가지의 반찬이 상다리가 부러질 정도로 나오는 메뉴지만 일반적인 식당의 백반, 나아가 가정식 백반은 집에서처럼 편하게 먹을 수 있는 음식으로 그 의미가 바뀌었다.

'집밥'이란 말의 등장은 더 흥미로운 상황을 보여준다.˙ 집밥은 가정식 백반과 같으면서도 다르다. 모두 '집'을 지향하고 있지만 '집밥'은 식당에서 파는 메뉴가 아닌, 말 그대로 '집에서 먹는 밥'을 뜻한다. 본래 밥은 집에서 먹는 것이어서 '집밥'이란 단어가 필요 없었는데 '식당밥'이 워낙 흔해지다 보니 새롭게 '집밥'이란 말이 등장한 것이다. 이 말은 2016년 5월 사전에 올라 신조어에서 표준어가 되었다. 사전에서는 '가정에서 끼니 때 직접 만들어 먹는 음식'으로 풀이하고 있다. '집밥'이 사전에 올랐다는 것 자체가 변화된 세태를 보여주는 것이기도 하다. '집밥'에서는 어머니와 아내의 냄새, 나아가 가족의 냄새가 난다. 모양새나 맛이 식당의 그것보다 떨어질 수 있지만 사랑과 정성이 담긴

■ '집밥'을 구성하는 '집'과 '밥'의 순서를 바꾼 '밥집'도 매우 특이한 쓰임을 가진 단어다. 사전에서는 '밥에 간단한 반찬을 더해 싼값에 파는 집'으로 풀이하고 있다. 비슷한 말로 '식당'이 있지만 밥집은 규모도 작고 메뉴도 제한적이다. 직장인들이 점심을 '때우기'는 좋겠지만 저녁마저 밥집에서 먹게 된다면 슬픈 느낌이 들 법도 하다. 역시 저녁은 '밥집 밥'이 아닌 '집밥'이어야 한다.

우리 음식의 언어

음식이다. 내내 집에만 있을 때는 몰랐다가 멀리 떠나게 되면 생각나는 그것이 집밥이다. 이국땅에서 이름 없이 스러진 이들이 간절히 바랐던 '이밥에 고깃국'도 결국 어머니나 아내가 해준 집밥이었을 것이다.

식구 없는 혼밥

'친구'는 순우리말인지 한자어인지 헷갈리는 말이다. 사전을 보면 '가 깝게 오래 사귄 사람'이란 풀이와 함께 '親舊'라는 한자도 붙여놓았다. 과거에는 '친고 親故'라고도 썼는데 어느 것이든 한자로 만들어진 흔한 단어와는 구성도 다르고 의미도 잘 와 닿지 않는다. '식구'도 마찬가지 다. 사전에서는 '食口'라는 한자를 붙여놓고 '한집에서 함께 살면서 끼 니를 같이하는 사람'이라 풀이하고 있다. 그러나 '食口'는 한자만 보면 '먹는 입' 정도로 풀이가 되지, '가족'의 대용어로 보이지는 않는다.

사전의 풀이대로 '식구'가 '食口'라면 이는 집밥의 중요성을 다시금 생각하게 해준다. 너무나 당연한 말이지만 밥은 집에서 먹는다. 오늘 날처럼 식당이 많아지고 외식이 흔해진 것은 그리 오래되지 않았다. 먼 길을 떠난 사람이나 특별한 일이 있는 사람은 어쩔 수 없이 집 밖 에서 밥을 먹어야 하겠지만 그렇지 않은 경우에는 당연히 집에서 밥 을 먹는다. 그래서 끼니를 거르지 않기 위해서는 밥때가 되면 집에 들 어가야 하고, 가족 중에 누군가가 집에 들어오지 않았다면 가족 전체 가 배고픔을 견디며 기다리기도 한다. 밥상에 둘러앉아서 함께 밥을 먹는 사람이 '식구', 즉 가족인 것이다.

'식구'라는 말에서도 알 수 있듯이 밥은 누군가와 같이 먹는다. 집에서는 당연히 가족과 같이 먹는다. 집안의 어른은 독상을 받지만 나머지 가족들은 한 상에 둘러앉아 함께 먹는다. 부부는 겸상을 한다. 대개는 남편이 늦게 들어오니 아내는 몇 번이나 국과 찌개를 데우며 남편과의 겸상을 준비한다. 밖에서 먹어야 하는 상황이라면 누구든 같이 먹을 사람을 찾는다. 도시락을 먹어도 둘러앉아서 먹는다. 혼자서 식당을 가야 하는 상황이라면 차라리 굶는 것을 택하기도 한다. 이렇게 밥은 여럿이 함께 먹는 것으로 머릿속에 각인되어 있다.

그러나 '혼밥'이란 말의 등장은 슬픈 현실을 말해준다. '혼밥'은 '혼자 먹는 밥'을 줄인 신조어다. 우리말의 일반적인 어법에는 맞지 않지만 그 의미가 명쾌해서 '혼술(혼자 먹는 술)'과 같은 자매어도 만들어지고 있다. 1인 가구가 점차 늘어가는 상황에서 '식구'란 말은 점차 그 의미가 달라질 수밖에 없다. 집에서 밥을 먹어도 끼니를 같이할 사람이 없어 혼자 먹게 되니 '식구'란 말이 성립되지 않는다. 밖에서도 같이 먹을 사람을 찾기 힘들게 되니 혼자 먹게 된다. 좋든 싫든 혼밥이 늘어날 수밖에 없다. 그리고 식당에서도 혼자 거리낌 없이 먹을 수 있도록 벽을 바라보며 혼밥을 먹을 수 있는 자리를 만들기도 한다.

'햇반'의 등장은 혼밥과 밀접한 관련이 있다. 하나의 상품명이던 '바바리Burberry'와 '포스트잇Post It'이 물건 자체를 뜻하는 보통명사가 되듯이 '햇반'도 '즉석 밥'을 뜻하는 보통명사가 되었다. 누가 지었는지 몰라도 '햇반'은 우리말의 어법에는 어긋나지만 그 조어능력이 심상치 않다. '햇반'의 '햇'은 '햇과일', '햇곡식' 등에 붙는 '햇'이고, '반'은 밥을 뜻하는 한자 '飯'이다. 본래 '햇'은 한자에는 붙지 않는다. 하지만

우리 음식의 언어

'햇밥'이라고 하면 '햅쌀'과 의미상 충돌이 있을까를 염려했는지 '햇반'이라는 다소 파격적인 조어법이 사용되었다. 어쨌든 갓 지어낸 맛있는 밥이라는 느낌을 주는 데는 성공한 이름이다.

　햇반은 즉석 밥으로 개발되었겠지만 집에서 먹는 혼밥의 든든한 밑천이기도 하다. 밥은 1인분을 짓기가 애매하다. 냄비든 솥이든 1인분의 밥을 지으려면 바닥에 거의 한두 겹으로 쌀을 깔아야 한다. 그런데 이렇게 하면 누룽지가 되지 밥이 되지는 않는다. 그렇다고 넉넉히 밥을 지어 보온밥솥에 오래 보관하는 것도 썩 당기지는 않는다. 이때 간단히 데워서 한 끼를 해치울 수 있는 햇반은 즉석 밥이기도 하지만 혼밥의 필수품이기도 하다. 그러나 밥은 식구들과 먹어야 한다고 생각하는 이들, 김이 무럭무럭 나는 밥을 솥에서 퍼서 먹어야 한다고 믿는 이들에게는 햇반이 탐탁지 않다. 나이가 들어서도 햇반을 데워 혼밥을 먹는 자식을 보는 부모님의 심정을 헤아려보면 된다.

짬밥의 출세기

속담만큼 시류를 많이 타는 것도 드물다. 말머리에 속담 한 구절 넣는 것이 맛깔 나는 말솜씨의 기본인 시절이 있었다. 대입 논술의 서론에도 속담을 인용하는 것이 높은 점수를 따는 비결이라고 이야기되던 시절이 있었다. 그러나 이즈음의 대화에서 속담을 인용하면 구닥다리 취급을 받기 십상이다. 그렇다고 속담이 죄가 있는 것은 아니다. 어느 속담이든 세태를 아주 적절하게 담아낸다. 그러나 세상이 변하면 말도 변한다. 속담도 마찬가지다. 그 속담이 모든 이들의 공감을 받던 시절이 있었겠지만 시대가 변하면서 속담에 담긴 의미가 더 이상 해석되지 않게 된다. 그리고 그 속에 담긴 말뜻도 사람들의 기억에서 사라진다.

'대궁 남길 손님은 물 건너부터 알아본다'는 속담도 마찬가지다. 뜻모를 단어 '대궁' 하나 때문에 속담 전체의 뜻이 이해가 안 된다. 삼시세끼를 배부르게 먹는 것이 어렵던 시절, 저녁나절에 멀리서 손님이 오신다. 시간을 보니 저녁까지 들고 가실 상황, 손님을 맞이하는 집에는 비상이 걸린다. 쌀독에 남은 쌀을 가늠해보던 안주인은 결국 평소대로 식구 수만큼 밥을 짓는다. 식구 중 누군가는 적게 먹거나 굶어야한다. 정성스럽게 차려낸 밥상을 주인과 손님이 겸상으로 받는다. 손님도 주인의 형편을 빤히 아는 상황, 밥을 절반쯤 먹고는 숟가락을 내려놓는다. 입맛에 맞는 반찬에는 젓가락이 더 갈 법도 하지만 역시 적당히 먹는다.

그렇게 남긴 밥이 대궁이다. 넉넉하게 밥을 지어 그릇에 푸고 남은 밥이 아니다. 밥상에 올랐지만 바닥까지 비우지 않고 남긴 밥이 대궁이다. 요즘 같으면 버리거나 가축에게 주겠지만 그 시절의 대궁은 남은 식구들의 밥이다. 주인과 손님이 물린 상을 남은 식구들이 먹는다. 손님이 많이 남기면 남길수록 식구들의 몫이 커진다. 그러니 손님은 눈치껏 대궁을 남기고 아이들은 손님이 오는 순간부터 그가 대궁을 얼마나 남겨줄 사람인지 가늠해본다. 그렇게 남기고 물려받아서 먹는 밥이 대궁이다. 남은 밥이니 한자어로는 '잔반殘飯'이라 한다.

'대궁'의 한자어 '잔반'은 더 많은 뜻을 가지고 있다. '잔'은 '남다',

'남기다'라는 뜻이고 '반'은 '밥'을 뜻하기도 하고 '음식 전체'를 뜻하기도 한다. 대궁은 일부러 남긴 밥이지만 먹다 남은 밥은 찌꺼기다. 옛날에는 꿈도 못 꿀 일이지만 요즘에는 먹다 남은 밥과 반찬은 찌꺼기로 취급되어 버려진다. 이렇게 버려지는 밥과 반찬도 잔반이니 '대궁'보다는 뜻이 더 넓다. 요즘에는 대궁을 남길 일이 없으니 '대궁'이라는 단어 자체가 사라졌다. 반면에 먹다 남은 음식이 많아지다 보니 '잔반'이란 말은 '음식 찌꺼기'를 대체해서 여전히 쓰이고 있다.

'잔반'이란 말은 군대로 흘러 들어가 극적인 변화를 겪는다. '짬밥'이 바로 그것이다. '잔반'과 '짬밥'은 같은 듯하면서도 조금 다르다. 그래도 '짬밥'의 기원을 '잔반'에서 찾는 것이 정설이다. '짠 밥'에서 '짬밥'이 유래했다는 설이 있다. 군대의 음식이 유난히 짜서 그렇다는 것이다. 그러나 '짠 밥'은 [짬빱]으로 발음될 수 없다. '찬 밥'이 아무리 식더라도 [찬빱] 또는 [참빱]으로 발음되지는 않는다. 그러니 '짬밥'은 '짠 밥'에서 온 것이 아니다. 군대에서는 일상적인 말도 한자어로 바꾸는 일이 많다. "밤에 돌아다니는 사람 없도록 해"라고 말해도 될 것을 "야간에 이동하는 인원 없게 해"라고 말한다. 음식 찌꺼기도 마찬가지다. 이 말이 너무 적나라하게 들려서인지 모르겠지만 '잔반'이란 말로 대체된다.

'잔반'은 빨리 발음하면 [잠반]이 된다. 이유 없이 첫소리를 된소리로 발음하는 것은 군대가 더하면 더했지 덜하지 않으니 '잠반'은 '짬반'이 된다. 이렇게 바뀌고 나니 '반'의 의미가 와 닿지 않는다. '잔반'은 한자어 냄새가 많이 나니 '반'이 '밥'을 뜻할 것이라 유추할 수 있지만 '짬'은 한자가 아니니 '반'과 어울리지 않는다. 그 결과 '반'은 다시 고유어 '밥'으로 바뀐다. '짬밥'이 되고 나니 왠지 사잇소리가 들어가야 할 것 같다. 결국 발음은 [짬빱]으로 바뀐다. 그러고는 '짬'이 다시 분리되어 '짬통', '짬당번' 등으로까지 용법이 확대된다. 그리 길지 않은 시간 동안에 발음도, 의미도, 용법도 많은 변화를 겪는다.

군대에서 만들어진 말 '짬밥'은 군대 밖으로까지 확대된다. 하루 삼시 세끼 밥을 먹으니 짬밥을 먹은 횟수는 군대에서 복무한 시간에 비례한다. 그러니 짬밥을 많이 먹었다는 것은 그만큼 군대 생활을 오래 했다는 것이고, 그에 비례해 계급이 높고 경험이 많다는 것이다. 따라서 '짬밥'은 그 의미가 확대되어 계급과 경험을 뜻하게 된다. 제대를 하면 짬밥을 먹지 않지만 사회에서도 '짬밥', 혹은 '짬밥 수'는 경험과 경력, 그리고 이에 수반하는 계급을 뜻하게 된다. 굳이 짬밥이 아니더라도 '밥그릇 수'가 본래 이 용법으로 쓰였으니 '짬밥'은 다시 '밥'과 의미 상통하게 된 것이다. 이때의 '짬밥'은 물론 음식 찌꺼기와는 거리가 멀다. '잔반'이 오랫동안 '짬밥'을 많이 먹더니 꽤나 출세한 셈이다.

비빔밥 논쟁이 놓치고 있는 것

비빔밥에 대한 얘기는 늘 기원에 대한 이야기로 시작해 원조에 대한 논쟁으로 끝이 난다. 비빔밥이 문헌에 '골동반骨董飯'으로 나타나니 중국의 음식에서 유래했다는 것이 기원론의 시작이다. 여기서 더 나아가 제사음식을 한데 섞어 먹은 데서 기원했다는 '음복설', 동학혁명 시기에 부족한 음식을 한데 비벼 먹었던 것에서 비롯됐다는 '동학혁명

설', 몽고 침입 시기에 초라하게 올릴 수밖에 없었던 수라에서 비롯됐다는 '궁중음식설', 묵은 음식을 정월 보름에 먹었다는 '묵은 음식설', 농번기에 음식을 한데 섞어 먹은 데서 기원했다는 '농번기 음식설' 등으로 정리될 수 있다. 한편 원조에 대한 논쟁은 어느 지역의 어느 식당이 처음 비빔밥을 팔기 시작했다는 것에 대한 논쟁이다.

이러한 논쟁은 학문적으로, 혹은 상업적으로는 의미가 있을지 모르지만 너무나 당연한 것을 놓치고 있어 아쉬움이 남는다. '비비다'와 '말다'는 우리의 밥상에서도 그대로 사용할 수 있는 말이다. '비비다'의 세 번째 뜻은 '어떤 재료에 다른 재료를 넣어 한데 버무리다'다. 밥상 위에 밥과 찌개, 반찬, 젓갈과 각종 장류가 있다. 넓고 오목한 숟가락이 있으니 찌개나 장을 떠서 밥에 얹든 비비든 할 수 있다. 자유자재로 쓸 수 있는 젓가락이 있으니 먹고 싶은 반찬과 젓갈을 집어 역시 밥에 얹어 먹어도 되고 비벼 먹어도 된다. 국이 있으니 밥을 말아도 되고, 밥그릇에 물을 부어 말아도 된다. 밥, 국, 반찬, 그리고 수저가 있다면 집고, 뜨고, 얹고, 비비고, 말고 하는 모든 것은 먹는 이의 마음이다. 언제 어디서 누가 최초로 했는지 따질 필요도 없이 아주 오래전에 여러 곳에서 많은 사람들이 비벼 먹고 말아 먹었다. 결국 논쟁은 이름에 대한 기록과 팔기 시작한 식당에 대한 것일 뿐, 음식 자체에 대한 것은 아니다.

언제 누가 붙인 이름인지는 몰라도 '비빔밥'이란 이름에 대해서는 꼼꼼히 따져볼 필요가 있다. 너무 익숙해져서 간과하기 쉽지만 '비빔밥'은 우리말의 어법에 영 어울리지 않는다. 비빔밥과 쌍벽을 이루는 '국밥'을 생각해보면 이상한 점을 쉽게 파악할 수 있다. '국밥'은 말 그대로 '국'과 '밥'이 합쳐진 것이다. 국에 밥을 아예 말아 나온 것이니 '국밥'인 것이다. 국에 밥을 말아 먹도록 만들었으되 밥을 말지 않은 채 밥과 국이 따로 나온다 하여 '따로 국밥'이란 말이 새로 생겼으니 어쨌든 국과 밥을 한꺼번에 먹을 수 있도록 한 것이 국밥이다. 국밥이 재료를 바탕으로 이름이 만들어졌으니 비빔밥도 그리 이름을 지으려 시도할 수도 있다. 그러나 들어가는 재료가 너무 많으니 쉽게 이름을 지을 수 없다. '잡탕밥'이 중국집 메뉴에 있기는 하지만 그리 이름을 지을 수는 없는 노릇이다.

오늘날 확인할 수 있는 가장 오래된 한글 표기형은 '부븸밥'이다. '비비다'가 15세기 문헌에는 '비븨다'로 나타나고 오늘날 '부비다'란 말도 쓰이니 '부븸밥'은 표기의 문제일 뿐이므로 '부븸밥'에 쓰인 '부븨다'는 '비비다'로 봐도 별문제가 없다. 문제는 '비빔밥'의 구성에 있다. '비빔밥'이 '비빔'과 '밥'으로 나뉘는 것은 의심의 여지가 없다. '밥'에 문제가 없으니 '비빔'에 문제가 있다. '비비다'와 '밥'이 모여 하나의 말로 만들어지려면 '비빈 밥'이나 '비빌 밥' 혹은 '비비는 밥'이 자연스럽다. '익은 밥 먹고 선소리한다'에서 '익은 밥'을 확인할 수 있고 '선 밥'도 만들 수 있으니 유추가 가능하다. 나중에 생긴 말이긴 하지만 '덮다'가 결합된 '덮밥'도 있으니 이를 적용한다면 '비비밥'도 가능하다. 그런데 '비빔밥'은 이 중의 어느 것과도 같지 않다.

'비빔밥'에서 '비빔'은 '볶음', '찜', '조림', '무침'과 같은 방법으로 만들어진 말이다. '볶다'가 '볶음'이 되고, '찌다'가 '찜'이 되고, '조리다'가 '조림'이 되고, '무치다'가 '무침'이 되듯이 '비비다'가 '비빔'이 된 것이다. 볶고 찌고 조리고 무치는 것은 조리법이니 '볶음', '찜', '조

우리 음식의 언어

림', '무침'이란 말이 만들어지는 것은 이상할 것이 없다. 그런데 비비는 것은 먹는 방법이지 조리법이 아니다. 그러니 '비빔'이란 말이 먼저 있다가 '밥'과 결합된 것이라고 보기 어렵다. 음식 중에 '계란찜'과 '찐 계란'이 엄연히 다르고, '찐 계란'을 '찜계란'이라고 하는 것이 영 어색한 것을 생각해봐도 '비빔밥'은 이상하다.

우리 동포들이 많이 사는 연변의 식당에서는 종종 메뉴에서 '비빈 밥'이란 표기가 발견되곤 한다. 언뜻 맞춤법이 틀린 것으로 볼 수도 있지만 자세히 들여다보면 '비빔밥'보다 훨씬 더 자연스럽다. '비빈 밥'은 우리말 어법에 맞다. 그리고 '비빈 밥'을 빨리 발음해보면 [비빔밥]이 되니 '비빈 밥'이나 '비빔밥'이나 소리는 같다.˙ 문제는 '비빈 밥'이라면 이미 비벼서 나오는 밥이 되는데 우리가 오늘날 흔히 볼 수 있는 것과는 다르다. 그러나 '부빔밥'으로 표기된 책의 요리법을 보면 갖은 재료를 비벼서 그릇에 담아내는 것으로 나온다. 그리고 몇몇 식당에서는 비벼서 내는 비빔밥을 팔기도 한다. 결국 본래 '비빈 밥'인데 소리대로 적다 보니 '비빔밥'이 되었을 가능성이 크다.

볶음밥 역시 '볶은 밥'인데 같은 기제에 따라 '볶음밥'으로 표기된 것으로 보인다. '비빔밥'의 '비빔'은 점차 '비빔국수', '비빔냉면' 등으로 세력을 확장해나간다. 이왕 '비빔'으로 굳어졌으니 '비빈'이 아닌

■   '비빈 밥'이 '비빔밥'이 되는 것은 '잔반 → 잔밥 → 잠밥'이 되는 것과 같은 원리다. 'ㄴ' 뒤에 'ㅂ'이 올 경우 'ㄴ'이 'ㅂ'을 닮아 'ㅁ'으로 바뀐다. 표준발음법에서는 이를 인정하지 않지만 실제의 우리 발음에서는 매우 자연스럽게 나타난다. '밥그릇', '신문', '번개', '감기' 등을 발음해보면 받침의 'ㅂ', 'ㄴ', 'ㅁ' 등을 본래의 소리대로 발음하는 것이 더 부자연스럽게 느껴질 수도 있다.

'비빔'으로 쓰이는 것에 대해 굳이 뭐라 할 수는 없다. 그렇게 굳어지고 그렇게 쓰이는 것이 말이다. 국어학자들이나 매달릴 어원 논쟁이나, 욕심 많은 지자체들이나 우길 원조 논쟁은 이제 그만하고 맛있게 비벼 먹으면 될 일이다.

덧밥의 도전

분식점에서도 흔하게 볼 수 있는 요리가 하나 있다. 하얀 밥 위에 고추장 양념을 한 돼지고기가 듬뿍 얹어진 음식, 제육덮밥이다. 이미 우리의 삶 속에 깊숙이 들어와 있는 음식이기 때문에 그 이름의 기원이나 구성을 따지기 전에 단어가 먼저 각인되어 아무렇지도 않게 쓰이는 말이다. 제육덮밥은 고기와 밥에만 집중해서 먹을 수 있는 꽤 만족스러운 메뉴. 고기에만 더 집중하고 싶으면 제육볶음을 주문하면 된다. 제육볶음을 주문해도 밥은 나오니 고기 따로, 밥 따로 먹어도 된다. 그런데 조금만 눈여겨보면 '제육덮밥'은 의문투성이다. '제육'도 그렇고 '덮밥'도 그렇다. 고기와 관련 있는 '제육'은 나중 문제니 '덮밥'에 궁금증을 집중할 필요가 있다.

덮밥은 우리의 전통적인 음식은 아닌 듯하다. 요리를 소개하는 여러 책을 봐도 덮밥에 대한 기록은 보이지 않는다. 그러나 '덮밥'이란 말이 없었다는 것이지 덮밥과 비슷한 방식으로 밥을 먹지 않았다는 것은 아니다. 밥과 반찬으로 구성된 우리의 음식 문화니 밥 위에 반찬을 얹으면 덮밥이 된다. 일본 사람들과 달리 우리는 덮밥도 비빔밥처럼 비벼 먹지만 비비기 전에는 덮밥이다. 그릇이 없거나 설거지가 귀찮으면 밥 한 그릇에 반찬을 대충 얹어서 먹을 터이니 덮밥과 비슷한 형태의 밥이 오래전부터 있었을 것은 쉽게 추측이 된다.

문제는 '덮밥'이란 말이다. 당연히 '덮다'와 '밥'이 합쳐진 말이다. 아무렇지도 않게 여겨질 수도 있겠지만 '덮밥'이 자연스러운 것이라면 '비비밥'도 그래야 한다. 나아가 '끓는 물'도 '끓물'이어야 하고, '먹는 물'도 '먹물'이어야 한다. 우리말에서는 '덮다', '끓다', '먹다' 등과 같이 동작을 나타내는 말이 '밥', '물' 등과 같이 사물을 뜻하는 말과 직접적으로 결합되지 않는다. '끓는 물', '먹는 물'처럼 중간에 연결시켜주는 무엇이 있어야 하는데 '덮밥'에는 그러한 것이 없다.▪

상황이 이렇다 보니 시골 식당 주인이 거친 필체로 써놓은 '덧밥'이 새삼스럽게 느껴진다. 얼마나 많은 고민을 했을까? 많이 배우지는 못했지만 우리말에 대한 감각이 뛰어난 주인장에게 '덮밥'은 영 마뜩하지 않았을 것이다. 아무리 생각해도 우리말의 일반적인 어법에 맞지 않으니 말이다. 주인은 고민 끝에 받침 하나를 바꾸어 '덧밥'으로 써 본다. '덧'은 '덧버선', '덧문', '덧씌우다' 등에 쓰이니 '덮다'의 의미를 충분히 담아낼 수 있고 어법에도 잘 맞는다. '덧밥'은 빨리 발음하면 [덥빱]이니 '덮밥'의 발음과 완전히 일치된다. 주인장은 만족해하며 자랑스럽게 '덧밥'이라 써서 메뉴판에 올린 것이다. 사전에 '덧밥'은 '먹을

■ '먹거리'도 이런 종류의 말이다. 이미 굳어진 말이어서 아무렇지도 않게 느껴질 수도 있으나 '먹을거리'라고 해야 어법에 맞다. '늦더위', '굳세다', '함박눈', '얼룩소' 등도 모두 자연스러운 말은 아니다. 이런 말들을 '비통사적 합성어'라고 하는데 '비통사적'이라고 해서 반드시 틀렸다고 보아야 할 이유는 없다.

만큼 먹은 뒤에 더 먹는 밥'이라 풀이되어 있기는 하지만 아무도 쓰지 않는 말이니 문제될 것은 없다. 오히려 주인장의 우리말 감각과 실력이 놀라울 따름이다.

이상하고도 쓸쓸한 뻥튀기

"뻥이오!"

외치는 말은 조금씩 다르지만 반드시 사전 경고가 있어야 한다. 그러고는 폭탄이 터지는 듯한 소리와 뭉게뭉게 피어오르는 하얀 김. 지금은 흔히 볼 수 없는 풍경이지만 명절 때면 거르지 않고 나타나는 아저씨가 뻥튀기 아저씨다. 서양에 팝콘이 있다면 우리에게는 뻥튀기가 있다. 팝콘이든 뻥튀기든 이름은 다르지만 원리는 같다. 곡물에 높은 온도와 압력을 가하다가 급격히 압력을 떨어뜨리면 부풀어 올라서 바삭하고 먹기 좋은 상태가 된다. 서양에서는 옥수수만 튀기니 '팝콘^pop corn'으로 이름이 굳어졌지만 우리는 온갖 것을 다 튀기니 흔히 '뻥튀기'라고 불린다.

'뻥튀기' 역시 그 말을 만드는 법이 특이하다. '뻥'은 마지막에 터뜨릴 때 나는 소리라는 것은 의심의 여지가 없다. 문제는 '튀기'다. '튀기'는 아무래도 '튀다' 혹은 '튀기다'라는 말과 관련이 있어 보인다. 뻥튀기 기계의 문을 열면 기계 안에 든 것이 사방으로 튀기 때문에 '튀다'라는 말과 관련이 있을 법도 하다. 그런데 '튀기'는 튀는 동작을 뜻하는 것이니 '뻥튀기'는 큰 소리를 내며 튀기는 동작이어서 그 자체로 음식 이름이 될 수는 없다. '튀기다'는 보통 기름을 써서 식재료를 부풀어 오르게 하며 익히는 것이어서 역시 이상하다. 더욱이 '튀기다'에서 '튀기'만을 써서 말을 만드는 어법은 우리말에 없다. 음식 이름에 '뻥' 소리를 넣은 것도 이상하고, 결합된 것이 '튀다'든 '튀기다'든 의미나 어법이 다 이상하다.

뻥튀기의 다른 말은 '튀밥'이다. '튀'는 '튀다'에서 온 것이다. '밥'이 쓰였지만 밥은 아니고 쌀, 옥수수 등 재료와 상관없이 만들어진 결과물 모두를 '튀밥'이라 한다. 그런데 이 말 또한 우리말의 어법에는 잘 맞지 않는다. '튀다'의 일반적인 뜻이 '튀밥'과는 어울리지 않을 뿐만 아니라 '튀다'가 아무런 연결고리 없이 '밥'과 어울려 '튀밥'이 되는 것도 그렇다. '덮밥'만큼이나 이상하다. 그래도 '튀다'는 무엇인가 본래의 상태에서 벗어나거나 도드라진다는 의미가 포함되어 있으니 부풀어 오른다는 의미로 쓰인 듯하다. 다른 말에서는 쓰이지 않지만 '튀밥'에만 그 흔적이 남아 있는 것이기도 하다. 그런데 북쪽에서는 '튀기'를 남쪽의 '튀김' 혹은 '튀밥'의 뜻으로 쓴다. '튀기'가 어떻게 나온 것인지 설명하기는 어렵지만 그렇게 굳어진 것이다.

언제부터인지 모르게 '뻥튀기'는 다른 의미로 쓰이기 시작한다. 어떤 사실이나 물건을 과장하여 크게 부풀리는 일을 비유적으로 이르는 말로 쓰이게 된 것이다. 쌀이나 옥수수를 부풀리는 것은 색다른 식감을 만들어내기 위한 것이지 남을 속이기 위한 것은 아니었다. 그런데 어느 순간부터 '과장하여 남을 속인다'는 의미로 쓰이기 시작한다. 뻥튀기 기계가 그리 오래된 것은 아니니 이 말이 이런 뜻으로 굳어진 것도 그리 오래되지 않은 것으로 보인다. 그러나 과거보다 '뻥튀기'가 휠 썬 더 많아진 것으로 보이니 씁쓸하다.

밥상의 주인

2007년 여름 중국 옌지 시의 어느 식당, 두 시간째 이어지는 저녁 만
찬 때문에 점차 지쳐간다. 동석한 사람의 숫자만큼 '깐뻬이'를 한 '빠
이깔' 때문이기도 하지만 끝없이 나오는 음식의 가짓수와 양에 질려
버린다. 뭍, 물, 하늘에서 나는 재료를 골고루 안배해서 나오는 요리의
수를 세다가 열이 넘어가자 포기해버린다. 중국에서는 남겨야 미덕인
것을 모르고 꾸역꾸역 먹다가 결국 지친다. 요리가 끊겨 안도하는 찰
나, 그날 저녁 초대를 해준 홍매 어머니가 좌중에 묻는다.
　"주식은 뭘로 하실까요?"
　주식이라니…… 그렇다면 이제까지 먹은 건 부식이란 말인가? 중
국 식단의 주식은 밥, 국수, 만두 등 탄수화물이 주가 된 음식이란 설
명이 의아함을 풀어준다. 정말 더 이상 먹을 수 없어 마다하는데도 홍
매 어머니는 막무가내로 권한다. 한국 손님들이 머뭇거리자 홍매 어
머니는 회심의 일격을 가한다.
　"신라면 좋잠까? 신라면 바치라 할까요?"
　옌벤의 교포 사회를 중심으로 신라면이 퍼지기 시작한 무렵이다. 정
식 수출이 되지 않는 시기이니 보따리상을 통해 들어간 라면인 듯하
다. 기름진 중국 음식에 질려 매콤한 라면이 그립기는 하지만 라면은
'주식'이 아니다. 밥, 아니 '미판 米飯'을 시킨다. 끓여서 만든 밥이라 찰

기가 없지만 한 공기를 다 비운다. 그래도 '주식'인 '밥'이 들어갈 자리
는 비어 있었나 보다.

우리의 주식이 무엇일까? 아직까지는 쌀이 그 자리를 차지하고 있
는 것으로 보인다. 중국 사람들과 마찬가지로 탄수화물을 주식으로
여기는 우리의 사고도 당분간은 유지될 것으로 보인다. 빵과 국수도
탄수화물이 주를 이루고, 서양식의 시리얼도 탄수화물을 주재료로 하
여 만들어졌다. 어차피 탄수화물을 섭취해야 하는 처지이니 밥이 밥
상에서 사라지지는 않을 것이다. 그렇다면 밥상의 주인은 무엇인가?
《식객》의 허영만 화백은 이 물음에 진지하게 답을 한다. 그러나 밥상
의 주인이 밥이라고 재확인하는 것이 새삼스럽다. '밥상'이란 말 자체

밥이 주인인 개다리 소반 밥상

가 밥이 놓인 상이 아니던가.

　그러나 지금은 밥상이 아닌 식탁의 시대다. 식탁은 커졌는데 밥그
릇은 초라하리만큼 작아졌다. 저마다 밥 한 그릇씩을 앞에 두고 식사
를 하지만 식탁에서 가장 높은 지위를 차지하고 있는 것은 한가운데
놓인 구이, 찜, 탕 등이다. 식탁의 시대에 밥은 더 이상 주인이 아니
다. 어차피 먹거리는 끊임없이 바뀌어가고 그에 대한 느낌도 변하기
마련이다. 밥에 대한 기억도 마찬가지다. 밥그릇이 점점 야위어가고
밥상에서 구석으로 밀릴지라도 우리의 눈앞에서 사라질 가능성은 낮
다. 다만 밥이 주인의 자리를 차지하고 있던 시절의 기억이 낡아가는
것일 뿐이다. 밥이 주인의 자리를 잃더라도 "밥 먹었니?" 혹은 "밥은
먹고 다니니?"는 여전히 상대에 대한 애정을 듬뿍 담은 인사로 남을
것이다.

3
숙맥의 신분 상승

오랜 옛날 우리 조상들은 무엇을 먹었을까? 우리의 역사 교과서는 이에 대한 답과 의문을 동시에 던져준다. '조', '피', '수수', '기장' 등의 낯선 이름이 보이는데 '벼', '밀' 등은 이 틈에 끼지도 못한다. 특히 지금은 김매기 때 골칫거리로 취급되는 피가 끼어 있다는 것이 신기하다. 빼빼 마른 사람을 보고 "피죽도 못 먹었냐?"고 할 때의 그 피와 함께 조, 수수, 기장 등이 오랜 옛날의 주된 곡물이었으니 지금과는 사뭇 다르다.

보름날 먹는 오곡밥은 우리가 주로 먹는 곡식에 대한 기초적인 정보를 준다. 오곡밥의 재료는 시대와 지역에 따라 조금씩 차이가 있다. 오늘날의 오곡밥에는 찹쌀, 기장, 찰수수, 검정콩, 붉은팥 등이 들어간다. 조선 시대에는 피가 오곡의 한 자리를 차지하기도 했다. 그런데 오곡밥의 오곡을 자세히 들여다보면 오늘날 우리 식생활의 중요한 한 부분을 차지하는 밀은 물론 옥수수도 빠져 있다. 이는 '오곡밥'의 문제가 아니라 '곡물'에 대한 정의와 그 범위가 조금씩 달랐다는 것을 말해주는 것이기도 하다.

인간이 재배하는 여러 농작물 중 곡물은 배를 든든히 채워주는 매우 중요한 작물이다. 주식의 자리를 곡물이 차지하는 이유도 여기에 있다. 시대에 따라 지역에 따라 주로 재배하는 것이 다르기는 하지만 곡물은 다른 어떤 작물보다도 중요시되는 작물이다. 그러나 우리의 의식 속에서는 이러한 곡물 사이에도 엄연한 신분 차이가 존재한다. 맨 윗자리는 벼와 보리가 차지하고 있는데 이 둘은 밥을 지을 수 있는 곡물이다. 둘 중에서 으뜸은 벼이고 부족할 때 보리를 섞는다. 밀은 가루를 내어 가공을 하니 밥이 될 수 없고 다른 것들은 밥을 지을 때 섞을 수는 있어도 그것만으로 밥을 짓지는 않는다. 다른 곡물들이 저마다의 용도가 있음에도 불구하고 모두 홀대를 받는다.

어리석고 못난 사람을 일컬을 때 '숙맥菽麥'이라 한다. 글자 그대로 풀이하자면 '콩[菽]'과 '보리[麥]'인데 본래 콩인지 보리인지 분별하지 못한다는 뜻의 '숙맥불변菽麥不辨'에서 온 것이다. 웬만한 바보가 아니고서야 콩과 보리를 구별하지 못할 리 없다. 그러나 우리에게는 콩과 보리의 구별은 의미가 없다. 우리에게 중요한 것은 '쌀'과 '쌀 아닌 것'의 구별뿐이다. 혹은 밥이 될 수 있는 것과 그렇지 않은 것의 구별뿐이다. 그래서 쌀이 아닌 것은 모두 잡스러운 곡물, 즉 '잡곡雜穀'으로 불린다.

쌀이 아닌 것들의 설움

1977년 시골 초등학교 3학년 교실, 대나무 자를 손에 든 선생님이 매

혼분식 장려 포스터

1970년대에 정부 차원에서 대대적인 혼분식 장려 운동이 벌어졌다. 왼손으로 국수를 먹는 엄마나 밀가루를 먹고 '몸짱'이 된 남자 모두가 낯설다.

의 눈으로 각 분단을 누비며 학생들의 도시락을 검사한다. 여기저기서 들려오는 30센티미터 대나무 자가 손바닥에 내려앉는 소리. 혼분식 검사의 장면은 늘 이 모양이다. 어쩌란 말인가. 도시락은 부모님이 싸주시고, 흰쌀밥을 먹어야 건강하다는데. 흰쌀밥으로 자식에 대한 사랑을 표현하는 부모와 자비를 베풀지 않는 선생님 사이에서 아이들은 희생양이 될 수밖에 없다. 약삭빠른 녀석이 작은 주머니에서 콩과 보리를 꺼내 밥 위에 잽싸게 뿌린다. 그럴듯해 보이지만 선생님은 속아주지 않는다. 맛있게 먹으라며 끝까지 녀석의 곁을 지킨다. 덕분에 녀석은 날보리와 날콩 맛을 본다.

1970년대 도시락 먹는 풍경
집집마다 다니며 검사를 할 수 없으니 혼분식 검사는 주로 학교에서 이루어졌다. 흰쌀밥의 꿈이 이루어졌는데 일부러 밥에 보리를 넣는 어머니는 극히 드물었다.

사전에서 잡곡은 보리, 밀, 콩, 팥, 옥수수, 수수, 기장, 조 등 쌀 이외의 모든 곡식을 뜻한다. 잡곡의 반대말을 억지로 만들자면 '순곡純穀'인데 사전에 올라 있지도 않고 일상에서도 잘 쓰지 않는다. 그렇지만 잡곡의 뜻풀이에 기대어보면 '순곡'은 당연히 쌀이다. 가끔씩 술 광고를 보면 오로지 쌀로만 빚은 술을 '순곡주'라 부르기도 한다. 단어의 뜻풀이와 쓰임을 보면 '잡곡'은 그것이 지시하는 곡식을 낮추는 말이라기보다는 쌀에 대한 우리의 집착을 보여주는 것이다.

'잡곡'이란 말 때문에 자연스럽게 만들어진 말이 '혼식混食'이다. 무엇인가를 섞어서 먹는다는 뜻인데 당연히 쌀에 잡곡을 넣어 밥을 짓

우리 음식의 언어

는다는 뜻이다. 쌀이 풍족해진 것은 그리 오래되지 않았다. 1970년대 이전까지만 하더라도 여염집 사람들은 제삿날, 명절날, 생일날 등을 제외하고는 흰쌀밥을 매일 먹는 것이 드문 일이었다. 쌀은 부족한데 밥의 양은 늘려야 하니 쌀에 다른 것을 넣을 수밖에 없다. 가장 대표적인 것은 역시 보리이고 기장, 조 등도 많이 쓰인다.

그렇지만 보리와 밀은 좀 억울할 수밖에 없다. 우리의 삶에서 보리는 다른 잡곡과는 비교가 안 될 정도로 비중이 높다. 보리는 쌀과 함께 밥을 지을 수 있다. 부족한 쌀을 보충하기 위해 쌀에 섞는 것이 보리고, 쌀이 떨어질 무렵 오롯이 쌀을 대신하던 것이 보리다. 그럼에도 불구하고 서럽게 잡곡 취급을 받는다. 밀도 마찬가지다. 밀을 주식으로 삼는 사람들이 전 세계에 걸쳐 있는데도 우리에게는 그저 잡곡일 뿐이다.

콩과 팥, 그리고 옥수수도 억울하기는 마찬가지다. 콩은 중요한 식물성 단백질 공급원이자 두부의 재료가 된다. 스스로 질소를 고정해 양분으로 사용하므로 거름을 따로 줄 필요도 없고 재배하고 나면 지력도 향상되는 효과가 있다. 옥수수는 척박한 땅에서 잘 자라 고산지대나 건조 지역의 주요 작물이다. 오로지 쌀만을 순곡, 혹은 주곡으로 여기는 곳에서는 옥수수가 잡곡일지 몰라도 옥수수만 자라는 지역에서는 옥수수가 황금보다도 더 귀한 곡식이다.

보릿고개를 넘기며

역시 잡곡의 대표는 보리다. 가을에 파종하여 봄에 거둬들이는 보리는 생김도 쌀과 그나마 비슷하다. 벼를 벤 논에 씨를 뿌려 모내기를 하기 전에 거둘 수 있으니 벼와 이모작도 가능하다. 배고프던 시절의 대명사 '보릿고개'의 주인공이기도 하다. 보리가 익어야 방아를 찧어 꽁보리밥이라도 먹을 텐데 쌀은 떨어지고 보리는 좀 더 기다려야 익는다. 고픈 배를 채워야 하기에 익지도 않은 보리를 잘라다가 붉은 기가 도는 밥을 지을 수밖에 없다. 맛이 있을 리도 없고, 배가 차지도 않는다. 그렇게 힘들게 넘어야 하는 것이 보릿고개다.

'보리'는 '쌀'만큼이나 변이형이 거의 없다. 널리 재배되는 작물이니 다른 이름으로 불릴 법도 한데 전 지역에서 모두 '보리'라고 한다. 충청도와 전라도에서는 '버리'라고도 하는데 이는 입술을 붙였다 떼야 하는 'ㅂ'과 입술을 동그랗게 해야 하는 'ㅗ'가 비슷해서 소리 하나를 다르게 하려다 보니 'ㅓ'로 바뀐 결과다. 경상북도에서는 '보리쌀'을 '보쌀' 혹은 '보살'이라고도 한다. '쌀'의 예전 발음이 '보살'과 비슷하기도 하고 한자로는 '菩薩'로 적히기도 했으니 뭔가 관련성이 있어 보인다. 그러나 보리와 쌀이 엄연히 다르니 '보쌀', '보살'은 '보리쌀'에서 온 것으로 보는 것이 합리적이다.

보리는 식감이 영 좋지 않다. 잘 씹히지도 않고 깔깔한 느낌까지 난다. 그래서 '압맥壓麥'과 '할맥割麥'을 만들어서 팔기도 한다. 말 그대로 '누른 보리쌀'과 '쪼갠 보리쌀'이다. 보리가 잘 익지 않기 때문에 이렇게라도 해야 쌀에 섞어 밥을 지을 수 있다. 보리만으로 밥을 지으려면

우리 음식의 언어

두 번 삶을 수밖에 없다. 두 번 삶았다 하여 '곱삶이'라고도 한다. '곱'은 보통 '갑절'을 뜻하는데 여기서는 '둘'의 뜻이다. '곱삶이'는 '꽁보리밥'으로 대체되기도 하는데 '꽁보리밥'은 다음 노래처럼 '꽁당 보리밥'으로 쓰이기도 한다. 그런데 '꽁'이든 '꽁당'이든 사전에는 올라 있지 않다.

> 다 같이 돌자 동네 한 바퀴
> 복남이네 집에서 아침을 먹네
> 옹기종기 모여앉아 꽁당 보리밥
> 보리밥 먹는 사람 신체 건강해

가사도 귀엽고 가락도 귀에 잘 붙는 동요 〈동네 한 바퀴〉. 그런데 누가 만들었는지 모를 번외편이 하나 더 있다. '옹기종기 모여앉아 먹는 꽁당 보리밥'은 본래 노래와는 느낌이 사뭇 다르다. 게다가 '보리밥 먹는 사람 신체 건강해'라고 우기는 데서는 슬픔이 묻어난다. 번안곡이니 본래의 가사에는 저런 구절도 없고 저런 맥락의 노래도 아니다. 그런데 우리나라에 와서 저토록 변화를 많이 겪은 것이다. 보리밥 먹는 사람들은 가난한 사람들이고 가난한 사람들은 신체가 그리 건강하지 않다. '혼식으로 부강 찾고 분식으로 건강 찾자'고 강요하던 시절의 이야기다. 건강을 챙기기 위해 다양한 곡물을 섞어 먹는 오늘날과는 다른 풍경이 펼쳐지던 시절의 이야기다.

밀과 보리가 자라네

Oats, peas, beans, and barley grow
Oats, peas, beans, and barley grow
Do you, or I, or anyone know
How oats, peas, beans, and barley grow?

작자 미상의 영국 전래 동요 〈오츠, 피즈, 빈즈, 앤드 발리 그로〉를 그대로 번역하면 다음과 같다.

귀리, 완두, 콩, 보리가 자라네
귀리, 완두, 콩, 보리가 자라네
너, 나, 그리고 모두가 알지요
귀리, 완두, 콩, 보리가 어떻게 자라는지

그런데 이 노래가 우리말로 번안되면서 원래 가사에 있던 '귀리, 완두, 콩' 대신 '밀'이 등장하게 된다.

밀과 보리가 자라네
밀과 보리가 자라네
밀과 보리가 자라는 것은
누구든지 알지요

우리말로 '밀과 보리가 자라네'라는 제목이 붙은 이 노래는 의문투성이다. 우선 원곡의 가사가 의문스럽다. 우리는 '완두콩'이라고 하여 완두를 콩의 일종으로 보는데 본래 가사에서는 '완두pea'와 '콩bean'을 나눈 것이 이상하다. 사실 우리가 흔히 쓰는 말 '완두콩'은 영어로 치자면 '피 빈 빈pea bean bean'이니 이상하기는 마찬가지다. '완두豌豆'의 '완豌'은 영어의 '피pea'이고 '두豆'는 '빈bean'인데 여기에 '콩'을 더 붙이니 그렇다. 식물학자가 만든 노래가 아니고 이름 모를 누군가가 만들어서 부르기 시작한 것이니 굳이 문제 삼을 필요는 없다. '완두콩' 또한 뜻을 더 확실하게 하기 위해 일상에서 그렇게 쓰이는 것이니 탓할 일은 아니다.

문제는 '밀과 보리'에 있다. 번역은 어려운 일이다. 시나 노랫말의 번역은 특히 어렵다. 뜻도 잘 전달해야 하지만 운도 잘 맞아야 하니 그렇다. 이 노래의 번안 과정에서도 그것이 느껴진다. 본래의 노랫말대로 번역을 하려면 글자 수가 너무 많아져 가락에 노랫말을 맞출 수가 없다. 결국 노랫말을 줄이거나 일부를 빼야 하는데 번안자는 획기적인 방법을 썼다. '귀리', '완두', '콩'은 다 빼버리고 밀 하나로 대체한 것이다. 단순한 시 번역이라면 이러한 일은 있을 수 없지만 노래에 맞추다 보니 이런 무례한 번안이 나온 것이다.

그러나 단순히 운을 맞추기 위한 것은 아닌 듯하다. 귀리는 우리에게 낯선 곡물이다. '완두'와 '콩'을 따로 넣는 것도 이상하지만 콩은 그리 귀한 작물은 아니다. 대신 서양의 대표적인 곡물은 밀이다. '귀리, 완두, 콩'을 '밀'로 바꾸어 '밀과 보리가'로 하니 본래 다섯 음절이었던 노래와 딱 맞아떨어진다. 억지로 원 노래의 작물을 다 끼워놓은 번역으로 아이들의 혀를 바쁘게 할 필요도 없어졌다. 그리고 서양의 대표 곡물로 바꿔놓으니 우리의 감각에도 잘 맞는다. 언제 누가 했는지는 모르지만 멋진 번안이다.

밀가루가 진짜 가루?

"드라마 〈대장금〉에 나오는 '징까루'가 뭐죠?" 〈대장금〉을 열심히 본 사람들이 던지는 질문이다. '징까루'는 소리 나는 대로 적은 것이니 '진가루'가 맞다. '진'은 '眞'이니 '진짜'를 뜻하는 것일 수도 있지만 이 때는 '귀하다'는 뜻이다. 가루를 뜻하는 한자 '말末'을 붙여 '진말眞末' 이라고도 했다. 쌀을 주로 먹는 우리에게 밀과 밀가루는 꽤나 귀한 식 재료다. 특히 밀가루는 가공성이 좋아 국수를 비롯한 여러 음식을 만들 수 있다. 밀가루가 넘쳐나는 오늘날과 달리 조선 시대에는 구하기가 어려우니 '진짜 가루'라 할 만하다.

예나 지금이나 밀은 우리 땅에서 많이 재배되지 않는다. 밀이 우리의 풍토에 잘 안 맞는 것일 수도 있지만 진짜 이유는 다른 데 있다. 밀은 봄에 씨를 뿌려 가을에 거두니 벼와 재배 주기가 일치한다. 보리는 이모작이 가능한데 밀은 그렇지 못한 것이다. 또한 밀은 가공이 어렵다. 벼는 껍질을 벗겨 밥을 지으면 되지만 밀은 가루를 내어 그것을 다시 반죽하여 음식을 만들어야 한다. 고운 밀가루를 만드는 것은 매우 어려운 작업인 데다가 음식으로의 가공도 만만치 않다. 주식인 쌀을 재배할 땅도 부족한 마당에 가공도 어려운 밀을 재배할 이유가 없는

우리 음식의 언어

것이다.

> 이지러는 졌으나 보름을 갓 지난 달은 부드러운 빛을 흔붓이 흘리고
> 있다. 대화까지는 칠십 리의 밤길, 고개를 둘이나 넘고 개울을 하나 건
> 너고, 벌판과 산길을 걸어야 된다. 길은 지금 긴 산허리에 걸려 있다.
> 밤중을 지난 무렵인지 죽은 듯이 고요한 속에서 짐승 같은 달의 숨소
> 리가 손에 잡힐 듯이 들리며, 콩포기와 옥수수 잎새가 한층 달에 푸르
> 게 젖었다. 산허리는 온통 메밀밭이어서 피기 시작한 꽃이 소금을 뿌
> 린 듯이 흐붓한 달빛에 숨이 막힐 지경이다.
>
> — 이효석, 〈메밀꽃 필 무렵〉

우리에게 밀보다 더 친숙한 것은 메밀이다. 메밀은 건조한 땅에서
짧은 기간 동안 잘 자라 어디에서든 쉽게 재배할 수 있다. 벼와 재배지
가 겹치지 않고 오히려 산간에서 벼의 대체 작물로 기를 수 있으니 인
기가 좋을 수밖에 없다. 그런데 '메밀'은 여러 모로 이상한 이름이다.
'메밀'의 '메'는 '찰기가 없어서 메지다'는 뜻이니 '메밀'은 '밀은 밀인
데 찰기가 없는 밀'이란 뜻이다. 그러나 밀과 메밀은 전혀 다른 종이
다. 밀은 볏과에 속하고 메밀은 마디풀과에 속한다는 것을 모르더라

■　　우리말에서는 밀이 대우를 좀 받는 편이지만 중국어에서는 대우를 전혀 못 받고
있다. 한자는 본래 한 글자가 하나의 뜻을 나타내니 한자 하나는 곧 하나의 단어다. 그런
데 밀은 따로 한자를 배정받지 못한 채 '소맥小麥'으로 쓰이고 있다. '소맥'은 말 그대로
'작은 보리'라는 뜻인데 밀로서는 좀 억울할 노릇이다. 완두콩마저도 '완豌'이라는 한자
를 배정받았는데 그보다 훨씬 더 중요한 작물인 밀은 따로 이름을 받지 못한 채 보리의
동생처럼 여겨지는 것이다.

메밀꽃
쌀이나 밀도 꽃이 피지만 메밀의 탐스러운 꽃에 비할 바가 아니다.

도 꽃이나 생김을 보면 전혀 다름을 알 수 있다. 본디 더 흔히 재배되는 것은 메밀인데 어찌하다 밀의 동생과 같은 이름이 붙은 것이다. '메밀'은 '모밀'이라고도 하는데 메밀 낟알이 모가 나 있어 그런 이름이 붙은 것이다.

'가루'라 불리는 음식

'음식점'과 '식당'은 같은 뜻일 것 같지만 실제로는 다르다. 법률상 음식점은 대중음식점, 전문음식점, 유흥음식점으로 분류되는데 유흥음식점은 '술집'이지 '식당'은 아니다. 전문음식점에는 패밀리 레스토랑이나 뷔페 등이 포함되니 역시 '식당'보다는 좀 큰 규모로 여겨진다. 결국 우리가 익히 쓰고 있는 '식당'은 '대중음식점'이다. 대중음식점은

우리 음식의 언어

한식, 중식, 양식, 일식 등으로 분류하는 게 일반적인데 여기에 정체가 모호한 것이 하나 끼어 있으니 '분식'이 그것이다. 다른 것들은 어느 나라 음식인가에 따라 분류되고 이름도 붙었는데 '분식'만은 엉뚱한 이름이 붙은 것이다.

'분식'의 '분粉'은 '가루'를 뜻한다. 어떤 곡물이든 가루를 낼 수 있지만 '분식'의 가루는 밀가루를 뜻한다. 결국 '분식'은 '밀가루로 만든 음식'을 뜻한다. 단어의 구성이나 쓰임이 우리로서는 낯설 수밖에 없는데 아마도 일본어의 '훈쇼쿠粉食/ふんしょく'에서 온 듯하다. 1970년대 혼분식을 장려하면서 자연스럽게 우리말 속에 깊숙하게 자리를 잡았다. 사전에서는 '가루음식'으로 순화하라고 되어 있지만 이렇게 해서는 느낌이 전혀 달라지기 때문에 사전의 지시대로 쓰는 사람은 없다. 이미 '분식'은 독특한 의미와 지시 대상을 구축하고 있는 것이다. 모든 곡물을 가루로 만들 수 있지만 '분식'의 가루는 오로지 '밀가루'만을 지시한다.

한때 '진가루'라고 불리던 밀가루가 흔해진 것은 대한민국 정부 수립 이후 미국의 원조에 의한 소위 '삼백 산업'이 발달한 것과 관련이 있다. 미국을 통해 대규모로 밀을 들여와 이를 밀가루로 가공하여 부족한 식량을 대체하도록 한 것이다. 쌀의 대체재 혹은 보충재의 역할을 하다 보니 밀가루는 여전히 그 지위를 인정받지 못한다. 서양인들에게는 주식이지만 우리들에게는 쌀이 부족해 먹는 곡물이니 오히려 미움을 받기 십상이다. 보리는 그나마 쌀처럼 생겨 밥을 지을 수 있지만 밀가루는 국수, 수제비, 빵 등으로 가공해야 먹을 수 있다. 먹어도 밥처럼 든든하지 않으니 간식이나 새참으로는 괜찮아도 밥 대신 먹을 만한 것은 못 된다.

국수의 대중화와 라면의 등장 또한 밀가루의 지위를 떨어뜨리는 역할을 한다. 국수와 라면에 대한 인상은 세대마다 다르다. 젊은 세대들은 '밥 먹기 싫을 때' 먹는 별식 정도로 여기지만 나이 든 세대들에게는 '밥이 없을 때' 먹는 대체식이다. 어쩌다 밥이 부족하거나 밥을 하기 싫을 때 간단하게 끓여 먹는 점은 같지만 쌀이 없어서 밥이 없는 것과 쌀은 있어도 밥이 없는 것은 엄연히 다르다. 나이 든 세대들은 당연히 쌀이 없어 밥을 못 지었을 때 먹는 것이니 국수와 라면에 대한 인상이 좋을 리가 없다.

밀가루의 대중화는 새로운 형태의 식당을 탄생시키는 계기가 된다. '분식집' 혹은 '분식점'이 그것이다. 이름대로라면 밀가루 음식만 팔아야 하지만 꼭 그런 것만은 아니다. 라면 없는 분식집은 상상이 안 되니 라면은 분식집의 필수 메뉴다. 묘하게도 국수가 분식집의 필수 메뉴는 아니지만 그래도 쫄면이든 우동이든 면류 몇 가지는 넣어줄 수 있다. 그런데 이런 면류를 제외하고는 분식집의 필수 메뉴가 무엇인지 특정하기가 어렵다. 냉면도 면이지만 고깃집이나 냉면 전문점에서 먹어야 할 것 같은 음식이다. 떡볶이는 본래 떡볶이집이 따로 있고, 만두는 밀가루가 대중화되기 전부터 있었다. 김밥은 밀가루로 만드는 음식이 아니다. 분식집의 정체가 모호해진다.

오늘날의 분식집은 밀가루 음식을 파는 집이 아니라 만만한 식당이다. 김밥집으로 시작을 했든 떡볶이집으로 시작을 했든 오늘날의 분식집은 라면, 김밥, 떡볶이, 순대 등을 모두 판다. 순두부 백반이니 된장찌개 백반이니 하는 백반 종류도 판다. 만두도 팔고, 떡국도 팔고,

우리 음식의 언어

돈가스와 우동도 팔고. 이것저것 그리 값이 비싸지 않은 것들을 죄다 판다. 본래 밀가루 음식을 파는 집이었을지 모르지만 오늘날에는 식당의 틈새를 파고들어 주머니가 가벼운 사람들의 한 끼를 책임진다.

콩 심은 데 콩 나고 팥 심은 데 팥 난다

"선생님, 팥은 콩이 아닌가요?"

서울의 초등학교 5학년 교실, 늘 말없이 책상에 다소곳이 앉아 있기만 하던 사내아이가 선생님께 질문을 한다. 그 탓에 '콩 심은 데 콩 나고 팥 심은 데 팥 난다'는 속담에 대한 설명이 끊긴다. 선생님은 당황스러운 표정으로 질문한 사내아이를 쳐다본다. 충청도 촌구석에서 전학 온 지 두어 달 된 녀석, 국어책을 읽으라고 했더니 오르내림이 전혀 없는 충청도식으로 읽어 웃음거리가 된 후 잔뜩 주눅이 들어 있는 그 녀석이다. 질문 내용은 장난스러운데 얼굴은 사뭇 진지하다.

사실 서울 아이들한테는 전혀 와 닿지 않는 속담이다. 그저 속담이겠거니 하고 외우면 되는 건데 녀석은 늘 궁금했나 보다. 선생님도 좀 의아한 생각이 든다. 생김새를 보면 모두 콩인데 왜 군이 빨간색의 콩만 팥이란 이름이 붙었을까?

"그것 참 재미있는데? 같이 생각해볼까?"

서울 선생님은 역시 친절하다. 쓸데없는 것을 묻는다고 꿀밤을 날리던 시골 선생님에 비해. 사내아이는 궁금증은 풀리지 않았지만 꿀밤을 또 맞지 않은 것은 다행이라 여긴다.

콩팥? 그저 무심히 넘길 수도 있지만 곰곰이 생각해보면 이상한 말이다. 우리 몸의 주요 장기臟器는 고유어 이름과 한자어 이름이 공존한다. 심장心臟은 '염통'이라 하고, 폐肺는 '허파'라 하고 신장腎臟을 '콩팥'이라고 하는 것이 그것이다. '콩팥'은 언뜻 봐도 '콩'과 '팥'이 합쳐진 것으로 보인다. 15세기의 한글 문헌에도 '콩팥'은 '콩ᄑᆞᆺ'으로 나오고 '팥'은 'ᄑᆞᆺ'이나 'ᄑᆞᆺ'으로 나오니 의심의 여지가 없다. 그러나 의미를 따져보면 이상하다. '팥'은 붉은색의 특정한 콩 하나를 지시하는데 '콩'은 훨씬 더 많은 콩을 포괄한다. 팥도 콩의 일종이니 '팥콩'이라고 해야 맞다. 신장을 '팥콩'이라고 하면 콩을 지시하는 듯해서 '콩팥'이라고 했는지도 모른다.

콩의 한 종류인데 '팥'이란 말이 따로 있는 것도 특이하다. 다른 콩들의 이름은 '-콩'이거나 '-두豆'인데 팥만은 그렇지 않은 것이다. '팥'을 한자로는 '적두赤豆', '소두小豆'라고도 적는데 고유어로는 '빨간콩' 또는 '작은콩'이 아닌 그저 '팥'이다. 팥이 콩 중에서 튀기는 튄다. 콩의 외피도 붉지만 거피를 하고 난 속도 검붉다. 떡의 고물로 쓰기에 좋고, 죽을 쒀도 붉은색이 남아 있어 악귀를 쫓기에도 좋다. '팥으로 메주를 쑨다 해도 믿는다'는 속담까지 있는 것을 보면 특별히 친숙한 콩인 것은 맞는 듯하다.

■ 우리 몸속의 중요한 장기인 콩팥과 콩의 한 종류인 강낭콩은 그 생김새가 매우 흡사하다. 우리말에서는 신장을 '콩팥'이라고 하는 데 비해 영어에서는 강낭콩을 '키드니 빈kidney bean'이라고 한다.

우리 음식의 언어

콩은 방언을 뒤져봐도 변이가 거의 나타나지 않는다. '팥'은 '폿'으로 나타나는 지역도 있는데 이는 '파리'가 '포리'로 나타나고, '팥'이 '폿'로 나타나는 것과 같은 현상이다. 이들 단어들은 모두 'ㆍ(아래아)'를 가진 'ㅍᆞᇀ', 'ᄑᆞ리', 'ᄑᆞᆯ'이었는데 'ㅍ' 아래에서 'ㆍ'가 'ㅗ'로 바뀐 것일 뿐, 본래 기원은 같다. 아주 오래전부터 전국적으로 통일된 말을 쓰고 있었음을 알 수 있다.

콩을 시루에 안친 후 물만 주어 기른 것은 약간의 변이가 나타난다. 표준어로 '콩나물'은 '콩'과 '나물'이 합쳐진 것이다. 콩을 싹 틔워 일정한 길이만큼만 길러 나물처럼 먹으니 이런 이름이 지어진 것이다. 경상도 지역에서는 '콩지름', '콩기름', '콩질금' 등이 나타난다. 콩을 시루에 길러서 먹는 것이니 일정한 길이만큼 '기른 콩'이란 의미다.▪

'콩 심은 데 콩 나고 팥 심은 데 팥 난다'라는 속담은 극히 상식적인 진리를 담고 있다. 마찬가지로 콩 안친 데 콩나물 나고 녹두 안친 데 숙주나물 난다. 모든 일은 근본에 따라 거기에 걸맞은 결과가 나타난다. 그러나 최근에는 이 속담을 들어본 기억이 아득하다. 일상에서 속담을 섞어 쓰는 일이 줄어서 그런 것일 수도 있다. 봉지에 든 콩나물과 단팥빵의 팥 앙금을 알아도 콩이나 팥을 본 사람이 드물어서 그런 것일 수도 있다. 콩나물을 길러봤어도 밭에 콩과 팥을 심어 자라는 것을 본 사람이 거의 없어서 그런 것일 수도 있다. 다만 콩 심은 데 콩이 안

▪   콩의 일종인 녹두를 같은 방법으로 기른 것은 '숙주나물'이라고 한다. '콩나물'을 생각하면 '녹두나물'이라고 할 법도 한데 '숙주나물'이라 하는 것이다. 세종의 총애를 받던 신숙주가 마음이 변해 세조의 편에 선 이후 쉽게 쉬어버리는 녹두나물을 숙주나물이라고 했다는 얘기가 있으나 전혀 근거가 없다. '녹두'를 '숙주'라고 했지만 지금은 쓰지 않는 것일 가능성은 있다.

나고 팥 심은 데 팥이 안 나는 것이 아니길 바랄 뿐이다.

옥 같은 수수

이제 수수는 낯선 작물이다. 아직도 농촌에서 더러 심기는 하지만 농촌을 떠나 사는 사람들은 수수가 어찌 생겼는지, 그 알곡은 또 어찌 생겼는지 알 길이 없다. 수수를 따로 먹지도 않고 가공식품으로도 특별히 먹지 않으니 그럴 법도 하다. 그렇다면 '수수'가 순우리말일까? 그 글자나 소리로만 보면 고유어일 것 같다. 혹시라도 수수밭에 가본 사람이라면 키 큰 수수밭에 바람이 지나가는 소리가 '수수' 하고 들려서 그렇게 이름이 지어진 것으로 상상해볼 수도 있다. 그런데 '수수'는 중국말이다. 수수를 중국어로 '가오량高粱/gaoliang'이라고도 하지만 '수수秫秫/shushu' 또는 '수수蜀黍/shushu'라고도 한다. '蜀黍'의 우리식 발음은 '서수'인데 '수수'라고 하는 것을 보면 한자를 차용한 것이 아니라 중국어의 발음을 차용한 것이다.

> 우리 아기 불고 노는 하모니카는 옥수수를 가지고서 만들었어요
> 옥수수 알 길게 두 줄 남겨가지고 우리 아기 하모니카 불고 있어요
> 도레미파 솔라시도 소리가 안 나 도미솔도 도솔미도 말로 하지요
>
> — 윤석중, 〈옥수수 하모니카〉

〈옥수수 하모니카〉란 동요까지 만들어진 것을 보면 옥수수는 꽤나

영화 〈붉은 수수밭〉과 고량주

장이머우 감독, 궁리 주연의 〈붉은 수수밭〉의 중국어 제목은 '홍고량紅高粱'이다. 중국집에 가면 작은 잔에 따라 마시는 술의 이름도 '고량주高粱酒'다. 수수밭이 배경인 영화에 수수가 주재료인 술이다.

친숙한 작물임에 틀림없지만 우리에게 그리 환영받는 작물은 아니다. 쌀이 귀한 지역에서나 쌀 대용식으로 조금 먹고 다른 지역에서는 간식 정도로 여겨진다. 그렇지만 옥수수는 당당히 세계 4대 주식에 속하는 중요한 곡물이다. 고산지대의 주민들에게는 없어서는 안 되는 주식이다.

'옥수수'란 이름은 '수수'와 떼려야 뗄 수 없다. 말 그대로 '옥玉과 같은 수수'라는 의미이니 이름은 참 곱다. 이 이름 역시 중국어의 '위수수玉蜀黍/yushushu'에서 온 것이다. '玉'의 중국어 발음은 '위'인데 우리식 한자 발음대로 '옥수수'라고 한다. 요즘 중국에서는 '위수수' 대신 '위미玉米/yumi'를 많이 쓴다. 우리식으로 풀이하자면 '옥쌀'인데 좀 낯설다. 북에서는 부족한 식량을 보충하기 위해 옥수수로 지은 '강냉이밥'을 많이 먹는다. 강냉이밥을 지을 옥수수를 '옥쌀'이라고도 하는데 조금 억지스러워 보이기는 하지만 중국어의 '옥미'를 번역해서 쓰는 것일지도 모른다.

'옥수수'의 방언형은 매우 다양한데 크게 '옥수수' 형과 '강냉이' 형으로 나눌 수 있다. '옥수수'를 쓰는 지역에서 '강냉이'는 튀긴 옥수수를 뜻하지만 남부 지역에서는 '강냉이'가 '옥수수'를 대신한다. '옥수수'는 그 어원이 분명한데 '강냉이'는 그렇지 못하다. '강냉이'가 '강낭'으로 쓰이는 지역도 많아 '강낭콩'이 떠오르고 '강남江南'에까지 생각이 미칠 수 있는데 '강냉이'는 '강남'과는 관련이 없어 보인다. 본래 '강남江南콩'이었던 것이 '강낭콩'으로 굳어진 데는 이유가 있다. '강남콩'을 빨리 발음해보면 '콩'의 'ㅋ' 때문에 '남'의 'ㅁ'이 'ㅇ'으로 자연스럽게 바뀐다. 그러나 '강냉이'는 '강남'의 흔적이 보이지 않고 본래

'강남'이었다고 하더라도 '강냉'이 될 이유가 없다. 본래 '강낭'이었을 것으로 추측할 수밖에 없다.

고급 먹거리?

"왜 과자 부스레기를 우유에 말아 먹어? 그게 밥이 돼?"

어머니는 시리얼이 두렵다. 이름도 입에 안 붙지만 누런 과자 부스러기에 우유를 부어 떠먹는 것이 이해가 되지 않는다. 시리얼이 두려운 것이 아니라 아들이 그걸 먹게 될까 봐 두렵다. 그걸로 아침을 '때울까 봐' 두렵다. 몇 가지 곡물을 섞은 균형 잡힌 영양식이라고 아무리 설명해봤자 소용이 없다. 과자 부스러기를 우유에 만 것은 말 그대로 죽도 밥도 아니다.

직장인이든 학생이든 시간에 쫓기는 사람들에게 아침밥은 잠과 바꿔도 전혀 아깝지가 않다. 전날 늦게까지 궁싯대며 야식까지 챙겨 먹었으니 그렇게 허기진 상태는 아니다. 그러니 "5분만"이라고 외치며 더 자는 쪽잠이 훨씬 달콤하다. 아침을 거르는 것이 부담이 된다면 빵과 우유, 혹은 시리얼이 있다. 그것을 서양식 조식이라고 불러야 하는지 아니면 다르게 불러야 하는지 모르지만 밥, 국, 찌개, 밑반찬을 한 상 차려내지 않아도 되니 간편하기는 하다.

좀 더 건강을 챙기는 사람들에게는 '선식'인지, '생식'인지가 있다. 비싼 값에 팔리는 것인 만큼 건강에 좋을 것이라는 생각을 가질 수도 있다. '선식'은 '仙食', '鮮食', '禪食'으로 쓸 수 있다. '仙食'이라면 신선이 먹는 음식일 텐데 신선은 풀과 이슬만 먹는다니 이건 아니다. '鮮食'은 말 그대로 신선한 음식인데 그리 신선해 보이지 않으니 이것도 아니다. 결국 불가에서 참선할 때 머리를 맑게 하고 이에 부담을 주지 않기 위해 먹던 음식인 '禪食'이 맞을 듯하다. 그런데 참선을 하려고 먹는 것도 아니고 머리를 맑게 하려고 먹는 것도 아니다. '생식生食'은 위에 부담이 더 갈 듯하니 위에 부담을 주지 않기 위한 것도 아니다. 결국은 아침밥 대신 먹는 '대용식'일 텐데 그럴듯하게 이름을 붙인 것이다.

선식의 기원을 신라의 화랑도까지 끌어올리지만 이건 순전한 거짓말이다. 선식의 기원은 누가 뭐래도 미숫가루다. '미싯가루'라고도 하는 이것은 찹쌀, 멥쌀, 보리쌀을 쪄서 말린 후 다시 볶아 가루로 만든 음식이다. 이것을 꿀물이나 설탕물에 타서 먹으면 맛도 좋고 향도 좋다. 간단히 음료로 마실 수도 있고 비상식량으로도 쓸 수 있다. '미수' 또는 '미시'의 어원은 분명하지 않은데 미숫가루를 물에 탄 음료를 '미수'라고 한다. 한자를 좋아하는 이들은 '쌀 물'을 뜻하는 '미수米水' 라 하고 싶겠지만 확실한 근거는 없다.

선식 덕분에 잡곡은 해탈을 위한 먹거리로 신분이 상승됐다. 선식은 보통 현미, 찹쌀, 보리쌀, 검정콩, 검정깨, 들깨, 율무와 같은 일곱 가지 재료로 만든다. 그런데 요즘은 여기에 귀리, 옥수수 등의 곡물을 비롯해 온갖 것들을 첨가한다. 온갖 잡곡들이 순곡 혹은 주곡인 흰쌀보다

곡물로 그린 세계지도

각 지역의 주산물 혹은 주식과 완전히 일치하는 것은 아니지만 다양한 곡물의 종류와 그 분포를 대략적으로 엿볼 수 있다. 오늘날에는 교역이 활발해 재배 지역을 가리지 않고 언제나 원하는 곡물을 먹을 수 있다.

더 고급 먹거리 취급을 받는 것이다. 특별히 건강에 좋다기보다는 쌀밥만으로는 잡을 수 없는 영양의 균형을 잡기 위한 것으로 보는 것이 타당하다. 그렇더라도 잡곡은 더 이상 잡스러운 곡물이 아닌 것만은 분명하다.

First the farmer sows his seed……

(농부가 씨를 뿌리고……)

Next the farmer waters the seed……

(농부가 물을 주고……)

Next the farmer hoes the weeds……

(농부가 풀을 뽑고……)

Last the farmer harvests his seed……

(농부가 추수를 하고……)

Can you or I or anyone know how oats, peas, beans, and barley grow?

(밀과 보리가 자라는 것은 누구든지 알지요)

　밀과 보리는 어디선가 자라고 있다. 노랫말처럼 농부가 씨를 뿌리고, 물을 주고, 풀을 뽑고, 추수를 하여 우리의 상에 오르고 있다. 인류가 최초로 농경을 시작한 이후 인류가 지구상에서 사라질 때까지 이것은 변함이 없을 것이다. 다만 무엇을 어떻게 먹는가만 조금씩 달라질 뿐이다. 곡식도, 음식도 잡스러운 것은 없다. 모두가 우리의 배를 불리고 생명을 지켜주는 소중한 존재들이다.

4

빵의 기나긴 여정

● 빵의 언어학 ● 잰걸음의 음식과 더딘 걸음의 이름 ●
● 식빵, 건빵, 술빵 ● 찐빵과 호빵의 차이 ●

● 빵집의 돌림자 ● 사람은 무엇으로 사는가 ● 밥상 위의 동도서기와 서세동점 ●

빵. 글자를 뚫어지게 쳐다보면 볼수록 자꾸 이상하다는 생각이 든다. 획수가 너무 많아 글자가 답답해 보이기도 한다. 너무나 익숙한 말이지만 보면 볼수록 낯설다는 생각이 들기도 한다. 우리말일까? 다른 나라 말에서 들어온 말일까? 우리말에서도 드문 소리의 구성이고 외국말로 보기도 애매하다. 프랑스의 수도 'Paris'가 아무리 '빠리'로 들려도 '파리'로 쓰도록 되어 있다. 그러니 '빵'이라는 말이 서양에서 들어왔다면 적어도 '빵'이어서는 안 된다. 그렇지만 빵이 우리 먹거리의 일부로 자리를 잡고 있는 것은 분명하다.

"오동아, 때는 썼니?"
"쓴 것도 아이고 아이 쓴 것도 아님다."
길오동, 중국 옌지 시 조선족 고등학교 3학년 축구 선수. 중국 조사 때 도와준 분의 조카다. 한국에 왔다기에 챙기려고 전화를 걸었더니 볼이 잔뜩 부어 있다. 저녁 10시가 넘었는데 아직도 저녁밥을 먹지 못했단 말인가?

한국 고등학생 팀과 친선 경기가 끝나고 저녁 식사를 위해 꽤나 근사해 보이는 식당에 가 앉았는데 밥상을 보고는 실망을 금할 수 없다. 쌈밥이라고 푸짐하게 차려놓았는데 고기 몇 점에 온통 풀이다. 두 번이나 추가로 시킨 고기는 동작이 굼떠 두어 점밖에 못 먹었다. 염쉐(염소)나 먹는 풀도, 손바닥만 한 뚝배기에 나온 된장찌개도 마뜩하지 않아서 수저를 내려놓는다.

"만터우, 아니 만두 주쇼."

저녁 9시, 허기를 견디다 못해 오동이는 호텔 앞의 빵집을 찾는다. 그러나 간첩 혹은 얼빠진 사람을 쳐다보는 듯한 예쁘장하게 생긴 점원의 저 눈. 그제야 오동이는 중국말의 '만두'와 한국말의 '만두'가 다르다는 것을 깨닫는다. 다시 한 번 정신을 가다듬고 최대한 서울말처럼 말한다.

"멘바오 주세요."

기껏해야 자기 또래로밖에 보이지 않는 점원은 여전히 눈만 똥그랗

만두 饅头/mantou와 면포 面包/mianbao
만터우는 한자음대로 읽으면 만두지만 한국의 만두와는 다른 중국식 찐빵을 뜻한다. 멘바오는 오븐에 구워서 만든 서양식 빵이다.

우리 음식의 언어

게 뜨고 오동이를 쳐다본다. 실수다. 저리 깜찍한 큰애기한테 중국어를 쓴 것이다. 다시 입술에 힘을 주어 또박또박 말한다.

"면-포-주-세-요."

우리말에는 '빵'에 해당되는 고유어가 없다. 빵을 만들기 위해서는 밀가루가 필요한데 밀가루가 많이 나지 않으니 빵을 만들어 먹지 않았고 그렇다 보니 단어도 없는 것이다. 오동이가 쓰는 조선족 말에도 '빵'은 없다. 이 땅에 살고 있는 사람들이 한반도를 떠나던 시기에는 '빵'이란 말이 일반화되지 않았다. 당연히 중국어를 차용해야 하는데 중국의 사정도 우리와 크게 다르지 않다. 밀가루를 반죽해서 부풀리는 방법은 알았지만 주로 쪄서 먹는다. 서양과 같은 오븐이 없으니 겉을 바삭하고 노릇하게 구워내는 빵도 없다. 당연히 그에 해당하는 한 글자짜리 한자도 없다.

그래도 오동이는 결국 빵을 사 먹는다. 눈앞에 먹을 것이 있고, 세계 공통의 언어, 손짓과 발짓이 있는데 못 사 먹을 이유가 없다. 촉촉하고 달콤한 붉은색 소가 잔뜩 들어 있는 단팥빵이다. 그것의 이름이 '단팥빵'이든 '두사면포豆沙面包'든 상관이 없다. 쪄서 만든 '만터우饅头/mantou'든, 구워서 만든 '몐바오面包/mianbao'든 밀가루의 부드러움과 팥소의 달콤함은 누구에게나 만족스럽다. '빵'이란 글자 혹은 발음이 낯설더라도 그 단어가 지시하는 음식은 우리의 삶에 깊숙이 들어와 있듯이 말이다.

빵의 언어학

문명 발상지의 하나인 메소포타미아에서 처음 만들어지기 시작했다는 그 음식, 그것이 유럽 쪽으로 흘러 들어가면서 두 갈래의 이름을 갖게 된다. 영어의 'bread'로 대표되는 것이 한 갈래고, 프랑스어의 'pain'으로 대표되는 것이 또 한 갈래다. 영어의 'bread'는 독일어의 'brot', 네덜란드어의 'brood', 스웨덴어의 'bröd', 노르웨이와 덴마크어의 'brød'와 사촌 간이다. 프랑스어의 'pain'은 스페인어의 'pan', 이탈리아어의 'pane', 포르투갈어의 'pão'과 사촌 간이다. 표기만 보고도 대충 예상이 되겠지만 동양 쪽으로 전해진 건 프랑스어와 그 사촌들이다.

빵과 그 이름은 포르투갈 배를 타고 일본으로 전해진다. 16세기 중엽 중국으로 가는 중에 표류하던 포르투갈 상인들의 배가 일본 규슈 남단에 도착하게 되면서 일본과 포르투갈의 교류가 시작된다. 포르투갈과의 교류 과정에서 일본이 받아들인 것 중 우리와 밀접한 관련이 있는 것이 조총이다. 이 조총은 훗날 임진왜란 때 우리를 괴롭히는 치명적인 무기가 된다. 이와 함께 여러 가지 서양의 문물을 받아들이게 되는데 그중 하나가 빵이다. 일본은 밀가루를 구워 만든 이 음식뿐만 아니라 포르투갈어의 'pão'을 발음 그대로 받아들이게 된다.

일본 사람들의 귀에 'pão'은 '팡'으로 들린다. 그리고 이 소리는 일본 글자로도 어느 정도 정확한 표기가 가능해서 'パン'으로 적는다. 이 음식과 이름은 일제강점기에 우리나라에 본격적으로 알려지기 시작한다. 'パン'의 정확한 발음은 [팡]이고 한글로도 '팡'이라 적을 수 있

남만선 南蠻船/なんばんせん

'남쪽 오랑캐의 배'란 뜻의 '남만선'. 일본에서는 서양의 배를 이렇게 불렀다. 이 배를 타고 포르투갈어의 '팡pão'이 일본으로 건너가 '팡パン'으로 자리잡는다.

다. 그런데 이 단어는 우리말에 들어와서 묘한 변화를 겪게 된다. 어느 순간부터 '팡'이 '빵'과 경쟁하다가 결국 '빵'이 승리를 거둔 것이다. 이 과정에서 'pão'의 본래 발음이 영향을 미쳤을 가능성은 없다. 'pão'의 'p'가 우리 귀에는 'ㅃ'에 가깝게 들리지만 당시의 사람들이 'パン'이 포르투갈어에서 왔으니 포르투갈어 발음을 들어본 후 '팡'을 '빵'으로 고쳐 적었을 리는 없다.

■ 포르투갈어 'pão'의 정확한 발음을 한글로 적기는 어렵다. 포르투갈 사람들은 우리가 구별하는 'ㅍ'와 'ㅃ'을 구별하지 못하지만 포르투갈어의 'p' 발음은 우리 귀에는 'ㅃ'에 가깝게 들린다. 문제는 'ão'인데 '아우', '아웅', '앙' 중 어떤 것으로 적어도 본래의 발음과는 다르다. 'a' 위에 있는 물결 표시는 '아'를 발음하되 콧소리를 섞으라는 것인데 우리말에는 없으니 정확하게 적을 수 없는 것이다. 그래도 포르투갈어를 쓰는 브라질의 유명한 도시 'São Paulo'를 '상파울로'로 적는 것에서 'pão'의 발음은 'ㅃ' 또는 '팡'에 가까울 것이라 생각할 수 있다.

빵 행상

1920년대 빵 행상의 모습. 걸빵에 살짝 가려져 있지만 '玄米パン'이라는 굵은 글씨가 보인다. 'パン'은 '팡'이라 읽히니 이 아이들은 '현미 팡'을 팔고 있는 것이다.(동아일보)

　'팡'이 '빵'으로 대체된 것은 소리나 표기의 생경함이 영향을 미쳤을 가능성이 있다. 우리말에서 ㅍ, ㅌ, ㅋ, ㅊ 등의 거센소리와 ㅃ, ㄸ, ㄲ, ㅆ, ㅉ 등의 된소리는 상대적으로 드물다. 거센소리는 꽤나 나중에 우리말에 자리를 잡기 시작했고 된소리는 그보다 더 뒤에 생겨났다. 상황이 이렇다 보니 거센소리나 된소리가 상대적으로 덜 쓰였고 거센소리나 된소리로 시작되는 한 음절짜리 단어는 더더욱 귀하다. 결국 한 음절짜리 단어인 '팡'이나 '빵'은 아주 낯선 소리이자 표기다. 'ㅃ'이 'ㅍ'보다 훨씬 더 늦게 생겼으니 '빵'이 더 생경할 만도 하다. 그런데 '팡'은 우리말에 거의 쓰이지 않는다. '팡'이 들어간 단어는 '곰팡

우리 음식의 언어

이', '앙팡지다' 정도만 확인된다. '팡'이 첫머리에 쓰인 것은 '곰팡이'와 같은 뜻인 '팡이'와 의성어, 의태어 정도다.

그러나 일본어의 'パン' 발음이 우리 귀에 '팡'으로 들리기도 하고 '빵'으로 들리기도 한다는 것에서 이유를 찾는 것이 합당해 보인다. 포르투갈어와 마찬가지로 일본어에서도 'ㅍ'과 'ㅃ'은 구별되지 않는다. 우리 귀에는 일본어의 'パ'가 단어의 첫머리에서 'ㅍ'이나 'ㅃ'으로 들린다. 그러니 '팡'이나 '빵' 중에 어느 것으로 쓰고 읽어도 무방하다. 처음에는 '팡'과 '빵'이 함께 쓰이다가 점차 '빵'이 더 많이 쓰이게 되고, 해방 이후 '빵'으로 통일된 것이다.

잰걸음의 음식과 더딘 걸음의 이름

1720년 베이징에 연행사로 간 이이명의 아들 이기지가 서양인을 만난다. 손님에게 먹을 것을 대접하는 것은 동서양이 다르지 않은 법. 밥을 먹고 와서 사양하는 이기지에게 주인은 서양 떡을 내온다. 직사각형으로 큼직하게 썬 떡은 입에 들어가자마자 사르르 녹는다. 차와 함께 먹으면 소화도 잘되고 배 속이 편안하다. 배는 부르지 않지만 시장기는 잊힌다. 참으로 기이한 맛에 놀란 이기지가 만드는 방법을 묻는다. 밀가루에 사탕과 계란을 넣어 반죽한 그것, 후에 다시 만들어보고자 했으나 똑같은 맛이 나지 않는다.

아프리카 희망봉을 돌아 동쪽으로 내쳐 가다 보면 일본보다 먼저 닿는 곳이 중국이니 서양의 빵이 중국에 알려지지 않았을 리 없다. 일본에 처음으로 빵을 전한 포르투갈 배에 이미 중국 선원도 있었던 것만으로도 자연스럽게 유추할 수 있다. 바닷길을 통해서든 육지의 길을 통해서든 서양의 빵은 중국에 전해지고 다시 조선에 전해질 수 있다. 음식은 그렇게 길을 따라 자연스럽게 전해진다. 물론 전해진 음식을 자신의 것으로 만들고 그것에 이름을 붙이는 것은 전적으로 받아들이는 이들의 몫이다.

중국에서는 외지에서 전해진 것들의 이름을 지을 때 특별한 경우를 제외하면 이미 있는 한자를 조합한다. '나폴레옹'과 같은 고유명사야 어쩔 수 없이 본래의 소리와 최대한 가깝게 '나파룬 拿破仑/napolun'처럼 쓰지만 빵과 같은 경우에는 얼마든지 자신들이 이해하기 쉬운 방식으로 이름을 붙일 수 있다. 서양의 떡이라는 의미로 '서양병 西洋餠'이라 할 수도 있고, 기존에 '바오쯔 包子'가 있으니 밀가루로 만들었다는 점을 강조해 '몐바오 面包'라 할 수도 있다. 한자를 공유하고 있는 우리나 일본에서는 이와 같이 한자로 받아들일 수도 있고 본래의 소리대로 '팡' 또는 '빵'으로 받아들일 수도 있다.

우리가 서양의 빵을 직접적으로 접한 것에 대한 기록은 1720년까지 거슬러 올라간다. 베이징에 간 사신 일행이 먹은 빵은 오늘날로 치면 카스텔라로 추정된다. 그러나 더 거슬러 올라가면 우리의 바닷가에 산발적으로 나타나기 시작한 서양인들에 대한 기록에서도 빵이 발견된다. 제주 바닷가에 발을 디뎠다가 붙잡혀 아예 장가들고 자식까지 낳으면서 눌러 산 박연(벨테브레)은 '밀가루로 만든 마른 떡'을 먹었다는 기록이 나온다. 그러나 이러한 접촉은 산발적인 접촉이어서 그 이름이 자리를 잡을 만큼은 아니다. 1884년 손탁 여사가 러시아 공관 앞

우리 음식의 언어

제주 바닷가에 표류한 하멜 일행
조선에 표류한 네덜란드의 하멜 일행은 배급받은 밀가루로 빵을 만들어
탈출한다. 그보다 먼저 조선에 아예 눌러앉은 박연(벨테브레)은 밀가루
로 만든 마른 떡을 먹는다. (《하멜 표류기》삽화)

중동구락부에서 빵을 선보였을 때도 마찬가지다. 빵의 모양이 소의
불알과 같다고 하여 '우랑떡'이라 불리기도 하고 중국어를 차용해
'면포'라고 불리기도 했으나 역시 빵이 대중화되기 전이니 이름이 대
중화되기도 어려웠다.

　음식은 사람을 따라 자유롭게 이동하고 그 이름도 자유롭게 이동한
다. 그러나 그 음식이 새로운 땅에 자리를 잡기까지는 많은 시간이 걸
린다. 그리고 그 이름이 정착하는 데까지도 한참이 걸린다. 빵이 그렇
다. 누군가는 이른 시기에 빵을 접하고 누군가는 이른 시기에 빵을 선
보였지만 그것의 이름이 대중 사이에 자리를 잡기 위해서는 많은 대
중들이 그 음식을 접할 수 있어야 한다. 일제강점기에 일본의 영향을

받아 빵이 대중화되기 시작하면서부터 그 이름도 점차 대중 사이에 퍼져나가고 자리를 잡게 된다. 빵의 대중화에 일본이 큰 영향을 미쳤으니 그것의 이름도 일본어 'パン'에 기대어 자리를 잡는다. 포르투갈의 상선에 실려 왔던 그 이름이 일본을 거쳐 400년 후에 우리의 말에 자리를 잡은 것이다.

식빵, 건빵, 술빵

"후지이 선생, 아침밥 먹었어?"

"응, 식빵에 빠다 발라 먹었어."

"그게 밥이야? 빵이지?"

"식빵 먹었다니까? 식빵."

"식빵도 빵이잖아."

한국 생활 25년 차 후지이 선생. 한국 사람 다 된 줄 알았는데 아직도 말장난에 익숙하지 않은 듯하다.

"식빵이니까 밥이잖아. '식食'은 '먹을 식'이기도 하지만 '밥 식'이기도 해. 일본에서는 '식빵'이 '주식主食빵'의 준말이야."

아니다. 국어 선생 쪄 쩌 먹을 한국어 실력이다. '식빵'은 '食빵'이다. 평소에는 무심코 '먹는 빵' 정도로 생각했는데 후지이 선생의 말을 듣고 생각해보니 '주식빵'의 준말이다. '식빵'이란 말의 원산지가 일본이니 대꾸할 여지가 없다. 주식으로 먹으라는 빵이니 식빵을 밥이라고 해도 할 말이 없다.

우리 음식의 언어

"본식 本食 빵에서 왔을지도 몰라. 서양 요리의 근본이 되는 음식이라는 뜻으로."

이것도 말이 된다. 일본에는 지금도 식빵을 '본식'이라고 부르는 사람이 있고 '본식빵'이라는 이름으로 판매하는 가게도 있다고 하니. 둘 다 낯설지만 의문은 풀린다.

식빵 혹은 쇼쿠팡
미국의 공장제 빵을 대표하는 식빵. 미국에서는 그저 빵 종류의 하나여서 특별한 이름이 없는데 일본에서는 '쇼쿠팡'이라 하고 한국에서는 '식빵'이라 한다.

밖에서 들어온 말이든 새로 생긴 말이든 그 말이 확실히 자리를 잡은 증거는 여러 곳에서 발견할 수 있다. 누구든 그 말을 알게 되는 것도 그 증거이지만 그 말이 들어간 다른 말이 활발하게 만들어지는 것도 그 증거가 될 수 있다. '떡'이란 말이 '찹쌀떡', '흰떡', '시루떡' 등으로 새끼를 치듯이 '빵'이 '단팥빵', '찐빵', '황남빵' 등으로 그 쓰임을 넓혀가는 것이 그것이다. 비록 저 멀리 포르투갈에서 출발해 일본을 거쳐 들어왔지만 어느 순간부터 외래어의 냄새가 사라지고 자연스럽게 쓰이게 되면 비로소 우리말의 일부가 된다. 그렇게 우리 생활과 우리말의 일부로 들어와 있는 것이 '식빵'과 '건빵', 그리고 '술빵'이다.

그런데 언어에 대해 관심이 있는 사람이라면 '식빵'은 무척이나 이상한 이름임을 금세 알아차릴 수 있다. '식빵'은 '食빵'인데 일본어의

'쇼쿠팡食パン'을 우리식으로 받아들여서 쓰는 말이다. 한자 '식'이 외래어인 '빵'에 붙는 것도 이상할 수 있지만 '빵'이 이미 우리말의 일부가 된 이상 그것을 시비 삼을 수는 없다. 문제는 '식'과 '빵'의 결합이다. 말 그대로 '먹는 빵' 혹은 '먹을 빵' 정도로 분석이 되는데 그 의미가 이상하다. 빵은 먹으라고 만들어놓은 것인데 굳이 그 이름에 먹으라는 의미를 담을 필요는 없다. 그런데 한자 '식'은 '먹다'란 뜻도 있지만 '밥'이라는 뜻도 있다. 이 말을 만든 일본인은 후자의 의미로 '식'을 쓴 것이다. '식'이 '밥'이 될 수 있으니 '식빵'은 '밥빵'이 될 수도 있는 것이다. 즉 밥 대신 먹을 수 있는 빵이 식빵인 것이다. 빵이 밥을 대신할 수 있다는 것이 납득이 되지 않는 세대는 받아들이기 어렵겠지만 밥 대신 빵을 먹는 세대에게는 자연스러운 말이자 뜻풀이가 될 수도 있다.

'건빵'도 한자와 외래어가 결합되어 만들어진 말이다. '乾빵'은 글자 그대로 풀이가 된다. '乾'은 '마르다'는 뜻이니 '건빵'은 말 그대로 '마른 빵'이다. 이름 자체는 별 문제가 없는데 그 의미를 뜯어보면 꽤나 이상하다. 빵은 촉촉하고 부드러운 속살 맛으로 먹는데 '마른 빵'이라니. 일반적으로 '마른 빵'은 못 먹을 빵을 뜻한다. 그러나 전투용 비상식량으로 쓸 요량으로 일부러 수분을 없애 부패를 방지한 것이 오히려 먹을 수 있는 빵을 만든 것이기도 하다. 다만 빵인지 과자인지 헷갈리는 것이 문제다.

'술빵'도 이상하기는 마찬가지다. 길에서 술빵을 먹고 음주단속에 걸렸다는 믿거나 말거나 한 이야기가 있는 것에서도 알 수 있듯이 술빵은 술과 떼려야 뗄 수가 없다. 팥, 크림을 소로 넣은 빵을 각각 '팥빵', '크림빵'이라고 하지만 술빵이라고 해서 술을 소로 넣었을 리는 만무하다. 빵을 만들기 위해서는 반죽을 부풀려야 하는데 이때 막걸리가 쓰이는 것이다. 서양에서 빵의 발달 과정에 맥주 발효에 쓰이는 효모가 매우 중요한 역할을 했고, 일본에서도 청주 발효에 쓰이는 발효종이 중요한 역할을 한 것을 감안하면 충분히 있을 만한 일이다. 공업용 발효제가 귀하던 시절 대용으로 쓰던 것이 막걸리였는데 오늘날 손쉽게 발효제를 구할 수 있지만 여전히 막걸리를 넣어 빵을 만들고 있는 것이다. 그래서 빵은 서양의 음식으로 여겨지지만 술빵만은 우리의 전통음식으로 느껴지기도 한다.

찐빵과 호빵의 차이

"이 노래 아니?"

가을이란 계절이 몇 장 남지 않은 11월의 끝자락인 어느 날, 20대 후반의 대학원생들에게 노래를 들려주고 묻는다.

찬바람이 싸늘하게

(I memorize the note you sent)

얼굴을 스치면

■   이름만으로 보면 건빵은 간짜장과 사촌 간이다. '건'과 '간'은 점 하나 차이지만 모두 한자 '乾'에 기원을 두고 있다. 우리가 흔히 먹는 짜장은 재료에 물과 전분을 더한 물짜장인데 물을 넣지 않고 볶은 것이 간짜장이다. '건짜장'이라고 해도 되겠지만 '짜장' 자체가 중국어 냄새가 많이 나니 '乾'도 중국어 발음대로 '간'이라 한 것이다.

(Go all the places that we went)

따스하던 너의 두 뺨이

(I seem to search the whole day through)

몹시도 그립구나

(For anything that's part of you)

- 차중락, 〈낙엽 따라 가버린 사랑〉

(엘비스 프레슬리, 〈Anything That's Part of You〉 번안)

알 리가 없다. 선생 자신이 태어나던 해에 세상을 뜬 가수의 노래를 아는 것도 이상한데 그 노래를 아들딸뻘 학생들에게 아느냐고 물어보는 것이 이상하다. 더욱이 이 젊은 친구들이 나팔바지에 구레나룻이 어울렸던 물 건너의 가수를 알 수도 없다. 심지어 번안이란 말을 모르는지 두 노래의 멜로디가 왜 같은지 따진다. 번안치고는 꽤나 괜찮은 번안인데 좀 씁쓸하다.

그럼 이 노래는 아니?

"찬바람이 싸늘하게 두 뺨을 스치면, 따스하던 삼립호빵 몹시도 그리웁구나."

역시 반응은 싸늘하다. 녹음된 것이 없으니 할 수 없이 음치가 대신 불러줘서 그런 것 같지는 않다. 먹어본 적도 없으니 그립지도 않은 아이들이다.

"호빵이 왜 호빵인지 아니?"

사실 하고 싶었던 얘기는 이것이었다. 명색이 국어 선생이니 '호빵'의 '호'를 설명하고 싶었던 것이다. 그러나 너무 멀리서부터 이야기를

우리 음식의 언어

시작했나 보다. 김이 새서 그냥 이야기를 덮는다. 기분이 꼭 식은 호빵 맛이다.

음식이나 그 재료의 이름을 살펴보면 원산지를 알려주는 힌트가 담겨 있기도 하다. 이름의 앞머리에 있는 '양洋', '왜倭', '청淸' 등이 그것이다. '양'은 '서양'에서 한 글자를 딴 것이니 서구에서 온 것을 뜻하고, '왜'와 '청'은 각각 일본과 중국의 것을 뜻한다. '양배추', '왜간장', '청국장' 등에서 그 쓰임을 찾아볼 수 있다. 그런데 '호胡' 또한 만만치 않은 쓰임을 발견할 수 있다. '호떡', '호파', '호밀'뿐만 아니라 '호주머니', '호복胡服', '호적胡笛', '호금胡琴' 등에서 다양한 쓰임을 볼 수 있다. '호'는 본래 오랑캐란 뜻이지만 청나라, 나아가 중국을 뜻한다. 그러니 이러한 예들은 모두 중국에 기원을 두고 만들어진 이름들이다.

그렇다면 '호빵'은 어떤가? 다른 예들을 생각해보면 호빵은 당연히 중국에서 유래한 빵이어야 한다. 그런데 뭔가 이상하다. 호빵은 1971년에 처음으로 이름을 알리기 시작한다. '호'가 앞에 붙은 단어들은 그보다 훨씬 오래전에 만들어진 것인데 유독 호빵만 뒤늦게 태어난 것이다. 이 시기의 중국, 아니 '중공'과는 교류가 전혀 없었으니 중국식 빵이 들어왔을 리도 없다. 게다가 호빵과 전혀 다르지 않은 찐빵이 이미 오래전부터 있었다. 음식점에서 바로 쪄서 파는 것이 찐빵이라면 동네 구멍가게에서 찐빵 찜기에 다시 데워 파는 것이 호빵이다. 호빵은 찐빵을 공장제 빵으로 만들어 소매점을 통해 팔기 시작한 회사가 만들어낸 이름이다. 그것도 중국과는 아무 관련 없이 '호호 불어서 나눠 먹는 빵'이란 의미로 지어낸 것이다. 국어학자를 골탕 먹이기에 충분한 이름이다.

단어만으로 보면 '찐빵'도 '호빵'만큼이나 낯설다. 아이들에게 빵을 그리라고 하면 십중팔구는 갈색으로 칠한다. 흰색의 밀가루가 갈색이 되려면 구워야 한다. 빵은 오븐이든 화덕이든 구워야 제격인데 '찐빵'은 이름에서부터 굽지 않은 것임을 내세우고 있다. 중국에서는 굽지 않은 빵은 '만터우'라 하고 서양식으로 오븐에 구운 빵은 '멘바오'라고 하여 구분한다. 오븐이나 화덕을 마련하는 것이 어려운 상황이라면 손쉽게 익히는 방법은 역시 김을 올려서 쪄내는 것이다. 그렇게 만들어진 것이 찐빵과 술빵이다. 구워내지 않았더라도 밀가루 반죽을 부풀려 만들었으니 빵은 빵이다.

우리의 기억에 각인되어 있는 찐빵은 '쪄서 만든 빵'이 아닌 '팥소가 들어 있는 빵'이다. 겨울의 찐빵집, 찜기의 뚜껑을 열면 구름처럼 피어오르는 김을 구경한 사람이야 찐빵을 쪄서 만든 빵이라 생각하겠지만 대부분의 사람들은 두 손으로 갈랐을 때 검붉은색으로 나타나는 팥소가 먼저 떠오른다. '앙꼬 없는 찐빵'이 관용어처럼 쓰이는 것도 역

■　호빵을 처음 만든 사람이 이름을 짓고 그 이름의 유래를 이렇게 밝혔으니 사실이겠지만 언어학적인 면에서 보면 '호빵'은 꽤나 드문 이름이다. 단어를 만드는 방법 면에서 보면 '찐빵', '단팥빵', '술빵' 등은 일반적인 방법에 의한 이름이라 할 수 있다. '호호 불어서 나눠 먹는 빵'이 본래의 말이라면 긴 구절에서 첫 글자와 마지막 글자만 따서 만든 것이 '호빵'이다. '지켜주지 못해 미안해'를 '지못미'라고 줄여 쓰는 것과 같은 방식인데 이 방식을 따른다면 '호불나빵'이 되어야 할 것이다. 이래저래 '호빵'의 이름 유래는 여전히 못 미덥다.

　　　　　　　　　　　　　　　우리 음식의 언어

시 같은 이유다. 일본어의 잔재인 '앙꼬'는 '팥소'로 바꿔야겠지만 앙꼬든 팥소든 찐빵의 핵심은 역시 안에 들어 있는 내용물이다. 그러니 찐빵의 이름은 잘못 지어진 것이다. '팥빵'이라야 맞다.

그러나 찐빵이 태어나던 시기에 '팥빵'이란 이름은 이미 선점을 당한 상태다. 팥소가 들어간 빵 하면 역시 단팥빵이다. 구워서 만드니 색깔도 노릇한 갈색이어서 진짜 빵답다. 단팥빵의 기원은 1800년대 후반의 일본까지 거슬러 올라간다. 일본에서 달콤한 팥소를 안에 넣어 구운 빵이 만들어져 선풍적인 인기를 끌고 그것이 일제강점기에 우리 땅에도 전해진다. 일본에 기원을 두고 있으니 '안팡あんパン'이라 불리기도 하고, 팥소를 일본말로 '앙꼬あんこ'라고 하니 '앙꼬빵'으로 불리기도 한다. 단팥빵이 빵의 대명사로 자리를 잡고 있는 마당에 찐빵이 '단팥빵'이란 이름을 쓸 수는 없는 노릇이다.

찐빵이든 단팥빵이든 빵의 역사로 보면 퍽이나 이단에 가까운 빵이다. 본래 서양 빵은 속에 아무것도 넣지 않는다. 조리를 끝낸 빵에 버터나 잼을 발라 먹는 것이 보통이지 속에 무엇인가를 넣어 구워내지는 않는다. 그런데 찐빵이나 단팥빵에는 익히기 전부터 팥소가 들어간다. 이는 중국의 만두나 전병에서 힌트를 얻은 것이다. 다소 심심한 맛의 빵 안에 달콤한 소가 들어가 있으면 무엇인가 발라 먹지 않아도 충분한 맛을 느낄 수 있다. 그렇게 붉은색의 팥 앙금으로부터 시작해서 흰색의 동부 앙금, 녹색의 완두 앙금에 이르기까지 단팥빵 가족이 세력을 넓혀간다. 포르투갈의 배를 타고 온 빵이 일본과 한국에서 중국의 만두 또는 교자와 결합되어 드디어 자리를 잡게 된다. 호빵은 그 과정의 마지막에 대미를 장식한다.

빵집의 돌림자

드라마 〈내 이름은 김삼순〉 때문에 널리 알려지기 시작한 직업 '파티쉐'. 프랑스어 '파티시에 _pâtissier_'에 기원을 두고 있으니 굳이 한글로 쓰자면 '파티셰'가 되어야 할 듯한데 '파티쉐'로 더 많이 쓰인다. '제과사製菓師'로 순화해서 쓰라고 권하고 있으나 '파티쉐'가 사람들의 입에 더 익숙하다. '제과製菓', '과자를 만든다'는 뜻이니 그리 이상한 단어는 아니다. 그렇다면 빵을 만드는 것은? '제빵', 아무리 들여다봐도 어색하다. 한자는 한자끼리 결합되어야 자연스러운데 한자와 물 건너 들어온 단어가 결합되었으니 그럴 법도 하다. 그러나 '제과', '제빵'은 90년대까지 빵집 간판에 필수 요소였다. 그리고 진열장에는 '프레시 오븐 베이커리 _fresh oven bakery_'가 굵은 글씨로 장식되어 있는 것이 '제과점'의 흔한 풍경이다. 빵을 팔면서 '제빵점'이 아닌 '제과점'이라고 하는 것도 재미있지만 '제과'는 모든 빵집의 돌림자이기도 하다.

'제과' 이전의 돌림자는 '당堂'이다. 오늘날 널리 알려진 '파리바게뜨'의 아버지 격은 삼립식품이고 할아버지 격은 '상미당'이다. '산도'로 유명한 크라운제과의 선조는 '영일당'이다. 오늘날 수십 년의 역사를 자랑하는 빵집인 '이성당', '태극당', '성심당' 등도 모두 '당' 자 돌림이다. '당'의 뒤를 잇는 것은 '제과'다. '제과'가 돌림자의 뒷자리라면 앞자리는 늘 외국의 지명이 차지한다. 그리하여 만들어진 것이 '뉴욕제과', '파리제과', '런던제과'…… 이름만으로 보면 우리 땅에서 전 세계 모든 도시의 빵과 과자를 맛볼 수 있다. 빵집 이름에 서양의 도시 이름을 달고 나오는 것을 보면 빵은 역시 우리의 음식이 아니라는 것

우리 음식의 언어

을 스스로 드러내는 것으로 보이기도 한다. 그러나 여러 이름을 달고 빵과 과자를 파는 집들이 '동네 빵집'으로 뭉뚱그려 불리는 것을 보면 빵이 우리 곁에 아주 가까이 다가와 있는 것으로 느껴지기도 한다.

그 많던 동네 빵집은 '파바'와 '뚜쥬'를 필두로 한 대규모 프랜차이즈 빵집의 공세에 밀려 하나둘 자취를 감추고 만다. '파리바게뜨Paris Baguette'나 '뚜레쥬르tous les jours' 모두 프랑스어다. '빵'이란 말이 본래 포르투갈어의 'pão'이고 이는 프랑스어의 'pain'과 사촌지간이니 이름의 원산지를 따라 그리 이름을 지었는지는 모르겠으나 우리가 '매일매일 파리의 바게트'를 먹어야 할 이유는 없다. 그나마 동네마다 있었던 빵집의 여러 빵에서 색다른 맛을 느낄 수 있었는데 이제는 작정하고 동네 빵집을 찾지 않는 한, 어쩔 수 없이 매일매일 파리의 바게트를 먹어야 하는 상황이다. '파리바게뜨'를 줄인 '파바'나 '뚜레쥬르'를 줄인 '뚜쥬'가 낯설 뿐만 아니라 조금은 친근하게 다가왔던 빵이 다시 저 멀리 바다 건너로 돌아가 버린 느낌이다.

사람은 무엇으로 사는가

"밥이 없으면 라면 끓여 먹으면 되지. 빵을 사 먹든가."
"빵이 없으면 케이크를 먹으면 되잖아."
가난한 이들이 밥을 굶는다는 말을 하면 철없는 아이들은 전자와 같이 말한다. 밥이 없을 때, 밥을 하기 싫을 때, 밥을 먹기 싫을 때 라면이든 빵이든 자유롭게 먹을 수 있는 처지의 사람들에게는 자연스럽게 나올 수 있는 말이다. 후자는 프랑스 혁명기에 증오의 표출 대상이 었던 마리 앙투아네트가 철없이 내뱉어 시민들을 분노케 했다는 말이다. 둘 다 지어낸 얘기일 텐데 둘은 묘하게 통한다. 쌀이 없어 밥을 짓지 못하고, 밥이 없어 굶은 기억은 꽤나 오래된 기억이다. 요즘 세대에게 이런 얘기를 하면 핀잔과 함께 나오는 말이 전자다. 전자는 배고팠던 과거의 향수와 배부른 현재의 안도감에 젖은 나이 든 세대가 만들어낸 말일 테고 후자는 혁명의 기세를 북돋우기 위해 시민들이 만들어낸 말일 것이다. 그런데 밥과 빵의 관계, 그리고 빵과 케이크의 관계가 묘하다.

빵은 밥이 아니다. 빵과 밥이 엄연히 다른 말이니 당연한 것이긴 하지만 각각의 말이 지시하는 대상의 문제가 아니라 우리의 의식이 그렇다. "밥 먹었니?"라는 물음에 "빵 먹었어"라는 대답. 이 대답은 묻는 이와 답하는 이의 관계에 따라 그 느낌이 판이하다. 객지에 홀로 사는 자식에게 어머니가 물었을 때 나온 답이라면 그 어머니의 가슴은 미어진다. 힘든 일을 하는 이를 걱정스럽게 바라보는 주변 사람들의 대화에서도 마찬가지다. 빵을 먹고 힘을 쓸 수는 없는 노릇이다. 그러나 젊은이들끼리의 대화라면 상황은 다르다. 어쩔 수 없는 상황에서 울며 빵을 먹은 것이 아니라 자신의 선택에 의해 먹은 것이다. 바쁜 아침 시간에 밥상을 차리는 것이 귀찮거나 이런저런 반찬 냄새를 맡는 대신 달콤하고 촉촉한 빵의 맛을 느끼고 싶은 사람들에게는 자연스러운 선택이다. 이런 사람들에게는 빵이 밥이 될 수도 있다. 그래도 아직 빵은 밥이 아니라는 이들이 많다. 물론 이때의 밥은 흰쌀밥이기도 하고 쌀밥과 반찬이 어우러진 밥상이기도 하다.

우리 음식의 언어

영어	Man shall not live on **bread** alone.
독일어	Der Mensch lebt nicht vom **Brot** allein.
프랑스어	Que l'homme ne vivra pas seulement de **pain**.

일본어	人はパンだけで生きるのではなく.
중국어	人活着, 不是単靠**食物**.
한국어	사람이 **떡**으로만 살 것이 아니요.
새번역	사람이 **빵**으로만 살 것이 아니라.

빵과 밥의 관계로만 따져보면 《성경》〈마태복음〉의 이 구절은 참으로 흥미롭다. 영어, 독일어, 프랑스어에서는 모두 '빵bread, Brot, pain'이다. 그런데 일본어에서는 '빵パン', 중국어에서는 '먹을 것食物', 한국어에서는 '떡'이다. 최초 번역자의 고민이 느껴진다. 당연히 '빵'으로 번역을 해야 하는데 '빵'으로는 그 느낌이 안 산다. 그렇다고 '밥'으로 하게 되면 본래의 의미와 너무 차이가 나는 듯하다. 고민 끝에 선택한 것이 '떡'이다. 아마도 밥과 빵의 중간쯤으로 선택한 듯하다. 우리의 밥이 서양인들에게는 빵인데 그 관계를 역으로 해서 번역을 하자니 영어색해 보인 듯하다. 일본어 《성경》에서는 곧이곧대로 '빵'으로 하고 중국어 《성경》에서는

빵과 장미
"우리는 빵을 원한다. 장미 또한 원한다." '세계 여성의 날'의 기원이 된 1908년 뉴욕 방직 공장 여성 노동자들의 파업 구호다. 빵이 없으면 살 수 없으나 빵만으로는 살 수 없다.

'먹을 것'으로 은근슬쩍 뭉뚱그린 것과 비교해봐도 재미있다. 결국은 '밥 대신 빵'은 안 된다는 신념의 표현으로 보이기도 한다.

톨스토이의 본래 의도와 상관없이 '사람은 무엇으로 사는가?'라는 질문에 대한 답은 간단하다. 우리의 답은 당연히 '밥'이다. 먹어야 사는 것이고, 먹기 위해 사는 것이니 먹는 것의 대명사 밥이 답이 될 수밖에 없다. 먹어야 살고, 먹기 위해 사는 것은 서양 사람들도 다르지 않으니 그들의 답은 당연히 '빵'이다. 밥이든 빵이든 배를 채운 후에야 다른 무엇을 꿈꿀 수 있다. 밥이든 빵이든 그 의미는 복합적이다. 좁게는 '쌀이나 밀가루로 만든 음식'을 뜻하고 보다 넓게는 '먹을 것 전체'를 뜻한다. 또한 상징적으로는 '음식을 포함하여 생물학적인 생존을 위해 필요한 모든 것'의 의미로도 쓰인다. 이러한 상징적 의미로 인해 '밥'은 '정신', '자유' 등의 상대적인 의미로 사용될 수 있다.

장미를 원하는 20세기 초 여성 노동자들의 외침이 절절하게 다가온다. 그리고 그 외침은 지금도 여전히 유효하다. 그럼에도 불구하고 여전히 장미보다는 빵이 앞자리를 차지한다. 빵이 있어야 장미가 의미가 있다. 지금도 부족한 빵을 채워달라는 외침은 지구 곳곳에서 들린다. 누구나 원하는 빵을 먹을 수 있는 세상은 아직 요원해 보인다. 장미가 만발한 세상은 더 요원해 보인다.

밥상 위의 동도서기와 서세동점

동쪽과 서쪽의 구분은 단순한 방향 구분을 넘어서 인간의 정신과 삶의 영역에까지 널리 적용된다. 과거 서양 열강이 동쪽으로 몰려오던 시절에 쓰이던 말이기는 하지만 '동도서기東道西器'와 '서세동점西勢東漸'이 이러한 예를 보여준다. '동도서기'는 동양의 정신문화를 그대로 계승하고 서양의 기술만 받아들이자는 구호이고, '서세동점'은 서양의 세력이 점차 동쪽으로 옮겨오는 공포를 표현한 말이다. 과거의 말이기는 하지만 이 말들은 음식에도 적용이 가능하다. 특히 빵으로 대표되는 서양 음식이 그렇다.

밥상에서 빵이 밥을 대신할 가능성은 높지 않다. '밥상'이라는 말을 쓰는 순간 이미 '빵'은 어울리지 않으니 '식탁' 또는 '테이블'이어야 비로소 '빵'을 논할 수 있다. 설사 '밥상'이라는 말이 없어지더라도 우리의 뼛속 깊이 각인된 밥에 대한 집착을 빵이 이겨낼 수는 없을 듯하다. '따스한 밥 한 그릇'은 단순한 음식, 그 이상의 의미여서 우리의 정신문화가 고스란히 담겨 있다. 그렇다고 해서 빵을 거부할 이유는 없다. 편리하게 먹고 싶을 때, 색다른 맛으로 먹고 싶을 때 얼마든지 선택해서 먹을 수 있다. 삼시 세끼 밥상을 차리는 어머니와 아내가 안쓰러울 때 먹어도 좋다. '동도서기'가 이분법을 넘어 융합을 추구했듯이 '동밥서빵'을 통한 융합도 그리 나쁠 것은 없다. 그런 면에서 빵이 고맙기도 하다.

빵이 밥을 대체하지 못할지라도 이미 서양의 음식과 식문화는 우리 삶에 깊숙이 침투해 있다. '서세동점'이 영토의 문제라면 민감하게 반응할 일이지만 배를 채우고 입의 즐거움을 주는 음식의 영역에서는 거부할 이유도 명분도 없으니 더욱 그러하다. 식당은 한식, 중식, 일식, 양식의 구별이 있지만 우리 밥상은 그런 구별이 없다. 한중일은 이미 오래전에 서로 섞이고 있었고 양식이 점차 자리를 넓혀가고 있다. 이 모든 것이 우리의 밥상을 풍부하게 하는 것이니 나쁜 일은 아니다. 동양의 음식 또한 '동세서점'을 하고 있으니 이렇게 섞이는 것이 밥상이고 식탁이다.

빵으로 대표되는 서양 음식의 기나긴 여정은 아직도 진행 중이다. 바다에서 길을 잃어 일본으로 흘러들어간 '팡', 중국의 남쪽 항구에 도달한 '서양병'이 우리 땅에서는 '빵'으로 정착한다. 전병과 팡이 만나 단팥빵이 만들어지고, 오븐이 아닌 찜통을 만나 찐빵이 만들어진다. 앞으로 빵이 어떻게 변모하고 우리의 밥상에서 어떤 위치를 차지할지는 알 수 없다. 그러나 빵을 비롯한 모든 음식은 그렇게 기나긴 여정을 함께하면서 섞이고 또 발전한다. 그것이 음식이다.

우리 음식의 언어

5

가늘고 길게 사는 법

100년이 채 안 되는 '가까운 옛날'의 국수
는 최고급 재료를 최첨단 공법으로 만든 '하이테크 푸드'였다. 너무 귀
해 '진짜 가루'란 뜻의 진가루를 반죽한 후 갖가지 방법으로 길게 만
들어낸 그 음식, 온갖 방법으로 국물을 우려내고 맛을 내기 위해 고명
과 꾸미를 얹어내는 그 음식은 제사나 잔치 등 특별한 날에나 먹을 수
있는 음식이다. 부드럽지만 쫄깃한 씹는 맛, 깊고도 시원한 국물 맛,
매콤·달콤·새콤하게 올려지는 고명 맛, 어느 것 하나 흠 잡을 데 없
는 고급 음식임에 틀림없다. 적어도 흔하디흔해진 밀가루가 진가루를
대신하기 전, 그리고 먹을 것이 지천이어서 먹고 찐 살을 빼는 것이 사
람들의 관심사가 되기 전에는.

국수의 가장 큰 특징은 가늘고 길다는 것이다. 가늘고 길기 때문
에 익히기도 쉽고 양념이나 간이 골고루 묻는다. 게다가 독특한 식감
을 느낄 수 있으니 꽤나 고급스러운 음식이다. 그러나 가늘고 길게 만
드는 것이 쉽지 않다. 통밀을 갈아서 가루를 만들고, 이 가루를 치대
서 반죽을 만들고, 이것으로 다시 가늘고 긴 면발을 만들어내야 하는

김준근, 〈국수 누르는 모양〉(19세기 말)
조그만 구멍으로 국수 가락이 빠져나오게 하려면 큰 힘이 필요하다. 몸으로 국수를 누르는 이나 내려진 국수를 삶는 이의 표정이 자못 진지하다.

우리 음식의 언어

것이다. 재료도 구하기 어렵지만 만들기도 어려우니 국수는 귀한 음식 대접을 받았다. 귀한 음식이니 제사나 잔치 때만 먹는다. 귀한 음식이니 여러 가지 의미를 부여한다. 마침 국수는 길이가 긴 것이 특징이니 생일잔치에서는 장수를 기원하는 의미를 담았고, 결혼식에서는 백년해로를 기원하는 의미를 담았다. '명길이 국수'는 이렇게 탄생한다. '명命'은 목숨이란 뜻이고 '길이'는 '길다'는 말에서 파생된 말이다. 그러니 '명길이'는 길게 오래오래 살라는 의미가 담겨 있다.

진심 결혼식 국수 하는 곳, 이해가 안 가요. 요즘은 죄다 뷔페인데 국수가 웬 말인가요. 무슨 조선 시대도 아니고요. 국수가 가격도 싸잖아요. 그래서 전 국수를 준다 하면 축의금 덜 내요. 뷔페면 뭐 그만한 값어치를 한다지만 국수는 너무하잖아요. 국수 안 좋아하는 사람들은 어쩌라고요. 축의금이라는 게 축하의 의미라면 음식은 여러 사람들이 축하하러 온 것을 기념으로 대접하는 것이잖아요. 그걸 이렇게 국수로 한정시키면 정말 너무한 것 같아요.

– 인터넷 커뮤니티에서

귀하던 국수가 밀가루가 흔해지고 공장에서 만든 면이 팔리면서 싸구려 음식으로 바뀐다. 잔치에서 많은 사람들을 손쉽게 접대하기 위해 삶아 건져놓은 면을 준비한 국물에 말아 고명을 얹어 내면 잔치국수가 된다. 본래 '명길이'의 의미가 담겨 있지만 어느 순간부터는 싸고 간편하게 내기 위한 음식이 되어버렸다. 그러나 서양의 어느 음식점에서는 기름기 흐르는 육식 식단에 지친 이들이 가늘고 길게 살기 위

일근면

국수 한 그릇을 한 가닥의 면으로만 만드는 중국의 일근면一根麵. 길이가 긴 국수가 명줄의 상징이라면 일근면이야말로 진정한 명줄의 상징이라 할 수 있겠다.

한 건강식으로 국수를 먹고 있다.

면과 국수의 다양한 용법

'국수'는 '麴讐'에서 온 것으로 말 그대로 풀이하자면 '누룩의 원수'란 뜻이다. 국수는 면麵(밀가루)으로 만든다. 면麵(밀)을 갈아 면麵(밀가루)을 만들고 나온 껍질을 밀기울이라 하는데 밀기울로 누룩[麴]을 만든다. 그런데 우리나라에서는 면麵(밀가루)이 귀해 메밀가루로 국수를 만든다. 메밀을 갈아 나오는 껍질로는 누룩을 만들지 못한다. 밀을 갈아야 누룩 만들 재료인 밀기울도 나올 것인데 밀 대신 메밀을 주로 가니

밀기울이 없어 누룩을 만들 수 없다. 그러니 누룩〔麴〕으로서는 메밀이 원수〔讐〕이니 메밀가루로 만든 국수는 누룩의 원수, 곧 국수麴讐라 한 것이다.

– 서유구, 〈옹희잡지〉

실학자 서유구가 국수의 어원에 대해 쓴 글인데 한참을 읽어야 그 내용이 이해가 될 정도로 다소 복잡하다. 내용을 꼼꼼히 살펴보면 '국수'의 어원을 한자어 '麴讐'에 갖다 붙인 것인데 전혀 신뢰할 수 없다. 그러나 '밀', '밀가루', '국수'의 뜻으로 모두 쓰이는 '면麵'의 용법에 대해서 다시금 생각하게 해준다. 한자 '麵'은 본래 곡식 '밀'을 뜻한다. 그런데 밀은 통으로 먹기보다는 주로 가루를 낸 후 가공해서 먹으니 '면'은 '밀가루'를 뜻하기도 한다. 그런데 밀가루로 가장 많이 만드는 것이 국수니 '면'은 국수를 뜻하기도 한다. 그래서 오늘날 "점심은 면이 어떨까?"라는 말을 하면 누구나 국수를 먹자는 말로 알아듣는다.˙

'국수'의 어원을 한자 '掬水'에 갖다 붙이기도 한다. '국掬'은 '움켜 쥔다'는 뜻이고 '수水'는 '물'이란 뜻이니 '국수를 물에 끓인 후 찬물에 넣었다가 손으로 움켜쥐어 건진다'는 의미라는 것이다. 그러나 한자에 갖다 붙이는 어원 설명이 대개 그렇듯 신뢰할 수 없다. 삶아서 찬물에 식혀 건져 먹는 국수보다 국물과 함께 끓여내는 국수가 훨씬 더

■ 한자 '麵'만으로 국수의 뜻이 되는데 옛 기록을 보면 국수가 '착면着麵', '창면昌麵, 暢麵, 敞麵' 등으로 남아 있다. '着麵'을 제외하면 '면' 앞에 쓰인 각각의 한자가 왜 쓰였는지 알기 어렵다. '착면'을 발음하면 [창면]이 되는 것을 생각해보면 '창면'은 '압착면壓搾麵'의 '착면'일 가능성이 크다.

많은데 굳이 손으로 움켜쥐어야 할 이유가 없다. 국수는 처음부터 국수이니 굳이 어원을 밝힐 필요가 없다. 옛 문헌에는 '국슈'로 표기되어 있는데 지금과 별 다를 바가 없으니 그때나 지금이나 같은 말이다.

'국수'와 '국시'의 차이에 대한 우스갯소리가 있다. 그 답은 '밀가루'로 만들면 '국수'이고 '밀가리'로 만들면 '국시'라 되어 있지만 정답은 아니다. '밀가루'를 '밀가리'라고 하는 지역과 '국수'를 '국시'라고 하는 지역이 일치하기는 하지만 우연의 일치일 뿐, 둘 간의 관련성은 없다. 전국의 방언을 뒤져봐도 별다른 차이가 보이지 않는다. 대부분의 방언에서는 '국수'로 나타나고 일부 방언에서는 '국시', 국쉬'로 나타난다. 소리는 조금 다르지만 기원은 같은 단어임을 금세 알 수 있다. '국슈'가 대부분의 지역에서는 '국수'로 바뀌었지만 일부 지역에서는 '국쉬'로 바뀌었다가 '국시'까지 나아간 것이다. '새루갱이', '훌루면' 등의 특수한 어휘가 나타나기도 하지만 이것은 모두 산삼을 캐는 심마니들의 은어일 뿐이다.

결국 가늘고 긴 이 음식의 이름은 한자로는 '면'이 붙고 우리 고유어로는 '국수'가 붙는다. 면은 가늘고 긴 재료 자체를 뜻하기도 하고 그것으로 만든 음식을 뜻하기도 한다. '면' 계열인 '라면', '쫄면'은 재료이기도 하지만 그 재료로 만든 음식을 뜻하기도 한다. 그러나 '면' 계열의 '당면'은 재료만을 뜻하고 '냉면'은 최종적인 음식을 뜻한다. '밀국수', '쌀국수'는 국수를 만든 재료에 따라 붙여진 이름이고 '콩국수'는 국물을 만든 재료에 따라 붙여진 이름이다. 어떤 것이든 '면'과 '국수'가 다양한 의미로 쓰이고 있음을 알 수 있다.

우리 음식의 언어

뜯고 뽑고 자르고

밀가루는 반죽을 해야 다른 음식으로 가공이 가능하다. 반죽을 한 후 가장 손쉽게 음식으로 만드는 방법은 수제비를 뜨는 것이다. 그런데 '수제비'란 단어는 그 기원이 좀 고약하다. 옛 문헌에는 '슈져비'로 나오는데 '슈'는 물을 나타내는 '수水'나 손을 나타내는 '수手'일 것으로 보는데 아무래도 후자에 가깝다. '져비'는 '접다'의 옛말인 '졉다'에서 온 듯하다. 밀가루를 반죽해 길게 늘인 후 손으로 접어 떼니 그리 됐을 수 있다. 방언에서는 '뚝제비', '뜨데국', '뜯먹국' 등으로도 나타나는데 아무래도 '뚝뚝 뜯다'와 관련이 있어 보인다. 방언과 관련을 지어봐도 역시 손으로 뜯어내는 것을 표현해서 만들어진 말인 듯하다.

이탈리아 사람들은 밀가루 반죽을 훨씬 더 다양한 모양으로 만들어 먹는다. 이탈리아 음식 하면 떠오르는 것이 '피자pizza'와 '스파게티spaghetti'다. 그렇다면 '파스타pasta'는? 스파게티를 먹으면 파스타를 먹은 것일까? 스파게티는 파스타이지만 파스타가 스파게티는 아니다. 밀가루 반죽을 여러 가지 모양으로 만든 것을 총칭해 '파스타'라 한다. 그중에 길게 뽑아낸 것, 우리로 치면 국수처럼 뽑아낸 것을 '스파게티'라 구별해 부른다. 스파게티는 줄을 뜻하는 이탈리아어 '스파고spago'에서 왔다. 밀가루 반죽을 줄처럼 가늘게 뽑아냈으니 그리 이름이 붙은 것이다.

한국, 중국, 일본에서는 한자 '麵'을 공통적으로 써서 국수를 나타낸다. 한자를 공유하고 있으니 발음도 각각 '면', '몐', '멘'이다. '麵'은 '밀'이나 '밀가루'를 뜻하기도 해서 국수만을 정확하게 언급하려면 중

국에서는 '멘티아오面条/miantiao'라고 한다. '조条/tiao'는 나뭇가지처럼 가늘고 긴 것을 뜻하니 국수의 모양을 강조한 말이다. 일본에서는 '소바そば', '우동うどん'을 쓰기도 한다. '소바'는 보통 '메밀로 만든 국수'를 뜻한다.

'국수', '스파게티' 등 어떤 말로 불리든 국수는 수제비보다는 한 걸음 더 나아간 음식이다. 수제비가 그저 밀가루 반죽을 익기 좋은 크기로 뜯어 넣은 것이라면 국수는 모양, 식감, 소화 모두를 고려한 과학적인 가공품이다. 오늘날 다양한 모양의 파스타는 국수보다 가공하기 더 어려워 보이지만 이런 모양의 파스타는 국수보다 한참 후에야 만들어졌다. 국수의 역사는 지금으로부터 3000년 전으로 거슬러 올라간다.

내가 아주 어릴 때
손님으로 오신 사돈댁에게
칼국수를 대접하고 싶으셨던 할머니
"야야, 정지에 가서 흘러깽이와 펀덩이를 가져온."
"진죠지 만들어 사돈댁 칵 물리자."
눈치 빠르신 어머이가
홍두깨와 안반을 가지고 와서 국수를 밀어
손님을 대접했지만
나는 두고두고 그 이야기를 잊을 수 없다.
눈이 휘둥그레 하던 사돈댁의 모습이
지금도 눈에 삼삼하다.

- 김성수, 〈울 할머어이의 추억〉

우리 음식의 언어

가정에서 국수를 만들 수 있는 가장 손쉬운 방법은 밀가루 반죽을 밀어 얇게 편 후 칼로 자르는 것이었다. 수타는 반죽은 물론 면을 늘이는 기술이 필요하고, 국수틀은 마을에 하나쯤은 있어도 집집마다 갖추기는 어렵다. 게다가 메밀은 국수틀로 면을 뽑을 수 있지만 밀가루는 어렵다. 그러니 적당히 반죽해 홍두깨든 다듬잇방망이든 반죽을 밀어 칼로 자르면 되는 칼국수가 가장 만만하다. 칼국수는 밀가루로 만들어야 제격이다. 그래서인지 방언에서는 '밀국수'나 이와 비슷한 계열이 많이 발견된다. 그런데 '수제비', '제비국', '칼제비' 등도 여러 지역에서 쓰이고 있다. 방언을 살펴보면 넓게 펴서 손으로 뜯어내는 수제비가 칼국수의 조상인 것은 분명하다.

중면과 쫄면의 기묘한 탄생

'소면'은 말 그대로 작거나 가는 면일 듯하다. 실제로 면을 보더라도 다른 어떤 면보다 가늘다. 그러나 한자로는 '小麵'이 아니라 '素麵'이다. 한자 '소素'는 '소복素服'에도 쓰이는데 이때는 '희다'는 뜻이다. '소박素朴'에도 쓰이는데 이때는 '꾸밈이 없이 수수하다'는 뜻이다. '소면'의 '소'는 두 번째 뜻으로서 본래는 '고기 양념을 가하지 않은 국수'를 뜻한다. '소'가 때로는 채식을 뜻하기도 하므로 간단한 채소류만을 넣은 국수를 뜻하기도 한다. 옛 문헌에는 '왜면'이라고도 나오는데 말에서도 알 수 있듯이 일본에서 유래한 국수다.

'면'이 들어간 말이 다 그렇듯이 '소면'은 국수 자체를 뜻하기도 하고 끓여놓은 음식 자체를 뜻하기도 한다. 본래 일본에서는 끓여놓은 음식을 뜻하는데 오늘날 우리말에서는 국수 자체를 가리킨다. 오늘날 시장에서 구입할 수 있는 소면은 손으로 늘여서 만든 것도 있고 기계로 만든 것도 있다. 어느 것이든 1밀리미터 내외로 가는 것이 특징이다. 오늘날 국수 하면 이 소면을 뜻하는 경우가 많은데 역사는 그리 오래되지 않았다. 가공 방법을 일본에서 배웠고, 밀가루가 대중화되기 시작한 이후에 본격적으로 공장에서 만들어졌으니 1960년대 이후에야 대중화된 국수다.

그런데 아우가 형님을 낳는 사건이 발생한다. 한자 '소素'가 어느 순간 '소小'로 인식되기 시작한다. 그리고 소면보다 조금 굵은 면에 대한 수요가 생기기 시작한다. 그래서 만들어진 다소 굵은 면, 당연히 '굵은 소면'으로 이름이 붙여져야 한다. 그런데 어찌 된 일인지 '중면中麪'이라는 이름이 붙여진다. 만드는 사람이나 사 먹는 사람이나 이해하기는 더 쉽다. '소면'이 '素麪'이라는 사실은 그리 중요한 것은 아니다. 굵기로 두 종류의 국수를 구별할 수 있으니 '小麪'과 '中麪'으로도 충분하다. 머지않아 '大麪'이 나올지도 모른다. 국어 선생들은 마뜩하지 않을 수도 있지만 말이 만들어지는 과정만 본다면 재미있기도 하다.

'쫄면'의 탄생은 더 극적이다. 콩 심은 데 콩 나듯이 냉면 반죽에서는 냉면이 나와야 한다. 그런데 면의 굵기와 모양을 결정하는 사출기가 잘못 끼워져 가느다란 냉면 대신 굵직한 면이 나온다. 이 냉면 반죽에는 전분이 많이 들어 있어 무척 질기다. 가느다란 냉면도 질겨서 가위로 잘라야 하는데 그보다 더 굵은 면이 나왔으니 고무줄만큼이나 질기다. 당연히 폐기 처분해야 한다. 그런데 버리기는 아까웠는지 사

우리 음식의 언어

장은 인근의 분식집에 싼값에 넘긴다. 그리고 분식집 주인은 새로운 메뉴를 개발해 '쫄면'이란 이름으로 판매를 시작한다.

쫄면. 무심히 보고 들으면 그저 국수 혹은 음식의 한 종류지만 말의 구성이 특이하다. '쫄면'은 말 그대로 '쫄깃한 면'에서 유래한 것이다. 그런데 허리는 싹둑 잘라버리고 앞뒤의 한 글자씩 따서 '쫄면'이 된다. 이는 우리말의 어법에는 완전히 어긋난다. '따뜻한 면'을 '따면'이라 할 수 없고, '차가운 면'을 '차면'이라 할 수 없는 것과 마찬가지다. 이 둘은 모두 한자를 써서 '온면', 냉면'으로 이름이 붙여진다. 당연히 한자를 써서 이름을 붙이고 싶은데 '쫄깃하다' 혹은 '질기다'는 뜻의 한자가 없다. 국어 선생들은 고민을 더 하겠지만 식당 주인은 그리 큰 고민이 필요 없다. '쫄면'만큼 그 면의 특성을 잘 드러내는 말이 없으니 말이다.

차가운 국수와 막 만든 국수

냉면은 단연코 한국 음식이다. 중국에도 '냉면冷麵' 혹은 '양면凉面'이 있지만 '차게 먹는 국수'란 뜻일 뿐, 우리처럼 특화된 음식은 아니다. 일본에서도 메밀로 만든 면을 차게 먹기도 하지만 우리처럼 냉면에 열광하지는 않는다. 우리의 냉면은 차게 먹는 면 이상의 의미와 가치를 갖는다. '냉면'이 있으려면 '온면溫麵'도 있어야 하는데 옛 요리책에도 나오고 북쪽에서도 쓰는 말이지만 우리에게는 낯설다. 국수는 따뜻하게 먹는 것이 일반적이니 굳이 '따뜻한 국수'라고 부를 이유가 없

차가운 국수, 냉면
차가워야 그 참맛을 느낄 수 있는 냉면. 냉장 기술이 일반화되기 전까지는 겨울 음식이
었는데 어느샌가 여름 음식으로 자리를 잡았다. 그러나 언제 먹어도 그 시원한 맛이 일
품이다.

다. 다만 냉면의 본고장이 북쪽이니 이와 구별하기 위해 온면이란 말을 쓰는 것이 이해가 되기는 한다.

냉면은 사투리도 없어서 전국 어디에 가도 똑같이 냉면이라 불린다. 다만 두 종류의 냉면이 지역 혹은 만듦새에 따라 구별된다. 함경도식 냉면, 즉 함흥냉면은 비빔냉면이다. 전분을 많이 섞어 가늘고 질기게 뽑아낸 면을 갖은 양념을 한 장에 비벼 먹는다. 평안도식 냉면, 즉 평양냉면은 물냉면이다. 메밀을 주재료로 해서 조금 굵게 뽑아내어 동치미 육수나 고기 육수에 말아 먹는다. 면 위에 올려지는 고명은 비슷하지만 함흥냉면에는 가자미회가 올려지기도 한다. 함흥냉면은 면발이 질겨 가위로 미리 자르기도 하지만 평양냉면은 이로도 뚝뚝 끊어지니 가위질이 필요 없다. 이처럼 두 음식이 차이가 많지만 차게 해서 먹는다는 점 때문에 모두 냉면이라 불린다.▪

북쪽에 냉면이 있다면 남쪽의 강원도 산간에는 막국수가 있다. 막국수는 평양냉면과 마찬가지로 메밀을 주재료로 해서 만든다. 그러니 당연히 메밀의 주산지인 강원도에서 발달된 국수가 막국수다. 그런데 그 이름이 그리 고급스럽지 않다. '막'이 다른 말 앞에 붙으면 '거친', '품질이 낮은'의 뜻을 더하게 되거나 '닥치는 대로 하는'의 뜻을 더하게 된다. 어느 것이든 그리 좋은 뜻은 아니지만 이 국수를 만드는 과

▪ 평양냉면과 함흥냉면은 물냉면과 비빔냉면으로 구별되기도 한다. 본래 평양냉면은 다소 싱겁지만 시원한 맛의 물냉면이고, 함흥냉면은 새콤달콤한 비빔냉면이기 때문에 그렇다. 그런데 요즘에는 손님들이 기호에 따라 찾으니 둘 다 파는 경우가 많다. 음식 전문가들은 두 종류의 서로 다른 음식에 관심이 많겠지만 언어학자들은 '물냉', '비냉'이라는 줄임말에 더 관심이 많다.

정을 보면 이해가 된다. 막국수는 껍질만 벗겨낸 거친 메밀가루로 만든다. 때로는 껍질을 벗기지 않고 가루를 낸 것을 섞기도 한다. 그러다 보니 거뭇거뭇한 것이 면 속에 박혀 있어 거친 느낌을 준다. 껍질째 갈았으니 닥치는 대로 간 것일 수 있고, 그러다 보니 거칠게 보이기도 한다.

그러나 막국수는 품질이 낮은 국수는 아니다. 오늘날 우리가 먹는 순백색 밀가루는 복잡한 공정을 거친 것으로서 때로는 표백제가 첨가되기도 한다. 곱고 하얀 밀가루를 얻기 위해 분쇄와 거르기를 몇 차례 반복한다. 오늘날 밀가루 없이 사는 것은 불가능하지만 건강을 위해 밀가루를 끊으려는 시도를 하기도 하는 것을 보면 이렇게 만들어진 밀가루가 품질이 높아 보일지라도 건강에 좋은 것은 아닐 수 있다. 오히려 양분을 고스란히 담아 막 갈아서 뽑아낸 막국수가 건강에는 더 좋을 수 있는 것이다. 발효를 시킨 후 곡물과 주정을 갈아 거칠게 걸러낸 막걸리를 정제된 술보다 더 즐기는 사람이 있듯이 말이다. 그래서 막국수와 막걸리는 이름도 사촌이지만 건강 면에서도 가까운 사이다.

짜장면, 그 이름의 수난

짜장면은 그 이름에서 알 수 있듯이 국수의 일종이다. 그러나 우리나라 사람들의 머릿속에 있는 짜장면은 국수의 일종이라기보다는 짜장면 자체로서 독립적인 음식이다. 누구나 먹어보았고, 누구나 좋아하고, 누구나 추억이 있는 그런 음식이다. 게다가 그 이름에 대해서 입이 있는 사람은 누구나 한마디 하고픈 음식이기도 하다. 짜장면의 기원이나 원조는 여기서 다룰 문제가 아니다. 모든 음식이 서로 영향을 받으면서 누군가가 개발한 후 널리 퍼지는 것이니 이 문제는 음식의 역사에서 밝힐 문제다. 문제는 그 이름이다. '자장면' 혹은 '짜장면'. 그저 석 자에 불과한 그 이름을 두고 수많은 논쟁이 벌어진다.

안타깝게도 '자장면'을 파는 음식점도 없고 '자장면'을 먹어본 사람들도 없다. 중국집에서는 '짜장면'만 팔고 사람들도 '짜장면'만 사 먹는다. '자장면'이라고 말하는 사람은 방송국 아나운서일 가능성이 높고, 글에 '자장면'이라고 쓰는 사람은 편집자로부터 몇 번이나 퇴짜를 맞은 작가일 가능성이 크다. 적어도 '자장면'은 사전이나 규범에만 있는 죽어 있는 말일 뿐, 현실에서는 '짜장면'만 사용된다. 그러나 언어를 연구하는 사람들, 규범을 정하는 사람들의 관점에서는 '자장면'이 절대적으로 옳다. 백번 양보해서 예외로 인정할 수는 있어도 원칙은 절대로 허물 수 없는 문제다. 결국 이 싸움은 현실과 원칙의 싸움이다.

짜장면을 맨 처음 만든 이가 기록을 남겨놓지는 않았으나 이 이름의 기원을 '장을 볶아 만든 면'이란 뜻의 '작장면炸醬麵'이라 추정한다. 만드는 방법을 보면 이 추정이 맞는 듯한데 문제는 그 발음에 있다. '炸醬麵'의 병음 표기는 'zhajiangmian'인데 이것의 발음을 어떻게 듣느냐에 따라 한글 표기가 달라질 수밖에 없다. 선입견 없이 소리만 들으면 '짜쨩몐'으로 들릴 가능성이 가장 높다. 그래서 처음에 적은 사람도 첫소리는 '짜'로 적는다. 그런데 그 이하의 소리는 우리가 흔히 쓰는 '장'과 '면'에 이끌려 우리식으로 적는다. 그렇게 해서 탄생한 것이 '짜장면'이고 모든 사람이 이렇게 쓰고 이렇게 읽는다.

그런데 중국어를 알고서 규범을 정하는 사람들에게는 난감한 문제가 발생한다. 우리말에서는 '자', '짜', '차' 세 소리가 구별되지만 중국어에서는 '자', '차' 두 소리만 구별된다. '자'와 '짜'를 구별할 필요가 없으니 중국 사람들은 '자'를 좀 더 강하게 발음해 우리 귀에는 '짜'처럼 들린다. 'ㅈ'뿐만 아니라 'ㄱ', 'ㄷ', 'ㅂ', 'ㅅ' 모두 강하게 들린다. 들리는 대로 적으면 될 듯한데 그렇게 하다 보면 '꽝뚱', '뻬이찡', '쌍하이' 등과 같이 모두 된소리로 적어야 한다. '짜장면' 또한 '짜짱면'이라고 적어야 한다. 중국어 표기마다 'ㄲ', 'ㄸ', 'ㅃ', 'ㅆ', 'ㅉ'이 넘쳐나는 상황이 되는 것이다.

규범을 정하는 사람들은 혼란을 피하기 위해 원칙을 세우려 노력한다. 외국어에서 기원한 말을 적을 때도 원칙을 잘 세워야 한다. 우리가 한글로 적어야 할 말은 중국어뿐만 아니라 여러 나라 말에서 온 것이니 모두에 적용될 수 있는 원칙을 세워야 한다. 이러한 원칙에 따르면 '짜장면'은 틀리고 '자장면'이 맞다. 원칙을 유연하게 세우면 왜 원칙이 일관성 없냐고 따지고, 원칙을 고수하면 왜 현실에 맞지 않는 원칙을 고집하냐고 따지니 난감한 상황이다. 그렇게 30년을 싸우다가 결국은 '짜장면'과 '자장면' 모두를 인정하기에 이른다. 그래도 여전히 왜 표준어가 두 개냐고 핏대를 높이는 사람이 있다.

'짜장면'은 처음부터 '짜장면'이고 앞으로도 '짜장면'이다. 이 사실은 이전이나 이후 모두 변함이 없지만 현실과 규범의 싸움은 앞으로도 계속될 수밖에 없다. 현실론은 현실론대로, 원칙론은 원칙론대로 다 일리가 있으니 그리 인정하면 될 일이다. 규범은 있어야 하되 그것이 현실을 억압하면 반발이 있게 마련이다. 그렇다고 현실을 무작정

우리 음식의 언어

인정하면 규범이 무의미해지니 적당한 선에서는 규범을 인정하는 것도 필요하다. 짠맛만으로는 짜장면의 맛을 낼 수 없다. 설탕과 화학조미료가 듬뿍 들어간 것이 오늘날의 짜장면 맛이다. 말도 그렇다. 이 나라 저 나라 말이 섞이고 현실과 원칙이 균형을 이루면서 존재하는 것이다. 어쨌든 여전히 점심 한 끼 짜장면을 맛있게 먹을 수 있으니 다행이다.

중국 음식 우동, 일본 음식 짬뽕?

요리와 면, 정확한 분류는 아니지만 중국집의 메뉴는 이렇게 둘로 나뉜다. 탕수육, 팔보채, 깐풍기 등의 요리를 먹고 짜장면, 우동, 짬뽕 등의 면을 마지막에 주문한다. 주머니 사정에 따라 요리의 종류와 가짓수가 달라지고 역시 주머니 사정에 따라 '우짬짜' 외에 기스면, 울면 등 다른 면을 주문할 수도 있다. 그런데 짜장면은 별개로 치더라도 우동, 짬뽕, 기스면, 울면 등 중국집에서 파는 면 이름을 들여다보면 희한하다는 느낌을 지울 수가 없다. 하나같이 한중일 삼국을 회유해서 만들어진 이름이다.

　우동은 중국 음식인가, 일본 음식인가? 사전에서 '우동'을 찾으면 '가락국수'로 안내하는 것을 보면 우리말이 아닌 것은 확실하다. 중국집에서 짜장, 짬뽕 다음으로 팔리는 면임을 고려하면 중국 음식일 수도 있다. '우동うどん'이라고 표기된 붉은 천을 따라 들어가 보면 어김없는 일본 음식점이니 일본 음식이 맞는 듯도 하다. 그런데 일본어 'う

짬뽕
한중일 3국의 합작품. 맛도 이름도 3국
이 뒤섞인 말 그대로 '짬뽕'이다.

どん'의 기원을 중국어의 '혼둔 混飩'에서 찾는다. 혼둔은 얇은 밀가루 피에 고기소를 넣어 찌거나 끓인 음식인데 이것이 중국으로 전해져 '운동 温飩'이라 불리다 '우동'이 되었다고 본다. 본래 만두와 비슷한 음식이었지만 이름만 살아남아 국수의 일종이 된 것이다. 중국에서 유래한 것이 일본을 거쳐 다시 한국의 중국집에 메뉴로 자리 잡고 있다. 중국집 우동과 일본식 우동이 약간 다르지만 그 이름은 삼국을 회유한 것이다.

짬뽕도 중국에서 출발해 일본을 거쳐 한국에 들어온다. 짬뽕의 기원에 대해서는 여러 설이 있지만 중국의 푸젠 성 출신 화교가 일본 나가사키에서 중국의 '차오마멘 炒馬麵/chaomamian'과 유사한 '잔폰ちゃんぽん'을 만들어 팔던 것이 한국에까지 흘러 들어온 것으로 본다. 일본의 짬뽕은 맵기는 하지만 고춧가루를 쓰지 않아 흰색을 띠는데 한국에 들어와 고춧가루가 더해져 오늘날의 색과 맛을 갖추게 된다. '잔폰'의 첫소리가 된소리로 바뀌고 'ㄴ'이 'ㅍ'의 영향을 받아 'ㅁ'으로 바뀌고 둘째 소리의 'ㅍ'이 'ㅃ'으로 바뀌고 'ㄴ'은 'ㅇ'으로 바뀌는 등 많은 변화가 있지만 충분히 가능한 변화다. 일본에서 들어온 말은 기피나 순화의 대상이 되는 것이 일반적인데 이 말은 그 대상에 포함되지 않았고 이름 때문에 수난을 겪은 짜장면과는 다른 길을 밟는다. 게다가 뒤죽박죽 섞인 것을 뜻하는 비속어 '짬뽕'의 출발점이 되기도

우리 음식의 언어

한다.

　기스면과 울면은 일본을 거치지 않고 중국에서 바로 들어온 면인데 그 이름이 재미있다. 기스면은 닭 국물에 실처럼 가는 국수를 넣은 면이다. 이에 어울리게 이름도 닭과 실을 뜻하는 '계사면鷄絲麵'이다. 그런데 표준 중국어의 발음에 따르면 이 면의 이름은 '지스면'이 되어야 한다. 한국에 건너온 화교들 중 상당수가 중국 산둥 성에서 왔는데 산둥 성 사투리에서 '鷄'의 발음이 '기'이다 보니 '기스면'이 된 것이다. 닭을 튀겨서 만드는 깐풍기의 '기'도 마찬가지다. '울면'은 중국어의 '온루면溫滷麵/wenlumian'에 기원을 두고 있다. 중국어 발음대로라면 '원루면'이 되어야 할 텐데 어찌된 일인지 '울면'으로 자리를 잡았다. 산둥 성 사투리가 반영되거나 알 수 없는 변화를 겪은 것들이지만 우리말의 일부가 된 것이다.

　사람이 오고 가는 것은 음식이 오고 가는 것이기도 하다. 그리고 음식은 말과 함께 오고 가는데 사람이 섞이고 음식이 섞이고 그 이름도 섞인다. 고향을 떠나면 타향이 고향이 되고, 고국을 떠나면 타국이 고국이 되기도 한다. 음식 또한 마찬가지다. 우동과 짬뽕의 기원이 어딘가는 그리 중요한 문제는 아니다. '기스면'과 '울면'의 본래 발음이 무엇인지도 그리 중요한 것은 아니다. 한국의 '중국집'이 중국 음식점인지 한국 음식점인지도 중요한 문제는 아니다. 한중일을 회유한 그 음

■　'짜장면'과 달리 '짬뽕'은 된소리가 둘이나 쓰였지만 어문 규범에서 문제를 삼지 않는다. 중국어에 기원을 두고 있는 '짜장면'과 달리 '짬뽕'은 일본어에 기원이 있다고 보기 때문에 다른 규정이 적용된 것이다. 그런데 우리의 머릿속에서는 짜장면과 짬뽕이 늘 짝을 이루고 있기 때문에 짜장면이 좀 억울해 보이기는 한다.

식들을 우리가 오늘날에도 먹고 앞으로도 먹을 것이란 점이 중요할 뿐이다.

어우러짐, 국수의 참맛

논술 문제지를 받아 든 순간 하연이는 겁부터 난다. '용광로', '샐러드 볼', '국수 대접' 중에 하나를 고르라니. 민족과 국가가 다른 구성원들이 늘어난 한국 사회, 이미 다문화 사회에 접어든 시점에 한국적 다문화 사회의 모델을 묻는 문제다. 모든 것이 녹아들어가고 불순물은 걸러지는 용광로 모델은 이미 구시대의 모델이다. 갖가지 재료가 소스 혹은 드레싱으로 버무려지는 샐러드 볼 모델은 애초부터 다민족 국가로 출발한 신대륙의 국가에나 어울려 보인다. 그럼 국수 대접 모델? 면발과 국물, 그리고 고명이 어우러져 맛을 내는 그것?

엄마의 고향 손맛이 담긴 베트남 쌀국수를 떠올려본다. 엄마가 제일 자부심을 가지는 그 음식, 하연이와 동생에게는 최고의 음식이다. "멘발이 워째 그리 실처럼 맥아리가 없다?" "고수풀 빼라. 빈대 냄새 난다." "고춧가루 좀 풀어라. 국물이 왜 그리 밍밍해." 안타깝게도 할아버지, 할머니, 아버지는 면, 고명, 국물 모두를 못마땅해하신다. 골똘히 생각해본다. 할아버지와 할머니, 그리고 아빠는 국수인가? 엄마는 고명? 그럼 나랑 동생은?

국수의 맛을 결정하는 요소는 꽤나 다양하다. 면, 육수, 고명 그 어느 것도 빠질 수 없다. 그래도 명색이 국수이니 면이 가장 앞자리에 놓인다. 냉면 애호가, 특히 평양식 메밀 냉면 마니아들이 가장 선호하는 자리는 주방 바로 앞이다. 여느 면과 마찬가지로 냉면도 그릇에 담는 순간부터 붇기 시작한다. 주방에서 나와 손님 자리로 옮겨지는 순간에도 붇고 있으니 그 동선이 가장 짧은 주방 바로 앞의 자리가 좋다는 것이다. 다소 과장된 것이기는 하지만 면발의 맛을 아는 사람들의 이야기다. 이로 자를 수 있을 만큼 부드러워야 하지만 그렇다고 불어터져서는 안 된다. 적당한 탄력과 질감을 가져야 하지만 고무줄처럼 질겨서는 안 된다. 명색이 국수니 면발 자체를 가장 중요시하는 것이 당연한 것일 수도 있다.

국물, 아니 육수도 면발만큼이나 중요하다. 소, 돼지, 닭의 고기와 뼈를 밤새도록 장작불을 지펴 곤다. 멸치, 말린 밴댕이, 새우, 다시마, 무, 파, 과일 등을 함께 끓여 걸러낸다. 깨끗이 씻은 무와 파, 고추 등을 소금물에 담가 적당히 익혀낸 동치미 국물을 떠내기도 한다. 소문난 국수집, 혹은 냉면집은 저마다의 비법 육수를 자랑한다. 국물에 대한 원초적 집착이 있는 우리들이 결코 포기할 수 없는 중요한 요소다. '육수肉水'는 말 그대로 '고기를 삶아 우려낸 물'을 뜻한다. 가축의 고기와 뼈를 오래 끓여내면 독특한 풍미와 감칠맛이 난다. 그런데 꼭 가축의 고기와 뼈를 우려낸 물만을 '육수'라 하는 것은 아니다. 건어물, 다시마, 각종 채소와 과일 등을 우려낸 물도 '육수'라고 부른다. 본래의 의미보다 확대되어서 쓰이는 것이다.

고명, 혹은 꾸미도 빠져서는 안 된다. 다져서 볶은 고기, 가늘게 채를 쳐서 볶은 야채, 얇게 부쳐내 채를 친 지단, 들기름을 발라 구운 김가루……. 국수 위에 올려지는 갖가지 고명들이다.˙ 냉면 위에 한두 조각 올려지는 편육, 반숙한 계란 반쪽, 지방이 붙어 있는 두툼한 돼지고기……. 국수와 함께 제공되는 육류 꾸미다. 홍어 또는 가자미회도 함흥식 냉면에서 빠질 수 없는 요소다. 혹시나 맛이 심심할까봐 파, 마늘, 생강 등을 잘게 다져 고춧가루와 섞은 '다대기' 또한 빠지지 않는다. 식초, 겨자, 설탕, 액젓 또한 입맛에 맞게 가미된다. 그 모든 것들이 어우러져 국수의 맛을 더한다.

'고명'과 '꾸미'는 구별이 잘 안 되는 말이다. '고명'은 음식의 모양과 빛깔을 돋보이게 하고 음식의 맛을 더하기 위하여 음식 위에 얹거나 뿌리는 것을 통틀어 이르는 말이다. 각종 채소, 고기, 해산물, 양념 등이 다양하게 쓰인다. '꾸미'는 국이나 찌개에 넣는 고기를 뜻하는데 북쪽에서는 고명의 뜻으로 쓰기도 한다. 방언을 살펴보면 '고명' 및 이와 유사한 어형이 많이 발견되지만 '꾸미', '양념', '웃기시', '조치', '화초', '추미' 등 다양하게 나타난다. '꾸미' 역시 '고명', '새미', '양념', '웃기시', '조치' 등으로 나타난다. 방언을 살펴보아도 '고명'과 '꾸미'는 명확하게 구별되지 않는다. 다만 '고명'이 보다 넓게 쓰이는

■ '지단'은 의외로 중국어 '鷄蛋jidan'에서 온 말이다. 글자 그대로 보자면 '닭과 새의 알'이란 뜻이다. 달걀의 흰자와 노른자를 분리해 얇게 부쳐낸 뒤 잘게 채를 썬 고명으로 국수나 떡국에 많이 들어가는데 중국어인 것이다. 중국어에 기원을 두고 있어서 '알고명'으로 고쳐 쓰도록 하고 있으나 이렇게 쓰는 이는 거의 없다.

우리 음식의 언어

듯하다.

한편 '다대기'는 논란이 좀 있는 말이다. 사전에서는 '다대기'를 두들기거나 다지는 동작을 뜻하는 일본말 '다타키たたき'에서 온 것으로 보고 있다. 다대기를 만들 때 마늘이나 생강 등을 다져 넣기는 하지만 이것 때문에 일본말에서 왔다고 보아야 할 이유는 없다. 우리의 다대기와 비슷한 다진 양념이 일본에 있고 그 이름이 '다다기'라면 이러한 설명이 가능할 법도 하다. 그러나 일본에는 없는 양념을 만들면서 굳이 일본어를 생각해 이름을 지을 가능성은 높지 않다. 옛 문헌에서 '다다기' 혹은 '다대기'가 확인되지 않지만 이전부터 있었던 말이라고 보는 것이 더 타당해 보인다. 물론 '다다기'가 본래의 어형이라면 '아기'가 '애기'가 되듯이 '다다기'는 '다대기'가 될 수 있다.

그렇다면 국수를 어떤 맛으로 먹어야 할까? 다대기를 잔뜩 넣어 먹는 사람은 가장 하급으로 취급받는다. 자극적인 양념 맛 때문에 면발과 국물의 맛을 느낄 수 없다. 고명 맛으로 먹는 것도 그리 높은 취급을 받기 어렵다. 고명은 맛을 꾸미기 위한 것일 뿐, 그것이 맛 자체는 아니다. 역시 국수의 쫄깃한 식감과 육수의 시원한 감칠맛이 국수의 참맛이다. 가늘고 긴 면발은 육수를 듬뿍 머금고 입으로 향할 수 있다. 그렇게 입속에 들어온 국수와 육수가 어우러져 참맛을 내는 것이다. 물론 고명과 다대기가 새로운 맛을 더할 수도 있다. 과하지 않다면 식초와 겨자가 냉면의 상큼한 맛을 살릴 수 있다.

어우러짐, 국수의 맛은 이렇게 정리될 수 있다. 국수의 본 고향이 어디인지는 중요하지 않다. 육수가 고기 육수인지 채소 육수인지도 중요하지 않다. 고명의 재료가 어디서 온 것이고, 어떻게 조리된 것인지도 중요하지 않다. 그저 모든 것이 어우러져 입안을 가득 채우고 부드럽게 넘어가는 그 맛이 국수의 참맛이다. 하연이의 고민은 거기에 있는지 모른다. 면발이든 육수든 고명이든 모든 게 어우러져야 하는데 굳이 면발과 육수, 그리고 고명을 구별해내야 하는 것 때문에 기분이 상했을지도 모른다. 국수 한 그릇은 모든 재료가 어우러져야 비로소 최고의 맛을 이룬다.

라면, 라멘, 라멘

50미터 길이의 꼬불꼬불한 파마머리 국수 75가닥, 바로 라면이다. 우리말을 연구하는 사람들에게 라면은 그 이름만으로도 지극히 낯설다. 우리말에서 'ㄹ'은 단어의 첫머리에 오는 일이 없다. 북쪽에서야 '로동', '로인', '량심' 등을 쓰지만 남쪽에서는 '류劉', '라羅'의 두 성씨가 본래 발음대로 성을 쓰기까지 꽤 오랜 시간이 걸렸다. 그래서 '라디오'와 함께 '라면'은 'ㄹ'로 시작되는 대표적인 단어로 취급된다. 하지만 어르신들은 그것이 못마땅한지 '나면', '나지오'라고 하는 분도 있다. 라면이 오래전부터 있었다면 당연히 '나면'으로 바뀌었을 것이다. 그러나 여전히 '라면'으로 남아 있다는 것은 들어온 지 얼마 되지 않은 외래어라는 것을 알려주는 것이기도 하다.

'라면'의 기원은 아무래도 중국어 '라멘拉麵/lamian'에서 찾는 것이 타당해 보인다. 그런데 중국어 '라멘'은 밀가루 반죽을 손으로 늘여서 만든 면을 뜻한다. 즉 특정한 음식을 뜻하기보다는 면을 만드는 방법에

한중일 3국의 '라면'

'라면' 하면 우리는 인스턴트 라면이 떠오른다. 하지만 중국 사람들은 중국 서북 지역에서 발달한 국수를, 일본 사람들은 각기 고유한 방식으로 끓여낸 라면을 떠올린다.

초점을 맞춘 이름이다. 이것이 일본에서 새로운 면의 이름으로 사용된다. 면발을 뽑아 기름에 튀긴 후 건조시키면 오랫동안 보관이 가능해진다. 이렇게 만든 면에 '라멘'이란 이름을 붙인 것이다. 우리가 받아들인 '라면'은 일본 사람들이 개발한 '라멘'이다. 그런데 '麵'의 발음은 '멘'이나 '몐'이 아닌 우리식 한자음을 따라 '면'이 된다. 라면 역시 3국을 회유하는 동안 같으면서도 다른 이름을 갖게 된 것이다.

　한중일 3국에서 그 이름이 조금씩 다르듯이 각국 사람들이 '라면', '라멘', '라몐'이란 말을 들을 때 떠올리는 음식이 각각 다르다. 우리에게 라면은 면과 스프를 물에 넣어 끓여내기만 하면 되는 인스턴트 라면이다. 그러나 일본에서의 라면은 면발도 직접 만들고 국물도 따로 만들어낸 것이다. 중국 역시 손으로 뽑아낸 면을 각종 육수에 말아 먹는 음식을 뜻한다. 중국어에서 라면은 면을 만드는 방식에 따라 붙여진 이름이므로 우리가 흔히 먹는 인스턴트 라면은 '팡벤몐方便面/fangbianmian'이라 하여 따로 구별해 부른다.

'라면은 국수인가?'라는 질문에 우리는 다소 당황하게 된다. 라면도 면이니 당연히 국수여야 하지만 오늘날의 국수는 가늘고 긴 소면이나 그것으로 만든 음식을 뜻할 때가 더 많다. 칼국수는 칼국수대로, 메밀국수는 메밀국수대로 각각의 뜻을 가지고 있으니 라면을 국수라고 하기에는 다소 망설여진다. 본래 라면은 국수지만 오늘날의 라면은 라면 그 자체일 뿐, 국수는 아니다. 국민 1인당 1년에 70개가 넘는 라면을 먹을 정도로 세계 최고의 라면 소비국이니 라면이 국수에서 독립하는 것도 당연해 보이기는 한다.

그러나 라면의 지위는 여전히 낮다. 건강의 적이자 질 낮은 음식으로 치부되는 인스턴트 식품, 그중에서도 소금과 조미료가 듬뿍 들어간 스프 하나로 맛을 내는 음식이다 보니 높은 대접을 기대하기는 어렵다. 밥이 없을 때, 밥하기 싫을 때 먹는 음식이니 그럴 수도 있다. 가장 싼 음식을 파는 분식집에서마저 김밥과 함께 가장 싼 메뉴니 그럴 수도 있다. 하지만 그게 라면이다. 라면이 없으면 한 끼 때우기가 애매한 상황이 있다. 라면 덕분에 밤중의 출출한 배를 채우게 되는 상황도 많다. 애초에 짜고 자극적인 맛으로 만들어졌고 그 맛에 길들여져 있으니 라면의 참맛은 역시 소금과 조미료 맛일 수도 있다. 그래도 기대

우리 음식의 언어

라면 광고

맨 처음 인스턴트 라면을 선보인 삼양라면의 신문 광고. '특수영양 국수'라 쓴 것을 보니 라면도 국수의 하나인 것은 분명하다. '식생활은 해결됐다'고 외치고 있지만 오늘날 라면은 몸에 좋지 않은 음식으로 늘 공격을 받는다.

를 해본다. 라면 한 개의 면발을 다 이으면 50미터나 된다고 하니 라면 또한 '명길이'가 될 수 있을 것이다. 결국 어떻게 먹는가의 문제다. 어떤 음식이든 잘만 먹으면 '길게' 사는 원동력이 된다.

6

국물이 끝내줘요

• 국, 찌개, 탕의 경계 • 말할 건더기도 없다 •
• 국과 밥의 '따로 또 같이' • 속풀이 해장국 •

• '진한 국'과 '진짜 국'의 차이 • '썰렁한 탕'과 '흥분의 도가니탕' •
• 부대찌개라는 잡탕 •

좌빵우물, 원탁에서 먹는 서양식 정찬에서 혹시라도 남의 빵과 물을 먹을까봐 나온 말이다. 빵은 왼쪽의 것이 자기 것이고, 물은 오른쪽의 것이 자기 것이라는. 우리의 식탁에서는 이런 헷갈림이 없다. 밥과 국이 나란히 놓여 있고 그 오른쪽에 수저가 놓여 있으니 그것이 각각 상에 둘러앉은 저마다의 몫이다. 다만 상을 차리는 사람은 순서를 잘 생각해야 한다. 좌밥우국, 좌숟우젓, 결국 왼쪽부터 밥, 국, 숟가락, 젓가락 순서로 상이 차려진다. 밥과 국이 밥상에서 빠져서는 안 되고 숟가락과 젓가락도 없어서는 안 된다. 우리야 늘 받는 밥상이니 무심히 받아들이지만 다른 식문화를 가진 사람들에겐 낯선 상차림이다.

젓가락과 숟가락 중에서 어느 것이 더 특이한 것일까? 우리의 손재주가 젓가락 사용 습관에서 비롯됐다는 설이 있을 정도로 우리의 관심은 젓가락에 먼저 머문다. 그러나 젓가락은 한중일 삼국에서 모두 사용하는 도구다. 모양과 재료가 조금씩 다르기는 하지만 세 나라 사람들 모두가 쓰고 있으니 적어도 동아시아에서 젓가락은 그리 특이한 것은 아니다. 우리의 밥상에서 더 특이한 것은 바로 숟가락이다. 밥상에서 빠져서는 안 되는, 그만큼 많이 사용되는 것이 숟가락이다. 젓가락은 무엇이든 집을 수 있지만 숟가락은 푸거나 뜨기 위해서 필요하다. 뜨거나 퍼야 하는 음식이 많은 우리 밥상에서는 빠질 수 없는 것이다.

숟가락의 용도는 분명하다. 밥을 숟가락으로 한 술 떠서 짭조름한 젓갈을 올려 한 입 크게 먹을 수도 있다. 그러나 숟가락의 진정한 용도는 따로 있다. 밥 옆의 국을 떠먹을 때, 밥상 한가운데의 찌개를 떠먹을 때 꼭 필요한 것이 숟가락이다. 일본 사람들도 국을 먹지만 건더기는 젓가락으로 먹고 국물은 그릇째 마시니 우리처럼 숟가락을 굳이 쓰지 않아도 된다. 중국에도 찌개 비슷한 탕이 있지만 각자 덜어 먹으니 조그만 숟가락을 써도 별문제가 없다. 서양 사람들은 수프를 먹을 때 잠깐 쓰니 식탁에서의 비중이 낮다. 그러나 국, 찌개는 물론 물에만 밥이나 눌은밥, 나아가 김칫국물까지 떠먹어야 하는 우리의 식탁에서 숟가락은 필수적이다.

국물 맛으로 먹는다고 해도 과언이 아니라 할 음식은 꽤나 많다. 국, 탕, 찌개, 전골, 조치 등이 그것이다. 종류도 많고 이름도 다양하다. 때로는 각각의 경계가 모호하다. 그러나 한 가지 분명한 것이 있다. 많든 적든 국물이 있어야 한다는 것, 그래서 내용물이 '국물'과 '건더기'로 분류된다는 것이다. 재료와 조리 방법 또한 다양해서 일일이 열거하기 어렵지만 끊임없이 새로운 것이 만들어지고 있다. 그것이 무엇으로 분류되든 간에 기다란 숟가락으로 떠먹어야 할 국물이 우리의 식탁에서 사라지기는 어려워 보인다.

우리 음식의 언어

국, 찌개, 탕의 경계

말이 구별되면 그것이 지시하는 사물이나 개념도 구별되는 것이 보통이다. '국', '찌개', '탕', '전골' 등의 말이 있으니 그것이 지시하는 각각의 뜻을 찾아보는 것도 흥미롭다.

국 : 고기, 생선, 채소 등에 물을 많이 붓고 간을 맞추어 끓인 음식
찌개 : 뚝배기나 작은 냄비에 국물을 바특하게 잡아 고기, 채소, 두부 따위를 넣고 간장, 된장, 고추장, 젓국 등을 쳐서 갖은 양념을 하여 끓인 반찬
탕湯 : '국'의 높임말. 제사에 쓰는, 건더기가 많고 국물이 적은 국
전골 : 잘게 썬 고기에 양념, 채소, 버섯, 해물 따위를 섞어 전골틀에 담고 국물을 조금 부어 끓인 음식
-탕湯 : '국'의 뜻을 더하는 접미사로서 흔히 일반적인 국에 비해 오래 끓여 진하게 국물을 우려낸 것

사전이 우리의 궁금증을 해소해주기도 하지만 이 경우에는 오히려 혼란을 초래한다. 그래도 추출해낼 수 있는 공통점은 바로 '국물'이다. 어느 것이든 물을 넣고 끓인다는 공통점이 있는데 어떤 재료를 어떻게 넣느냐의 차이로 보인다. '국물이 많으면 국이고 적으면 찌개'라는 것도 우리의 감각에 맞는 듯이 보인다. '여러 재료를 전골틀에 끓여내는 것'이 '전골'이라 풀이하고 있으니 이것 역시 '비싸고 크면 전골'이고 '싸고 작으면 찌개'라는 우리의 감각에 맞는 듯하다. '탕'은 한자에

국-찌개-탕-전골(왼쪽 위에서부터 시계방향)
국물이 있는 요리들. 우리는 감각적으로 각각의 요리를 구별할 수 있지만 실제로는 그
경계가 모호한 경우도 많다.

서 온 것이니 나름대로의 의미를 가지면서 새로운 단어를 만들어내는
데 사용된다는 설명도 이해가 된다.

 그러나 현실에서는 이러한 풀이와 구분이 무의미한 경우가 많다. 찌
개와 국이 명확하게 구별되는 듯하지만 지역에 따라서는 '찌개'라는
말을 아예 쓰지 않기도 한다. 이 지역에서는 '국'이 '찌개'까지 포괄하
고 있을 따름이다. '전골'이라는 것도 음식점에서나 먹을 수 있는 것이
라는 인상이 강하다. '탕'이 국을 뜻하는 한자인 것은 맞지만 '탕'이라
는 말은 국, 찌개, 전골 모두에 쓰인다. 결국 공통점은 분명히 있되 그
경계는 모호하다. 때로는 구별이 되지 않거나 뒤죽박죽 섞어 쓰는 일

우리 음식의 언어

도 많다.

　우선 '국'은 한 글자로 된 단어이니 어원을 굳이 따질 필요도 없이 예나 지금이나 '국'이다. 한자로는 '갱羹'이라 쓰지만 요즘에는 국을 이렇게 부르는 일은 없다. 국을 높일 때는 '메탕'이라 하기도 하고 한자를 써서 '탕'이라고 쓰나 '탕'은 요즘에는 반드시 높이는 뜻은 아니다. '찌개'는 이상하게도 옛 문헌에 나타나지 않는다. 한때 '찌게'로 쓰는 사람도 많았는데 요즘에는 '찌개' 하나로만 쓰게 되어 있다. '찌개'는 아무래도 '찌다'에서 나온 듯한데 '찌다'와 '끓이다'는 의미가 엄연히 다르니 좀 애매하다. 게다가 '개'는 보통 '덮개', '오줌싸개'에서 알수 있듯이 도구나 사람을 뜻하기 때문에 '찌개'에 적용하기에는 무리가 있다. '전골'은 궁중 음식에서 기원을 찾는데 어원을 따로 밝히기는 어렵다.

　음식 문화가 다르니 국, 찌개, 전골을 다른 나라 말로 번역하기도 어렵다. 한중일 삼국은 그나마 비슷한 음식이 있으니 조금씩 뜻이 다르더라도 통할 수 있지만 영어로는 난감하다. '국'은 영어로 '수프soup'로 번역되는데 '수프'와 '국'은 엄연히 다르다. '찌개'는 '스튜stew'로 번역되는데 재료가 조금 달라서 그렇지 조리법이나 모양새는 비슷하다. 그러나 찌개는 건더기뿐만 아니라 국물 맛도 중요한데 스튜는 건더기에 더 비중을 둔다. '전골'은 우리말에서도 정체가 불분명하니 영어로 옮기기는 어렵다. 한 가지 분명한 것은 우리처럼 다양한 국과 찌개가 발달한 경우는 없다는 것이다. 그리고 우리처럼 국물에 집착하며 후룩후룩 열심히 먹는 경우도 없다.

말할 건더기도 없다

'시원한 국물 맛', 우리는 그렇게 쓴다. 뚝배기에서 펄펄 끓고 있는 탕의 국물을 한 숟가락 떠서 후후 불어 들이켜며 시원하다고 한다. 펄펄 끓는 뚝배기가 상에 오르는 것도 낯설지만 뜨거운 국물을 먹으며 시원하다고 하는 것은 더더욱 낯설다. 뜨거운 국물이 시원하다는 것, 뜨거운 목욕탕에 몸을 담그면서 시원하다고 하는 것, 뻐근하도록 안마를 받으면서 시원하다고 하는 것 모두에 '시원하다'가 쓰이고 있지만 그 의미는 단어 본래의 의미와는 사뭇 다르다. 그 뜻을 우리는 알고 있지만 경험해보지 못한 사람에게 말뜻 그대로는 설명이 불가능하다.

국은 국물과 건더기로 이루어진다. 국의 참맛은 국물 맛이고 국물 맛은 시원한 맛을 최고로 친다. 뜨거운 국물을 한 술 떠 넣는 순간 속이 풀어지면서도 뭔가 기분 좋게 차오르는 느낌, 그것을 시원하다고 한다. '국물'은 말 그대로 '국의 물'이다. 국물은 물의 맛이라기보다는 재료의 맛이다. 어떤 고기와 야채를 넣어서 끓였는가, 혹은 어떤 장을 풀어서 끓였는가에 따라 그 맛이 결정된다. 때로는 갖은 재료로 따로 육수를 내어 끓이기도 하는데 이 경우에는 육수의 맛이 재료의 맛과 어우러져 국물 맛을 낸다. 어느 것이든 끓이는 과정에서 우러나와 물과 어우러진 것이 국물이고 그것이 국의 본령이다.

표준어로는 '국물'이라고 하지만 방언을 뒤져보면 의외로 다른 말이 많다. '말국'과 '멀국'이 꽤나 넓은 지역에서 쓰이는데 '말국'은 '맑다'와 관련이 있어 보이고, '멀국'은 '멀겋다'와 관련이 있어 보이기도 한다. 그런데 북쪽에서는 '마룩'도 흔하게 쓰인다. 'ㄹ' 뒤에서 'ㄱ'이 약화되거나 떨어지는 것은 옛말에서 흔히 나타나는 현상인 것을 감안하면 애초부터 '말국'이었을 수도 있다. 그래도 '맑다', '묽다', '말갛다', '멀겋다' 등이 비슷한 뜻을 가지고 있으니 애매하다. 이밖에도 '맹국', '매력', '물국', '장물' 등도 쓰인다. 모두 건더기를 제외한 나머지를 가리키는 말이다.

국물 맛이 국의 본령이라지만 건더기 없는 국은 국이 아니다. 그런 면에서 '국물도 없다'는 건더기의 격을 높이는 말이다. 어떤 일을 하고 무언가 기대했는데 돌아오는 몫이나 이득이 아무것도 없을 때 이 말을 쓴다. '국물도'라고 했으니 아무래도 건더기에 더 비중을 두는 듯한 말이다. 이때의 건더기는 고기나 생선 등일 것이다. 우거지나 시래기 건더기에 집착할 이유가 없기 때문이다.

'말할 건더기가 없다'에 나오는 말의 '건더기'도 재미있다. 이때의 '건더기'는 '거리'로 바꿀 수 있는데 '거리'는 '재료'와 뜻이 통한다. 그러니 '건더기' 또한 국을 끓이는 재료와 관련이 있는 말임을 알 수 있다. 건더기가 없으면 재료가 없는 것이니 국이 될 수 없다. 그래서 국의 이름은 재료의 이름으로 지어지는 경우가 많다. 국물과 건더기 중 어느 쪽을 선호하는가는 취향의 문제다. 그러나 결국 국물과 건더기 모두가 국을 이루는 것이니 아낌없이 먹는 것이 '국물도 있게' 먹는 것임은 '더 말할 건더기'가 없다.

국과 밥의 '따로 또 같이'

국과 밥은 기본이다. 밥만 먹으면 목이 메기 쉬운데 국물과 함께 먹으면 밥이 부드럽게 넘어갈 수 있으니 그렇다. 밥은 싱겁기 짝이 없는데 적당히 간이 맞는 국과 함께 먹으면 밥맛도 더 살아난다. 밥과 국을 따로 먹다가 국에 밥을 말아 먹으면 훌훌 떠 넣기에 좋다. 소화는 부담이 될지 모르지만 적어도 먹을 때는 편하게 먹을 수 있다. 국밥은 이렇게 탄생한다. 본래 따로 담아서 따로 먹게 된 것이 밥과 국인데 말아 먹는 일이 잦다 보니 아예 국에 말아서 나오는 것이 국밥이다. 국과 밥을 따로 차려내면 백반이 되지만 국에 밥을 말아내면 일품요리가 된다. 콩나물국은 그저 밥 옆에 높인 국에 불과하지만 그것을 뚝배기에 찬밥과 함께 담아 끓여내면 근사한 콩나물 국밥이 된다.

국밥의 대표는 역시 '장터국밥'이다. 지방의 조그마한 소읍이라도 장날만은 분주하다. 오고 가는 사람도 많고 해야 할 일도 많다. 물건을 파는 사람이나 사는 사람들 모두 바쁘기는 마찬가지다. 상설 시장이 아니니 따로 밥집이 있을 리 없다. 그래도 점심 요기는 해야 하는 법. 커다란 가마솥을 걸고 고기와 채소를 넣어 국을 끓인다. 흰쌀밥도 가마솥 하나 가득 지어놓는다. 손님이 오면 뚝배기를 닮은 커다란 그릇 하나를 내어 밥을 한 덩이 푼 뒤 국물을 몇 번씩 토렴하여 상에 올린다.˙ 반찬은 깍두기 한 접시. 파는 사람이나 먹는 사람이나 한 끼를 재

■ '토렴'은 뜨거운 국물을 먹을 수 있도록 국이나 국수 그릇에 뜨거운 국물을 부었다 따랐다를 반복하는 것을 뜻한다. 이렇게 하면 그릇도 따뜻해질 뿐만 아니라 국밥이나 국수의 건더기도 따뜻해지는 효과가 있다.

우리 음식의 언어

빨리 해결할 수 있는 것이 국밥이다.

그런데 '따로국밥'의 등장은 아이러니가 아닐 수 없다.▪ 국밥은 국밥이되 국에 밥이 말아져 나오는 것이 아니라 국과 밥이 따로 나온다 해서 따로국밥이다. 본래 따로 상에 내던 국과 밥을 하나로 합친 것이 국밥인데 국과 밥을 따로 내면서 국밥이라고 하니 앞뒤가 안 맞는다. 따로국밥은 다분히 국밥의 인기에 편승한 면이 강하다. 국밥이 인기 메뉴가 된 이후 그 명성은 이어가되 국과 밥을 따로 내어 품위도 높이고 국의 고유한 맛도 즐길 수 있게 한 것이다. '따로국밥'이란 이름은 대구에서 지어진 것으로 알려져 있는데 '따로국밥'이라고 이름이 붙여져 있지 않더라도 요즘의 국밥은 대개 밥과 국이 따로 나온다. 순댓국, 선짓국, 육개장, 설렁탕 등 모두 마찬가지다.

밥과 국이 따로 있어야 하는가, 아니면 같이 있어야 하는가? 본래 다른 것이니 따로 있는 것이 맞다. 빨리, 편하게 먹기 위해서 국밥으로 내는 것도 괜찮다. 국의 참맛을 즐기다가 적절한 시점에 말아 먹을 수 있도록 따로국밥으로 내는 것도 괜찮다. 그렇게 본래의 정체성에 따라, 혹은 그때그때의 사정에 따라 먹는 것이 음식이다. 그런데 '따로국밥'은 현실에서 다른 뜻으로 쓰인다. 같이 있어야 할 것이 겉으로는 같이 있되 따로 놀고 있으면 '따로국밥'이라고 한다. 한 배를 탄 정부와

▪ 따로국밥은 음식으로서도 새롭지만 그 이름은 더 새롭다. '따로'는 부사이니 동사나 형용사를 꾸며줘야 하는데 같이 쓰인 '국밥'은 명사다. 어법을 따지자면 '따로국밥'은 있을 수 없는 조어인데 식당 주인들은 국어학자들이 못하는 어려운 일들을 종종 해낸다. '섞어찌개' 또한 그렇다. 여러 재료를 '섞어서 만든 찌개'일 텐데 주인 마음대로 다 떼낸 후 '섞어! 찌개'와 같이 명령하는 이름으로 만들어놓았다. 틀렸다는 '지적질' 대신 새롭다는 찬사가 더 어울릴 듯하다.

여당이 타협과 조정 없이 따로 놀고 있으면 '따로국밥'이라고 한다. 이념을 달리하는 야당이 선거를 위해 잠시 뭉쳤지만 각기 딴생각을 품고 있으면 '따로국밥'이라고 한다.

국과 밥은 따로 떠먹어야 하는가, 아니면 말아 먹어야 하는가? 그것은 개인의 취향이다. 애초에 말아져 나온 국밥이야 어쩔 수 없지만 본래 따로인 국과 밥, 혹은 따로국밥은 먹는 사람 맘이다. 그런데 현실의 용법에서 '말아먹다'는 다른 뜻으로 쓰인다. '말아 먹다'의 '말다'가 '국에 밥을 넣다'는 의미의 '말다'인지는 확실하지 않다. 그러나 '말아먹다'와 같이 붙여 쓰면 재물 등을 송두리째 날려버린다는 뜻으로 쓰인다. 국에 밥을 말면 훌훌 넘어간다. 그렇게 훌훌 밥과 국을 넘기듯이 재물을 홀랑 날려버리는 것이 말아먹는 것이다.

따뜻한 국물과 건더기를 즐기라고 끓여내는 것이 국이다. 편하고도 빨리 먹으라고 함께 말아내는 것이 국밥이다. 국의 맛을 더 음미하라고 만든 것이 따로국밥이다. 그러나 뜻을 같이해야 할 사람들끼리 따로국밥인 상태로 있다면 가진 것 모두를 말아먹기 십상이다.

속풀이 해장국

'숙취宿醉', 사람이 잠에서 깨어났으나 '취기는 아직 잠을 자고 있다'는 뜻이다. 술을 좋아하는 사람이든 싫어하는 사람이든 자신의 주량을 넘어서 마시게 되면 찾아오는 괴로운 손님이다. 속은 울렁거리고 머리는 지끈거린다. 마실 때는 좋았고 잘 때는 몰랐는데 잠에서 깨고 나니 고역이다. 어떻게든 풀어야 하는데 방법이 없다. 몸속에 들어간 알코올이 다 분해되기까지, 알코올이 분해되면서 나온 부산물들이 다 배출되기까지 방법이 없다. 안 그래도 몸에 좋지 않은 술, 숙취마저 없다면 무한정 마셔대고 결국은 몸이 축날 테니 숙취는 우리 몸이 보내는 정지신호이기도 하다.

어쨌든 하루를 시작해야 하니 풀긴 풀어야 한다. 무엇을 풀 것인가? 울렁거리는 속도 달래야 하고, 지끈거리는 머리도 가라앉혀야 한다. 무엇인가 먹으면 숙취를 해소할 수 있을 것 같다. 그렇다고 다시 술을 찾는 것은 독을 풀겠다고 다시 독을 먹는 일이다. 숙취를 달래기 위해 마시는 술이 영어 관용어로는 '개털hair of the dog'로 표현되는데 개털이든 술이든 숙취 해소에 도움이 될 리 만무하다. 어떤 음식을 선택하든 자유지만 역시 가장 많이 선택되는 것은 뜨거운 국물이다. 뜨거운 국물을 한 술 뜨면서 '시원하다'를 연발하며 숙취에서 해방되고 싶어 한다.

그래서 나온 것이 해장국이다. 그런데 '해장'이란 말을 놓고 논란이 많다. 당연히 한자어일 텐데 누구든 '장을 풀다'란 뜻의 '해장解腸'을 먼저 떠올린다. 울렁거리는 속에 국물 한 술을 떠 넣으면 뜨거운 국물이 지나가는 것이 느껴지면서 움츠리고 꼬였던 장이 풀리는 느낌이 들기 때문이다. 그러나 '해장'의 어원은 '해정解酲'에서 찾는다. '정酲'이 숙취를 뜻하니 숙취를 푸는 것이 '해정'인 것이다. 점의 위치 하나로 '아'와 '어'가 바뀌는 것이 우리말에서는 다반사니 '해정'이 '해장'으로 바뀐 것은 그리 이상한 일이 아니다. 그런데 '해정'이 '해장'의 본래 말이라고 하면 왠지 얼크러진 정신을 푼다는 의미의 '해정解精'일 것 같은 느낌이 들기도 한다. 숙취의 증세가 배와 머리로 나타나니 그 것을 풀고 싶은 간절한 마음의 표현일 것이다.

해장국의 다른 이름은 '술국'이다. '술국'이라고 하면 술로 끓인 국 일 듯하지만 술과 함께 먹기 좋게 만든 국을 뜻한다. 본래 술국은 쇠뼈 다귀를 오랫동안 푹 고은 국물에 배추, 우거지, 콩나물, 어린 호박 등 을 넣고 끓인 토장국을 뜻하지만 요즘은 재료나 조리법에 관계없이 술과 함께 먹는 국, 혹은 숙취 해소를 위해 먹는 국 모두를 뜻한다. 술 을 깨기 위해 술을 마시는 것은 독을 풀기 위해 독을 마시는 것과 같 다고 했다. 다행히 술국은 술로 끓인 것이 아니니 독은 아니다. 해장국 이든 술국이든 그것으로 영혼이 풀어지고, 속이 풀어질 수 있으면 다 행이다. 얼크러진 영혼과 꼬인 속이 국 한 사발로 풀어질 수 있다면 그 것은 잠시나마 얻을 수 있는 축복일 것이다.

'진한 국'과 '진짜 국'의 차이

'다이내믹 스튜 Dynamic Stew'와 '베어 탕 Bear Thang'. '동태찌개'가 생동감 이 넘치는 찌개, '곰탕'이 곰이 들어간 정체불명의 '탕'이 되어버린 순 간을 뉴스에서 보게 된다. 외국인을 위한 배려랍시고 어느 큰 음식점 에 버젓이 걸려 있는 메뉴라니 우습기도 하고 부끄럽기도 한 노릇이 다. 그런데 생각해보니 음식점 주인이나 간판집 직원을 탓할 일이 아 니다. '동태찌개'나 '곰탕' 모두 번역이 마땅치 않다. 영어로는 '명태' 가 '알래스카 대구 Alaska Pollack'이니 '동태탕'을 직역하면 '언 알래스카 대구 스튜Frozen Alaska Pollack Stew'일 텐데 너무 길고 뜻도 와 닿지 않는 다. '곰탕'은 더 심각해서 '고다'에서 온 '곰'의 번역이 마땅찮다.

결국 우리말의 소리 그대로 쓰는 것이 방법일 텐데 그렇게 써놓으면 뜻이 전달이 안 된다. 반대로 생각해보면 '서양 국수' 또는 '서양 수제비'라고 해야 할 것을 '파스타'라고 하고, '소불고기'라고 해야 할 것을 '비프스테이크'라고 하니 동태찌개나 곰탕도 우리 이름 그대로 내어놓는 것도 이상할 것은 없다. 다만 우리의 음식이나 말이 세계에 너무 알려지지 않은 것이 문제다. 국이나 찌개의 이름은 대개 주된 재료에 따라 정해진다. 북어를 주재료로 해서 끓인 것은 '북엇국'이고 김치를 주재료로 해서 끓인 것은 '김치찌개'다. 그런데 이러한 작명법이 필수적으로 지켜지는 것은 아니다. 조리 방법에 따라 이름이 지어지기도 하고, 한자와 고유어가 섞여서 이름이 지어지기도 한다. 또한 세월이 흐름에 따라 말이 조금씩 달라져 이름만으로는 그 뜻을 짐작하기 어려운 경우가 생기기도 한다.

가령 '곰탕'의 '곰'은 '고다'에서 온 말인데 사전에도 '곰'은 '고기나 생선을 진한 국물이 나오도록 푹 삶은 국'으로 풀이가 된다. 그러니 '곰탕'은 조리법에서 온 이름이다. '육개장'을 이해하기 위해서는 '개장' 혹은 '개장국'을 알아야 한다. 이는 '개고기를 여러 가지 양념, 채소와 함께 고아 끓인 국'을 뜻한다. 소의 여러 부위 중 개고기처럼 결에 따라 찢어지는 부위가 양지머리인데 개 대신 양지머리를 찢어 넣은 것이 육개장이다. 이름만 보면 '육개장'은 가짜 개장국이 되지만 가짜가 진짜보다 비싼 고기를 썼으니 다행이다. 한자를 아는 사람은 '삼계탕蔘鷄湯'이라는 표기를 보면 그 뜻이 금세 머리에 들어온다. '인삼'

을 뜻하는 '삼蔘'과 닭을 뜻하는 '계鷄'이니 인삼과 닭을 넣어 끓인 탕이 삼계탕임을 바로 알아차릴 수 있다. 결국 육개장이나 삼계탕 모두 주된 재료에 따라 붙여진 이름이다.

그런데 곰탕에서 우리가 간절히 기대하는 것은 단연 '진국'이고, 개, 소, 닭 등 무엇이 들어갔든 역시 국과 탕에서 원하는 것은 '진국'이다. '진국'은 다른 말로 하면 '진한 국'이다. 무심히 보면 그냥 지나치기 쉽지만 '진하다'와 그 반대말 '연하다'는 모두 한자 '진津'과 '연軟'에 기원을 두고 있다. '진津'은 보통 '나루'의 뜻으로 쓰이지만 '진하다'에도 쓰이고, '송진松津'에서 알 수 있듯이 풀이나 나무의 껍질에서 분비되는 끈끈한 물질을 가리키기도 한다. 결국 뼈와 살을 푹 고아 흐물흐물해지면 뽀얗게 나오는 국물, 그것이 '진한 국'인 '진국'이다. 육개장이나 삼계탕 또한 오래오래 끓여 재료의 맛을 충분히 우려낸 후의 국물이 '진국'이다.

우리의 일상에서 '진국'은 다른 뜻으로 쓰이기도 한다. 젊은 사람들에게는 그 의미가 잘 안 와 닿겠지만 "그 사람 참 진국이다"라고 하면 더할 나위 없는 찬사가 된다. 그런데 이때의 '진국'에 쓰이는 한자는 '진津'이 아닌 '참되다'라는 뜻의 '진眞'이다. '진한 국'에서의 '국'은 금세 파악되는데 '진짜 국'에서 '국'은 무엇일지 궁금해진다. 하지만 '진국'이 '진한 국'이든 '진짜 국'이든 우리에게는 결국 같은 말이다. 멀건 국은 가짜 국이고, 진한 국은 진짜 국이니 '진국'을 어느 쪽으로 보든 결국 뜻은 통한다.

'진국'의 견지에서 보면 '매운탕'과 '맑은 탕'은 해괴한 이름의 탕이다. '매운탕'의 '매운'은 '맵다'에서 온 말이니 이름대로라면 이 탕은 오로지 매운맛으로 승부하는 탕이다. '맑은 탕'의 '맑은'은 '맑다'가 변형된 말인데 '진국'은 결코 맑을 수가 없으니 결국 가짜 국일 수 있다. 매운탕의 주재료는 생선인데 비린내도 심하고 상하기 쉽다. 역하게 느껴질 수 있는 비린내, 혹시라도 탈을 일으킬 수 있는 세균, 그것을 억누르기 위해서 고추장이나 고춧가루를 듬뿍 넣는다. 그렇게 하다 보니 매운맛이 된다. 그리고 그것이 음식 이름이 된 것이다. 매운탕의 반대말은 '안 매운탕'이 되어야 하는데 현실에서는 '지리⁵⁰'가 반대말이다. '지리'가 일본말에 기원을 두고 있기 때문에 '맑은 탕'으로 순화해 쓰도록 하고 있다. 결국 '매운탕'의 반대말은 '안 매운탕'이 아닌 '맑은 탕'인 것이다. 이름이 '매운탕'이나 '맑은 탕'이지만 이 음식들 역시 진한 국물 맛으로 먹는 진국인 것은 마찬가지다.

곰국이나 탕의 참맛은 끓이면 끓일수록 깊게 우러나는 진국에 있는데 이 '우러나다'란 말을 곰곰이 들여다보면 참으로 묘하다. '우러나다'는 '우려내다'와 '우려먹다'로 가지를 벋는다. '우러나다'는 스스로 자연스럽게 되는 것인 반면 '우려내다'는 외부의 힘이 가해져야 하는 것이다. 음식을 만드는 것은 재료를 이리저리 가공하는 것이니 재료에서 진국을 우려내는 것은 요리 본연의 일이다. 문제는 '우려먹다'인데 현실에서는 이미 진국이 다 빠진 상태에서 또 끓여내는 행태를 가리킨다. 시대에 뒤떨어진 정책을 표지만 바꿔서 내는 것, 반짝 인기를

■ '매운탕'이 자연스러우려면 '쓴탕', '신탕', '짠탕', '단탕' 등도 그래야 한다. 매운맛은 혀의 미각세포로 느끼는 것이 아니니 네 가지 맛에 속하지 않는다. 맛의 본령은 이 네 가지인데 이것이 탕 앞에 붙어서 만들어진 이름은 없다. 혹시라도 '짠 탕', '단 탕' 등의 말이 쓰인다면 이것은 맛 조절이 잘못된 탕을 뜻하는 것일 뿐이다.

얻은 프로그램을 마르고 닳도록 재방송하는 것, 자기 표절에 가까울 정도로 새로울 것 없는 연구 결과를 복제해내는 것 모두가 '우려먹다'로 표현된다.

'진국'을 원한다면 스스로가 먼저 '진국'이 되어야 한다. 정책에 대한 믿음이, 프로그램에 대한 관심이, 연구 결과에 대한 신뢰가 우러나도록 하려면 스스로가 우러날 준비가 되어 있어야 한다. 그러나 현실은 스스로 우러나는 대신 우려낼 생각을 하는 이들로 넘쳐나고 있다. 나아가 우려먹는 사람들이 득세를 하고 있다. 진하게 우러난 곰국이 그리워진다.

'썰렁한 탕'과 '흥분의 도가니탕'

"설렁탕을 사다 놓았는데 왜 먹지를 못하니…… 괴상하게도 오늘은 운수가 좋더니만……."

– 현진건, 〈운수 좋은 날〉

"더울 때일수록 고기를 먹어야 더위를 안 먹는다. 고기를 먹어야 하는데…… 고깃국물이라도 먹어둬라."

– 함민복, 〈눈물은 왜 짠가?〉

설렁탕은 썰렁한 탕인가? 현진건의 〈운수 좋은 날〉이나 함민복 시인의 〈눈물은 왜 짠가?〉를 읽은 이는 그런 말을 하지 않을 것이다. 병

       우리 음식의 언어

든 아내를 위해 설렁탕을 사왔건만 이미 세상을 떠난 것을 본 남편을 그려본 이, 설렁탕 국물이라도 더 먹이려고 소금을 많이 넣어 짜다면서 국물을 더 받아 아들에게 부어주는 어머니의 모습을 그려본 이는 그렇게 말하지 않을 것이다. 그러나 이 탕의 이름은 그렇다. '설렁탕', '탕'이야 돌림자이니 '설렁'을 분리해낼 수 있을 텐데 이는 바람이 부는 모양을 뜻하고 강하게 발음하면 '썰렁하다'에 쓰이는 '썰렁'이 된다. 소뼈와 고기를 푹 고아 만든 탕이니 설렁설렁 끓인 탕이어서 이런 이름이 붙었을 리는 만무하다. 그래서 '설렁탕'이란 이름의 유래에 대해서는 이런저런 설이 많다.

음식의 이름을 역사와 관련짓고 한자로 풀이하고자 하는 사람들은 '선농탕'에서 그 기원을 찾는다. 풍년이 들기를 바라며 임금이 제를 올리던 제단이 선농단先農壇인데 제를 올린 후 소를 고기와 뼈째 고아 백성들과 함께 먹었다. 선농단에서 먹은 탕이니 '선농탕'인데 소리가 변해 '설렁탕'이 되었다는 것이다. 이 설은 역사적 고증을 통해 밝혀야 하겠지만 말소리와 그 변화 과정만 고려하면 충분한 설득력이 있다. '선농'이 '설롱'으로 발음되는 것은 그리 이상하지 않다. 게다가 '어'와 '오'는 아주 비슷한 소리여서 얼마든지 바뀔 수 있다. '설렁탕'이 '선농탕'에서 유래한 것이라면 발음이나 표기가 바뀌는 것은 매우 자연스러운 현상이다.

한자에서 기원을 찾고자 하는 이들은 '설농탕雪濃湯'이 변한 말이라설명한다. 소뼈와 고기를 푹 고면 눈[雪]처럼 흰 국물이 진하게[濃] 나오니 색이 눈처럼 하얀 진한 국물을 보고 '설농탕'이란 이름을 지었다는 설명이다. 음식 이름을 최초로 붙인 이, 그리고 그것을 기록으로 남긴 이는 대개 찾기 어려우니 다만 추측만 할 수 있을 뿐이다. 그러나 말소리의 변화만 따진다면 '설농'이 '설렁'이 되는 것은 '선농'이 '설렁'이 되는 것보다 더 자연스럽다. '설농탕'은 본래 'ㄹ'과 'ㄴ'이 겹치니 'ㄹㄹ'로 바뀌기가 더 쉽기 때문이다.

외국어에서 기원을 찾고자 하는 이들은 몽골어의 '슐루'나 만주어의 '실러'에서 기원을 찾는다.■ 몽골에는 맹물에 고기를 끓이는 조리법이 있는데 이러한 조리법의 발음이 '슐루'이고 이것의 만주어 발음이 '실러'라는 것이다. 이러한 주장은 설렁탕이 외국의 음식에서 기원했다는 사실을 증명해야 할 뿐만 아니라 '슐루'나 '실러'가 '설렁'으로 바뀌는 것까지 설명해야 하는 어려움이 있다. 적어도 말소리의 변화만 따져보면 쉽게 설명되지 않는 변화라 할 수 있다.

설렁탕집에서 늘 같이 파는 '도가니탕'은 혼란을 초래하기에 충분한 이름이다. 도가니탕은 곰탕의 한 종류이되 소의 연골을 둘러싸고 있는 살인 도가니를 주재료로 한다. 그런데 '도가니'는 쇠붙이를 녹이는 그릇을 뜻하기도 한다. 여기에서 의미가 확대되어 흥분이나 감격으로 들끓는 상태를 비유적으로 이르기도 한다. '도가니'에 두 가지 뜻이 있다는 것을 모른 채 도가니탕에만 익숙해진 사람은 '흥분의 도가니'라고 해야 할 것을 '흥분의 도가니탕'이라고 하기 쉽다. 누군가 장난스레 쓴 말이 '흥분의 도가니탕'일 텐데 쓰는 사람이 조금씩 늘다

■ 몽골어와 만주어는 우리와 조상이 같은 말이기 때문에 말의 뿌리를 캐다 보면 본래 같은 단어에서 왔을 것으로 보이는 것들이 꽤나 있다. 그러나 오늘날 우리말에 남아 있는 몽골어들은 원나라가 고려를 지배하던 시기에 남겨진 말들이다. 말이나 매의 이름에 특히 몽골말이 많이 남아 있는데 '보라매'의 '보라'가 그나마 익숙한 예라 하겠다.

　　　　　　　　　　　　　　　　　　　　　　　우리 음식의 언어

보니 어느새 신문기사의 제목으로까지 쓰이게 된다. 쇠붙이를 녹이는 도가니는 제철소에나 있으니 볼 일이 없고, 도가니탕은 펄펄 끓는 상태로 식탁에 올려지기도 하니 어쩌면 먼 훗날 '흥분의 도가니'가 '흥분의 도가니탕'으로 바뀔지도 모를 일이다.

부대찌개라는 잡탕

이 음식을 뭐라 불러야 할지 난감하다. 고기가 아닌 벌건 햄과 소시지가 몇 점 들어 있다. 갖가지 야채와 당면이 자작자작한 육수에 잠겨 있다. '사리'라는 것을 따로 주문하면 라면도 하나 딸려 나온다. 햄과 소시지는 우리의 전통 음식은 아니다. '당면唐麵'은 이름에서도 알 수 있듯이 중국에서 유래한 면이다. 라면은 극히 최근에 개발된 면인데 중국에서 기원해 일본에서 만들어진 것이다. 우리의 전통적인 찌개, 탕, 전골 어느 것에도 갖다 붙일 수가 없다. 그냥 '잡탕'이라고 해야 할 듯하다.

한국전쟁이 끝난 후 미군이 우리 땅에 주둔하게 된다. 미군 부대에서 여러 가지 물자가 흘러나오게 되는데 식재료도 예외가 아니다. 햄과 소시지도 그중 하나다. 먹다 남긴 것, 혹은 버린 것이지만 버릴 수 없으니 이것저것 함께 넣어 끓여낸다. 이 음식의 시작은 이렇다. 이름을 딱히 붙일 수 없으니 미군 부대 주변에서 만들어진 것이라 해서 '부대찌개'란 이름을 갖는다. 그런데 애초에 가정에서 뚝배기에 끓여 먹는 찌개와는 달랐다. 재료도 달랐지만 뚝배기가 아닌 커다란 냄비

부대찌개
동서양을 막론한 재료들이 국경을 넘나들며 어우러지는 음식이다.

에 끓여내기 때문에 양도 제법 많았다. 그래도 '찌개'란 이름이 붙여진다.

부대찌개의 시작은 이렇게 슬프지만 결국은 우리의 음식으로 자리를 잡는다. 햄과 소시지를 자유롭게 구해 만들 수 있게 되면서 부대찌개는 더 풍성해진다. 갖가지 야채와 사리가 추가되니 더 먹음직해진다. 의정부와 송탄에서 시작되었지만 서울에도 터를 잡기 시작한다. 그런데 서울의 부대찌개는 엉뚱하게 '존슨탕'이란 이름을 내걸게 된다. 1966년에 한국을 방문한 미국 대통령의 이름이 '존슨'이어서 여기에서 따왔다는 설이 있다. 존슨 대통령이 이 음식을 개발한 것도 아니고 이 음식을 먹어보았을 리도 없지만 어쨌든 이것이 사실이라면 대통령의 이름이 음식에 붙은 유사한 사례가 또 있을까 싶기도 하다.

부대찌개가 독립된 음식으로 자리를 잡고 이것만을 전문적으로 취

우리 음식의 언어

급하는 거대 프랜차이즈도 있지만 부대찌개는 한마디로 잡탕이다. 동서양을 막론한 재료, 한중일을 섭렵한 재료가 들어가는 것이 부대찌개다. 엉뚱하게 된장 콩이 올라가기도 하고 수제비가 첨가되기도 한다. 모든 음식이 그렇다. 국경을 넘나들며 재료와 조리법이 섞이는 것이 음식이니 부대찌개도 예외는 아니다. 아니 국이든 탕이든 전골이든 본래 그런 음식이다. 여러 재료에서 고유의 맛이 우러나와 어울리는 것이 국이다. 인간은 극단적인 잡식동물이다. 잡탕은 '퓨전 fusion'이란 말로 미화될 수 있다. 이렇게 잡탕, 아니 퓨전으로 먹는 것이 잡식동물 본연의 자세인지도 모른다. 어차피 국, 찌개, 탕은 모든 재료가 어우러지는 맛으로 먹는다. 그렇게 어우러진 맛이 '끝내주는 맛'이라면 바다와 산을 넘어 어디로든 갈 수 있다.

7

푸른 밥상

● 푸성귀, 남새, 푸새, 그리고 나물 ● 채소와 과일 사이 ● 시금치는 뽀빠이의 선물? ●

● 침채, 채소를 담그라 ● 김장을 위한 짓거리 ● 섞어 먹거나 싸 먹거나 ●

우리의 밥상, 혹은 우리의 음식은 세 가지 색으로 대표된다. 흰색, 녹색, 그리고 붉은색이 그것이다. 흰색은 물론 밥이다. 흰색을 강조하는 '백반'이란 말이 따로 만들어졌을 정도로 흰색은 중요하다. 그러고는 온통 푸른색이다. 물론 갖가지 채소, 혹은 나물 본연의 색이다. 간혹 뿌리나 말린 나물의 색은 다르지만 싱싱한 제철 야채가 상에 오를 때는 녹색 그대로 오른다. 여기에 덧씌워지는 붉은색, 물론 고춧가루의 색이다. 이 땅에 꽤나 늦게 전해진 양념인데 어느 순간부터 들어가지 않는 요리가 없다. 흰색과 녹색은 재료 본연의 색이고, 붉은색은 덧씌워지는 색이다. 어쨌든 가짓수로는 녹색이 밥상을 압도한다.

녹색이든 붉은색이든 밥에 곁들여 먹는 모든 음식은 '반찬'이란 이름으로 뭉뚱그릴 수 있다. 국과 찌개도 반찬에 속할 수는 있겠지만 이것들을 제외한 나머지 것들을 반찬이라고 하는 경우가 많다. 그러나 방언을 들여다보면 꽤나 복잡하다. '간', '간새', '건건이', '건개', '즐개', '햄', '햄새' 등의 다양한 방언형이 그것이다. 모두가 한자어 '반

산채정식
온갖 '풀'들로 상을 가득 채운 차림. 요즘에는 건강식으로 각광을 받고 있다.

찬(饌)'을 대체하거나 같이 쓰이는 말들이다. 그런데 '반찬'과 이런 고유어는 서로 구별되어 사용되기도 한다. 예를 들어 '반찬'과 '건건이'를 같이 쓰는 지역에서는 '반찬'이 고기나 생선을 뜻하고 나머지는 '건건이'라고 한다. 그래서 '건건이'는 사전에서도 '변변치 않은 반찬 또는 간략한 반찬'으로 풀이된다. 고기반찬만이 진짜 반찬이고 그 외의 것은 반찬이 아닌 셈이다. 한자어에 대한 우대, 혹은 고유어에 대한 멸시가 여기에도 나타난다.

'반찬'이 아닌 '건건이'의 대부분은 풀이나 나무의 뿌리, 줄기, 잎, 열매 등으로 이루어진 것들이다. 채소, 야채, 과일 등의 이름으로 불리기도 하지만 어쨌든 육류가 아닌 나머지 재료들로 만들어진 반찬이 바로 건건이다. 그러나 각종 채소류는 인간의 생존을 위해서 필수

우리 음식의 언어

적이다. 배를 채우기 위해서뿐만 아니라 필수 영양소를 섭취하기 위해서는 다양한 채소류를 먹어야 한다. 특히 우리의 식생활에서 채소류는 빠질 수가 없다. 다른 어떤 지역의 식탁보다 많은 채소류가 밥상에 올라온다. 배추나 무 등으로 만드는 발효 식품뿐만 아니라 독이 없다면 무엇이든 '나물'이란 이름으로 상에 오른다. 굳이 산에 사는 사람들이나 스님들의 밥상이 아니더라도 보통 사람들의 밥상은 온통 풀로 가득 찬 '푸른 밥상'이다. 고기를 좋아하는 사람들에게는 고역이겠지만 누군가에게는 편안함을 주는 차림이기도 하다.

푸성귀, 남새, 푸새, 그리고 나물

'야채野菜'와 '채소菜蔬'는 본래 다른 말이다. '야채'는 한자에서도 알 수 있듯이 산이나 들에서 누가 기르지 않더라도 자연스럽게 자라난 나물을 뜻한다. 이에 반해 '채소'는 밭에서 기른 농작물을 뜻한다. 그러나 일상에서는 별 구분이 없이 쓰인다. 이 둘을 아우를 수 있는 우리말로 '푸성귀'가 있다. 옛글에서는 '프성귀'가 보이고, 사투리로는 '푸나물', '푸새', '푸정구', '푸징개', '풋나물', '풋것' 등으로 나타난다.▪

　우리말에서도 '야채'와 '채소'같이 둘을 구별하는 말이 있는데 '푸

▪　이들은 모두 '풀'과 관련이 있다. '부삽', '우지 마라', '버드나무' 등에서 알 수 있듯이 'ㄹ'은 'ㅅ', 'ㅈ', 'ㄴ' 등의 앞에서 잘 떨어지니 쉽게 설명이 된다. 결국 푸성귀는 풀이라고 봐도 무방하다. 여러 풀 중에서 사람에게 해가 되지 않는 풀을 먹는 것인데 그것이 '나물', '야채', '채소', 혹은 '푸성귀'라는 이름으로 불리는 것이다.

새'와 '남새'가 바로 그것이다. '푸새'는 '야채'와 같은 말로서 자연에서 자란 것을 뜻하고 '남새'는 '채소'와 같은 말로서 기른 것을 뜻한다. 두 말에 모두 '새'가 포함되어 있는데 오늘날에는 쓰지 않지만 본래는 야생에서 자라나는 풀을 가리킨다. '새'가 따로 쓰이지는 않더라도 오늘날 이렇게 흔적은 남아 있다. '푸새'에서 '푸'는 당연히 '풀'이고 '남새'의 '남'은 옛글에서는 'ㄴㅁ'로 나타나는데 '나물'과 관련이 있다. 이렇게 보면 각 단어의 구성이나 의미 관계가 복잡해진다. '새'가 '야생의 풀'을 뜻하는데 '풀'은 그보다 훨씬 더 넓은 의미다. 게다가 '남'이 '나물'과 관련이 있으니 밭에서 기른 것과 자연적으로 난 것의 구별이 무의미해진다. 밭에서 기르는 것도 본래 자연적으로 자라나는 것들이었으니 이런 구별 자체가 어려운 것이기도 하다.

뜻이나 용법이 복잡하기는 '나물'도 마찬가지다. 사전을 찾아보면 '나물'의 첫 번째 뜻은 '사람이 먹을 수 있는 풀이나 나뭇잎 따위를 통틀어 이르는 말'이다. 그 예로 고사리, 도라지, 두릅, 냉이 등을 들고 있으니 우리가 흔히 쓰는 '나물'의 뜻과 같다. 그런데 두 번째 뜻은 '사람이 먹을 수 있는 풀이나 나뭇잎 따위를 삶거나 볶거나 또는 날것으로 양념하여 무친 음식'이다. 재료뿐만 아니라 갖가지 재료로 만든 음식 자체를 뜻하기도 한다. '콩나물'은 시장에서 사온 재료이기도 하고 그것을 데쳐 무친 것이기도 하니 이 역시 맞는 말이다.

음식으로서 덜 매력적일지는 몰라도 확실히 '식물植物'이 만만하다. 어딘가에 뿌리를 내려야만 자라는 것이니 도망갈 일은 없어 때만 잘 맞추면 언제든지 손에 넣을 수 있다. 그러나 '동물動物'은 그렇지 않다. 제멋대로 빠르게 움직이니 인간의 홈그라운드인 땅에서도 쉽게 잡을

우리 음식의 언어

수 없다. 물속에서는 사람보다 훨씬 빠르고, 하늘로 날아오르면 사람은 닭 쫓던 개보다 더 허탈해진다. '채집'으로 얻을 수 있는 것이 '수렵'으로 얻을 수 있는 것보다 훨씬 더 많다. 그러니 아무리 사람이 잡식동물이라지만 처음부터 더 친숙한 음식은 역시 식물성 음식이다. 그래서 '나물'이 '반찬'이란 말 대신 쓰이기도 한다. 그리고 구하기 힘드니 육류를 '진짜 반찬'이라고 부르고 먹을 기회가 적으니 집착하는 것은 당연한 일이기도 하다.

예전에는 '있는 사람'만 '진짜 반찬'을 먹었는데 요즘의 '있는 사람'들은 푸성귀를 먹으며 성인병을 피하고 날씬한 몸을 뽐낸다. 그러니 푸른 밥상이 펼쳐져 있더라도 오히려 기뻐해야 할 일이다. 갖가지 나물이 저마다의 향취를 느낄 수 있도록 무쳐져 있으면 반가운 일이기도 하다. 그게 '그 나물에 그 밥'이 되더라도 굳이 나쁜 일은 아니다. 어차피 배 속에 들어가면 섞일 터, 미리 밥 위에 듬뿍 얹고 썩썩 비벼 먹는 것도 별미이기는 하다. 비빔밥의 탄생에 나물은 필수이니 '그 나물에 그 밥'을 따로 먹든 비벼 먹든 상관할 바는 아니다. 그러나 '회전문 인사'란 말로도 표현되는 '그 나물에 그 밥'이 되면 밥맛이 영 떨어진다.

채소와 과일 사이

1800년대 후반 미국, 토마토를 두고 채소인가 과일인가에 대한 때 아닌 논쟁이 벌어진다. 사건의 발단은 농산물에 매겨지는 관세였다. 예나 지금이나 관세는 자국의 산업을 보호하기 위한 목적이 크다. 미국의 채소 농가를 보호하기 위해 토마토를 채소로 분류해 관세를 부과하자 토마토 수입업자가 소송을 제기한다. 미국 대법원은 토마토를 디저트로 먹지 않고 요리에 사용하는 점을 근거로 채소라고 규정해 업자에게 패소 판결을 내린다. 이후 토마토는 '법적으로' 채소로 취급된다.

토마토는 과일인가, 채소인가? 토마토를 과일이라고 말하는 사람은 극히 상식적이고도 솔직한 사람이다. 혹여 토마토를 채소라고 하는 사람은 먹물이 좀 든 사람이어서 어디선가 듣고 읽은 것을 바탕으로 말을 하는 사람이다. 토마토는 과일이다. 적어도 우리에게는 그렇다. 생김새도 그렇고 용도도 그렇다. 채소 가게와 야채 가게가 분리되어 있는 곳이라면 당연히 토마토는 과일 가게에서 판다. 요즘에야 토마토를 이용한 요리가 늘었다지만 토마토는 역시 밥을 먹고 난 뒤 설탕을 솔솔 뿌려서 먹는 맛이 최고다. 미국에서 제멋대로 판결을 내렸다고 해서 과일이 채소로 바뀌지 않는다. 물론 토마토는 '과채류'이니 과일 대신 먹는 채소라고 하면 맞는 말이다.

오이는 채소인가? 당연히 채소다. 그것도 여름을 대표하는 채소다. 그렇다면 참외는 채소인가? 아니다. 과일이다. 수박과 함께 여름을 대표하는 과일이다. 그런데 이상하다. 둘의 이름이 유사하다. 이름의 유사성이 느껴지지 않는다면 세종대왕 시절의 '외'는 오늘날과 발음이 달랐음을 상기하면 된다.˙ 본래 한 음절의 '외'였는데 어찌 된 일인지 두 음절의 '오이'로 바뀐 것이다. 방언에서는 '오이'가 '웨', '왜', '에', '애', '외', '이' 등으로 나타나는데 이러한 예들은 '외'를 전제로 해야

　　　　　　　　　　　　우리 음식의 언어

만 가능한 것이다. 그래도 못 믿겠다면 '오이'의 딴 이름인 '물외'가 버젓이 사전에 올라 있다는 것을 확인하면 된다.

'참'의 반대는 무엇인가? 일상에서는 '거짓'이 되겠지만 식물의 세계에서는 조금 다르다. '참외'는 '진짜 오이'라는 뜻이다. 생물학적으로 그렇다는 것이 아니라 오이 중에 달고 맛있는 오이를 '참외'라고 따로 부르는 것이다. 그렇다 보니 본래의 오이를 참외와 구별해 불러야 할 상황이 된다. 그래서 만들어진 것이 '물외'다. '가짜 오이'란 뜻이 아니라 '참외만큼은 달지 않은 오이'란 뜻이다. 뭔가 실하지 않은 것에 쓰는 '물'이 오이 앞에 붙은 것이다. 일상에서도 '물고구마', '물수능' 등을 쓰고 있으니 그 예가 그리 드문 것은 아니다. 오이가 채소라면 물외든 참외든 모두 채소여야 한다. 그러나 현실에서 물외는 채소, 참외는 과일로 분류된다. 참외로 장아찌를 만들어 먹기도 하지만 오이는 주로 요리에 쓰고 참외는 주로 후식으로 먹으니 그 분류가 맞다.

호박과 수박의 관계도 재미있다. 누구나 호박은 채소로 수박은 과일로 분류한다. 그러나 생김새나 이름을 보면 사촌 간도 아닌 형제간이다. 모두 박과에 속하고 이름에도 '박'이 들어 있으니 그 관계는 쉽게 드러난다. 심지어 맛있는 수박을 많이 생산하기 위해 모종 단계에서 호박이나 박에 접을 붙이기도 하니 진짜 형제다. 그럼에도 불구하

■ 글자가 같다고 소리도 반드시 같은 것은 아니다. 'ㅔ', 'ㅐ', 'ㅟ', 'ㅚ' 등은 세종대왕 당시에는 '어이', '아이', '우이', '오이'를 단숨에 빨리 발음하는 것과 같은 소리였다. '개'는 아주 이른 시기의 문헌에 '가히'로 나오는데 'ㅎ'이 탈락해 '가이'가 된 후 '개'가 된 것으로 생각하면 된다. 요즘도 일부 지역에서는 '개'를 '가이'라고 한다.

고 둘의 운명은 다르다. 노랗게 익은 호박은 모양이나 빛깔을 보면 과일로 분류될 법도 한데 그렇지 않다. 날로 단맛을 즐기며 먹을 수 있는가 그렇지 않은가에 따라 갈린 운명이다.

호박이든 수박이든 모두 '박'을 가지고 있으니 '호'와 '수'를 분리해 낼 수 있는데 그 뜻과 소리가 문제다. '호'는 중국을 뜻하는 '胡(오랑캐 호)'일 가능성이 높고, '수'는 물을 뜻하는 '水(물 수)'일 가능성이 높다. '호주머니', '호떡', '호파' 등 중국에서 전래된 것에 흔히 '호'가 붙으니 그럴 법도 하다. 사전에서는 수박을 '수과 水瓜'라고도 하니 사전에서 '水'라고 꼭 집어 밝히지는 않았지만 맞을 가능성이 높다. 그런데 문제는 말소리의 길이다. 요즘에는 소리의 길고 짧음으로 단어를 구분하는 사람이 많이 줄어들었지만 '호박'과 '수박'은 모두 긴 소리로서 [호:박], [수:박]으로 발음된다. 물론 '胡'와 '水'는 짧은 소리여서 한자대로라면 [호박], [수박]으로 소리가 나야 한다. 어찌 된 일일까? '박' 앞에 오는 소리가 길어져야 하는 법칙은 우리말에 없다. 그런데 예가 둘이나 되니 그리 되었다고 보는 수밖에 없다.

사실 한중일 삼국의 호박과 수박의 이름이 보여주는 양상은 더 복잡하다. 호박과 수박은 중국말로 각각 '난과 南瓜/nangua'와 '시과 西瓜/xigua'라 한다. 한자에서 알 수 있듯이 남쪽에서 온 오이와 서쪽에서 온

■ 호박 중 덜 여문 어린 호박을 가리키는 '애호박'도 생각해볼 거리가 있다. 어린 호박이니 '애호박'의 '애'는 '아이'의 준말인 것이 당연해 보인다. 그런데 '아이'의 '애'는 길고 '애호박'의 '애'는 짧기 때문에 의심이 간다. '애벌', '애당초', '애초' 등에도 '애'가 나타나는데 이때의 '애'는 '처음'을 뜻하는 '아ᅀᆡ'에서 온 것이다. 소리의 길이만 따진다면 '애호박'의 '애'는 '아이'의 준말이 아니라 '아ᅀᆡ'가 바뀐 말일 가능성도 있다.

우리 음식의 언어

오이라는 뜻이다. 중국 사람들은 호박과 수박을 오이의 일종으로 보고 유래된 지역에 따라 이름을 붙인 것이다. 일본에서는 호박과 수박을 각각 '가보차ヵボチャ'와 '스이카すいか'라 한다. 호박은 캄보디아에서 전해져 이런 이름이 붙었지만 한자로 쓴다면 중국과 마찬가지로 '南瓜'로 쓴다. 수박 역시 중국과 마찬가지로 '西瓜' 또는 '水瓜'로 쓴다. 적어도 말만 가지고 따지면 중국이나 일본에서는 이 모든 것이 오이의 일종인 것이다.

토마토에 대한 채소 대 과일 논쟁은 경제 논리에 이끌린 해프닝에 불과하다. 오이, 참외, 호박, 수박의 이름만으로 그것이 채소인가 과일인가를 구별하는 것도 쉬운 일은 아니다. 생물학적으로는 모두가 사촌 혹은 형제지간이니 생물 분류학이 답을 주지는 않는다. 다만 채소 분류에서는 '과채류'가 그 답을 주긴 한다. 그런데 우리에게는 쉬운 구별법이 있다. 밥과 함께 먹으면 채소이고, 밥을 먹고 나서 또는 밥때와 관계없이 먹으면 과일이다. 물론 단맛을 즐긴다는 것도 빼놓을 수 없다. 누가 뭐래도 여름 과일의 최고는 역시 참외와 수박이다.

시금치는 뽀빠이의 선물?

엄청난 몸집의 털보 부르투스가 실처럼 가는 허리를 가진 올리브를 괴롭힌다. 늘 그렇듯이 올리브는 "뽀빠이, 도와줘요"를 외친다. 팔뚝이 유난히 굵은 해군 하나가 시금치 캔 하나를 삼키고 부르투스를 무찌른다. 그러고는 올리브를 끌어안고 상남자의 목소리로 외친다.

"시금치를 많이 먹으라는 말씀."

뽀빠이. 1933년에 애니메이션으로 처음 선을 보였으니 지금쯤 뽀빠이의 나이는 백 살이 훨씬 넘었을 듯하다. 뽀빠이 애니메이션을 본 이는 드물어도 뽀빠이 하면 시금치를 떠올리는 이는 여전히 많다. 그래서일까? 시금치는 왠지 서양에서 온 채소일 것 같다. 굳이 뽀빠이 때문이 아니더라도 생김새도 서양 채소 느낌이 난다. 그런데 시금치의 원산지는 서남아시아다. 서남아시아 원산지의 시금치가 굳이 서양으로 먼저 갔다가 우리나라로 전해졌다고 봐야 할 이유가 없다. 실제로 시금치는 조선 초에 중국을 통해 우리나라에 전해진 것으로 본다.

그럼 이름은? '시금치'란 말소리나 글자를 보면 고유어일지 한자어일지 헷갈린다. '김치'와 관련이 있을 것 같기도 하고 '상추'를 '상치'

뽀빠이와 시금치
영양 만점의 채소로 알려진 시금치와 시금치 캔 하나면 슈퍼맨이 되는 뽀빠이. 시금치의 영양 성분 표시 중 철분에 소수점이 빠진 것을 모른 채 작가는 시금치를 슈퍼푸드로 설정했다. 그래도 시금치가 건강에 좋은 것은 사실이다.

우리 음식의 언어

라고 하는 사람도 있으니 상추와 관련이 있을 것 같기도 하다. 이럴 땐 방언이 도움이 되는데 방언에서는 '시근초', '시근치', '시금채', '신금 치' 등으로 나타나서 고유어인지 한자어인지 더 헷갈린다. 방언에 나 타나는 '초'는 아마도 '풀'을 뜻하는 '草(풀 초)'와 관련이 있을 것이고, '채'는 아마도 '푸성귀'를 뜻하는 '菜(나물 채)'와 관련이 있을 것이다. 아무래도 한자어일 가능성이 높다.

그런데 아니다. '시금치'는 중국어에서 유래한 것일 뿐, 한자어는 아 니다. 한자어와 중국어는 모두 한자로 쓸 수 있지만 그 발음은 차이가 난다. 한자어는 우리식의 한자 발음대로 읽지만 중국어는 중국식 발 음을 따르거나 그와 닮아 있다. '北京'을 '북경'이라 하는 것과 '베이 징'이라 하는 것의 차이라고 보면 된다. 옛 문헌을 보면 시금치는 '赤 根菜'로 나온다. 시금치의 뿌리가 붉으니 왜 이런 이름이 붙었는지 금 세 이해가 된다. 이것이 한자어라면 '적근채'여야 한다. 그러나 지금은 어느 누구도 이렇게 말하지 않는다.

'赤根菜'를 오늘날의 중국어 발음으로 하면 '츠건차이 chigencai'다. '츠건차이' 또한 '시금치'와 발음이 조금 다르다. 그러나 이 발음은 중 국 표준발음이다. 중국은 지역마다 시대마다 말의 차이가 크다.▪ 시금 치는 '赤根菜'를 '시건차이' 정도로 발음하는 사람들에 의해서 우리나

▪ 우리는 그저 '중국어'라고 뭉뚱그려 부르지만 저 넓은 중국 땅의 말이 같을 리가 없다. 중국에는 8대 방언이 있다고 하는데 말이 방언이지 서로 다른 언어라고 보면 된다. 표준어를 쓰거나 통역을 하지 않으면 거의 통하지 않는다. 시기에 따라 우리와 밀접한 관련을 맺은 중국의 지역이 달랐기 때문에 우리가 받아들인 한자음은 중국 표준어의 한 자음과 다른 것도 꽤 있다.

라에 전해졌을 가능성이 크다. '시건차이'가 조금씩 변해서 오늘날과 같이 남은 것이다. 요즘 중국에서는 시금치를 '赤根荬'라고 안 하고 '菠荬'라 쓰고 '보차이bocai'라고 읽는다. 그러니 오늘날의 중국어로는 '시금치'를 추적할 길이 없다. 오늘날의 중국어에는 '赤根荬'의 흔적이 남아 있지 않지만 우리말에 그 흔적이 남아 있는 것이다.

'채荬'로 끝나는 채소들은 당연히 한자를 바탕으로 이름이 지어진 것들이다. 한중일 삼국은 한자를 공유하고 있으니 세 나라의 야채 이름도 같거나 비슷하다고 생각할 수 있다. 그러나 꼭 그런 것만도 아니다. 우리의 '유채'와 '청경채'는 엄연히 다르다. 그런데 중국의 '유차이油荬/youcai'는 우리의 청경채다. 청경채는 중국이 원산지이니 이름과 함께 들어왔을 텐데 이미 유채가 있어서 '청경채'란 이름이 따로 붙었는지도 모른다. 채소도 유랑을 하면서 여러 이름을 갖게 된다.

침채, 채소를 담그라

언젠가부터 네티즌들은 해외 스타들이 방한할 때 "'두 유 라이크 김치?'나 '두 유 노우 강남스타일?' 같은 질문은 하지 말라"는 간곡한 당부를 하기 시작했다. 당부이긴 하지만 어딜 가나 우리에 대한 긍정적인 평가를 받기를 바라는 심리가 깔린 질문이었으며, 이는 곧 한국 문화를 지나치게 강조하는 민족주의로 흘러가는 경향을 우려한 조롱 섞인 당부였다. 흥미롭게도 클로이 모레츠의 〈SNL코리아〉 출연에선 이 금기를 화두에 올리며 또 한 번 풍자의 날을 세웠다.

실제로 연예 정보 프로그램의 리포터로 활약 중인 에릭 남은 이날 클로이 모레츠에게 "한국 팬들을 사로잡는 방법을 전수하겠다"며 한국 리포터들의 단골 질문인 "두 유 노우 김치", "두 유 노우 싸이", "두 유 노우 강남스타일"을 알려줬다. 이 질문을 받을 때 주의사항은 무조건 밝은 웃음으로 망설임 없이 '예스'를 말해야 한다는 것이다. 클로이 모레츠는 에릭 남의 비법 전수를 숙지한 뒤 한국인들이 만족스러워할 만한 반응을 보였다.

– 〈헤럴드 경제〉 2015년 5월 25일자 기사

김치는 가장 원초적인 식품이다. '우리의 자랑'인 김치를 폄훼하고자 하는 의도는 전혀 아니다. '원초적'이란 말이 '덜떨어진', 혹은 '부족한'의 의미는 아니다. 오히려 '기본에 가장 충실한'의 의미를 가지고 있다. 기본에 충실할수록 그것으로부터 갖가지 변용과 창조가 이루어질 수 있으니 원초적이라 해서 나쁠 것은 없다. 그런 의미에서 김치는 본래의 의미에 충실할 뿐만 아니라 변용과 창조 면에서도 큰 성공을 거둔 음식이기도 하다. '김치부심'이 너무 심해 "두 유 노우 김치?"가 외국인들에게 금기시되는 질문으로 취급되기는 하지만 '김치'의 본뜻을 제대로 안다면 그런 자부심을 가져도 무방하다.

채소는 싱싱할 때 먹어야 제맛이다. 그런데 채소는 채취되는 순간부터 시들기 시작해 급기야 썩어버린다. 채소도 좋아하는 날씨와 토양이 있어 언제 어디서나 마음대로 먹을 수 있는 것은 아니다. 그러니 어떤 방식으로든 보존을 해야 한다. 습기를 제거하는 것, 즉 말리는 것도 한 방법이지만 그렇게 할 수 있는 채소는 극히 제한적일 뿐만 아니라 채소의 촉촉한 식감은 보존되지 않는다. 그래서 개발된 방법이 소금에 절이는 방법이다. 소금은 인류의 가장 기본적인 조미료이자 매우 다양한 기능을 하는 물질이다. 그 기능 중의 하나가 부패를 방지하는 것인데 이를 이용하는 것이다. 우리말로 '절인다'고 하든 한자어로 '염장을 한다'고 하든 결국은 마찬가지다. 소금을 물에 풀어 채소를 담그면 상하지 않고 촉촉한 질감을 유지한다. 여기에 짭조름한 맛까지 더해진다.

김치는 여기에서 출발한다. '김치'라는 명칭 또한 이 소금물에 채소를 담그는 것에서 만들어졌다고 본다. 옛 문헌에는 김치가 '침채沈菜'로 기록되어 있다. 그런데 말소리를 따져보면 '침채'와 '김치'는 꽤나 멀어 보인다. '채'와 '치'는 서로 넘나드는 예가 발견된다. 방언을 살펴보면 '상추'가 '상치', '생채', '생초' 등으로 나타나는 것이 그 예다. 'ㅐ'와 'ㅣ'가 다르기는 하지만 'ㅊ'은 공통이라는 점에서 그래도 많이 닮아 있다. 반면에 '침'과 '김'은 'ㅊ'과 'ㄱ'만 다를 뿐, 나머지는 같다. 그러나 나머지 소리는 같더라도 첫소리가 다른 것은 꽤나 큰 차이라 할 수 있다.

'沈菜'의 오늘날 발음은 '침채'지만 이전의 발음은 '팀채'다. '치다', '고치다'도 이전에는 '티다', '고티다'이니 '티'가 '치'로 바뀌는 것은 흔한 변화다. 그런데 어떤 이유인지 '팀채'가 '딤채'로 나타난다. '디'를 보다 세게 발음한 것이 '티'이니 좀 약한 소리로 바뀐 것이다. '딤채'는 다시 변화를 겪어 '짐채'로 바뀐다. 이는 '티'가 '치'로 바뀌는 것만큼 자연스러운 현상으로서 '굳이'가 [구지]로 발음되는 것에서 확인할 수 있다. 여기서 끝이 아니어서 '짐'이 '김'으로 바뀌는 이상한 변

화가 나타난다. 방언에서 '길', '기름'이
'질', '지름'으로 나타나는 것은 흔한 현
상인데 오히려 반대의 변화가 나타난
것이다. '채'마저 '치'가 되니 '팀채'가
마침내 '김치'가 된 것이다. 멀고도 험
난한 변화 과정이 아닐 수 없다.

우리 고유의 자랑스러운 음식이라고
믿고 있는 김치의 이름이 한자에서 유
래했다는 것은 썩 기분 좋은 일이 아닐
수도 있다. 그러나 모든 증거들이 '김
치'의 뿌리가 '침채'라고 말해주고 있
다. 그것도 아주 복잡하고도 극적인 변
화를 많이 겪고서 오늘날의 '김치'가
된 것이다. 그러나 기분 나빠할 일이 아
니다. '김치'는 그 본질에 가장 충실한
이름인 것이다. 소금에 절여서 저장성
도 높이고 짭조름한 맛도 더한, 그리고
발효까지 일으켜 시큼한 맛까지 더해
진 그런 음식이 된 것이다. 시큼한 맛
을 강조해 '쏸차이 酸菜/suancai'란 이름

'딤채' 김치 냉장고
김치 냉장고를 본격적으로 상용화
한 '딤채'의 1996년 광고. 뜻을 알
고 보면 '딤채 김치'는 매우 이상
하다.

■   이런 것을 '과도교정 hyper correction'이라 부른다. 경상도 사람들이 '화'를 '하'로 발음
하는 습관이 있다 보니 '할인'을 '활인'이라고 쓰는 것이나 우리가 영어의 'p'와 'f'를 잘
구별하지 못하다 보니 본래 'p'인 단어를 'f'로 쓰는 것도 모두 과도교정이라 할 수 있다.

이 붙은 중국 음식과 유사하다고 불편해할 이유가 없다. 중국에서는 그저 '침채' 단계에 머물렀다면 우리는 이 침채에 갖은 양념과 젓갈을 추가해 '김치'로 발전시켰으니 말이다.

'김치'라는 말에는 자부심과 비하가 동시에 담겨 있다. '김치부심'이란 말이 쓰일 정도로 음식으로서의 김치에 대해서는 모두가 자랑스럽게 여긴다. 일본이 '기무치'로 우리의 자부심을 건드렸을 때 우리가 얼마나 심하게 반발했는지를 되새겨봐도 알 수 있다. 그러나 현실에서 '김치'는 우리 스스로에 대한 비하, 또는 특정 부류에 대한 비하를 위해 쓰인다. 어디서 왜 시작되었는지 모를 '김치녀'가 그것이다. 여성을 비하하고 우리의 전통적인 음식을 비하하는 것인데 이 둘이 결합돼 상승작용을 일으킨다. 이런 의미로 김치를 가져다 쓴다면 김치는 억울할 따름이다.

김장을 위한 짓거리

"뭔 짓거리요?"

"잉, 싱건짓거리."

전북 부안 변산면의 한적한 길가, 칠순이 넘은 할머니와 오십 줄의 아저씨 사이에 오가는 대화가 심상찮다. 방언 답사가 처음인 학부생의 얼굴엔 당황한 빛이 역력하다. 어머니뻘 되는 어른에게 무슨 짓이냐고 묻는 것도, 역정을 낼 법도 한데 아무렇지도 않게 싱거운 짓거리라고 대답하는 것도 낯설다.

“아따, 무수(무) 좋으요. 지가 끌게요.”

“서울 사는 아들 줄라고 이쁜 것으로 골랐제.”

무, 파, 갓 등이 가득 실린 수레를 빼앗듯이 끌고 가는 아저씨를 보며 비로소 학생의 의문이 풀린다. 때는 김장철, 동치미를 담글 요량으로 재료를 준비한 모양이다.

‘김치’가 원초적인 조리법을 그대로 담아낸 이름일지라도 한자어에서 기원한 것이란 점은 여전히 찜찜하게 남는다. 김치는 한자가 들어오기 전부터 있었을 터, 고유한 말이 없을 리가 없다. 옛 문헌에 나오는 ‘디히’와 오늘날의 여러 방언에서 발견되는 ‘지’가 그것이다. 물론 표준어인 ‘장아찌’, ‘짠지’ 등에도 흔적이 남아 있다. ‘디히’와 ‘지’는 소리가 멀어 보이기도 하고 가까워 보이기도 하는데 분명히 관련이 있다. ‘디히’에서 ‘ㅎ’은 약화되거나 사라지기 쉽다. 오늘날의 ‘개’가 본래 ‘가히’였다가 ‘가이’의 단계를 거쳐 ‘개’가 된 것을 생각해보면 금세 이해가 간다. ‘디’가 ‘지’로 바뀌는 것은 ‘딤채’의 ‘딤’이 ‘짐’으로 바뀌는 것과 마찬가지다. 그러니 ‘디히’가 ‘지’가 되는 것은 쉽게 설명이 된다. 오늘날에도 ‘김치’ 대신 ‘지’를 쓰는 지역이 있다. 그러나 ‘지’는 ‘김치’에 그 자리를 내주고 흔적만을 남기고 있다.

‘장아찌’와 ‘짠지’는 각각 ‘찌’와 ‘지’가 포함되어 있어 다른 것으로 보기 쉽다. 그러나 ‘장아찌’는 본래 ‘장에 넣은 지’란 의미의 ‘장앳디히’이고 ‘짠지’는 ‘짠물에 담근 지’란 의미다. 그러니 모두 ‘지’가 포함

동치미[冬沈이]와 쏸차이[酸菜]

'침채'란 뜻에 가장 충실한 한국의 동치미와 중국의 쏸차이. 소금물에 채소를 담그면 절여지는 동시에 발효가 진행돼서 시큼한 맛이 더해진다.

되어 있다. 오늘날에는 '김치'와 조금 다른 것을 지칭하지만 본래는 '김치'와 같은 의미였다. 한편 '동치미'는 '겨울에 소금물에 담갔다'는 의미로 '동침 冬沈이'인데 이때는 '침채'의 의미를 살린 것이다. 지역에 따라서는 동치미를 '싱건지'라고도 하는데 이는 소금을 많이 넣은 '짠지'에 비해 상대적으로 '싱거운 지'란 의미다. 중국집에서 없어서는 안 될 반찬인 '단무지' 또한 '무로 달게 만든 지'다. 김치의 재료가 되는 채소는 '김칫거리'라고 흔히 말하지만 전라도 지역에서는 '짓거리'라고 한다. 모든 예들이 '김치'와 '지'가 같은 뜻임을 말해주고 있다.

그런데 '짓거리'의 대표는 역시 배추와 무다. '배추'는 한자로 '白菜'라고 쓰는데 '백채'가 아닌 '배추'로 말하는 것을 보면 역시 한자어가 아닌 중국어에서 유래한 것임을 알 수 있다. 중국어로 '배추'는 '바이차이baicai'인데 옛 문헌에도 '비치'로 나온다. 방언에서도 '배차', '배채', '배치', '뱁차', '뱁추', '비치' 등으로 나타나는데 역시 중국어와의 관련성을 뒷받침한다. 이에 비해 '무'는 고유어로서 옛 문헌에는 '무ᅀᅮ'로 나타난다. 'ㅅ'과 소리가 비슷한 'ㅿ'이 포함되어 있으니 오늘날 방

우리 음식의 언어

언에서 '무수', '무시' 등으로 나타나는 것이다. 이밖에도 소금에 절인 후 발효시켜 먹을 수 있는 모든 채소가 다 짓거리가 될 수 있다.

짓거리는 다듬어서 필요한 부분만 쓴다. 그렇다고 나머지 부분을 버리지는 않는다. 동치미를 담글 때나 배추김치의 소를 만들 때는 무의 뿌리 부분만 쓰기 때문에 푸른 잎 부분인 '무청'은 잘라낸다. 무청을 잘 말리면 시래기가 되는데 비타민이 부족한 한겨울에 좋은 반찬이 된다. 이것을 왜 '시래기'라고 하는지 어원은 분명하지 않다. '시래기'를 '쓰레기'라고 말하는 지역이 있기는 하지만 둘 간에는 전혀 관련이 없다. 배추김치를 담글 때도 겉의 푸른 잎은 떼어내는데 그렇게 떼어 낸 것이 우거지다. 시래기와 달리 '우거지'는 '위 걷이' 정도로 풀이가 된다. 배추의 겉잎은 속잎의 위에 있는 잎이기도 하니 '걷어낸 윗잎'이 우거지인 것이다. 시래기나 우거지 모두 우리의 알뜰함을 보여준다.

배추는 종류가 그리 많지 않지만 무는 종류가 꽤나 많은 편이다. 총각김치와 열무김치의 재료가 되는 무는 당연히 '총각무'와 '열무'다. 총각무가 왜 '총각무'인지에 대해서는 여러 설이 있다. 총각무는 '알타리무', '달랑무'라 불리기도 한다. 이는 하얀 뿌리 부분에 초점을 맞춘 이름이고 이 때문에 무의 모양을 보면서 음흉한 상상을 하며 '총각김치'란 이름을 관련짓기도 한다. 그러나 총각김치는 무가 아닌 무청 때문에 이런 이름이 붙은 것이다. 몇 가닥 남긴 무청이 장가를 들지 않은 떠꺼머리총각의 길게 땋은 머리와 유사하기 때문이다. 반면 '열무'는 그 어원이 분명하지 않다. '여린 무' 정도로 추정하고 있는데 '여린'이 '열'로 바뀐 것은 잘 설명되지 않는다.

섞어 먹거나 싸 먹거나

"내 추천하람까(제가 추천하기를 원하십니까)? 살라드부터 드시라요(샐러드부터 드십시오). 불기라메, 오이라메 여러 나무새를 서양 양념에 메운 겁니다(상추며, 오이며 여러 채소를 서양 양념에 무친 겁니다)."

옌지 시내에 있는 류경호텔 2층 식당, 평양 음식을 기대하고 갔는데 영 실망이다. 메뉴를 보니 냉면은 평양냉면이 아닌 중국식 냉면이고, 요리도 듣도 보도 못한 것이 많다. 게다가 샐러드라니? 우리가 언제부터 샐러드를 먹었나? 북한에 샐러드가 있나? 어차피 외화벌이를 위해연 식당이니 중국 현지 사람들, 그리고 한국 관광객의 입맛에 맞추는 것이 당연하겠지만 영 쓸쓸하다. 하나같이 똑같은 복무원의 하이톤 목소리나 무표정한 얼굴도 마뜩찮다. 그래도 하나 건졌다. 상추를 양념에 메운다고?

채소를 어떻게 먹어야 하는가? 먹기 나름이기는 하지만 채식과 육식으로 대변되는 동양과 서양의 채소 먹는 법은 확연히 다르다. 서양에서 채소는 커다란 고깃덩어리 옆에 구색으로 조금 추가된다. 채소만 따로 먹기도 하는데 이때는 '샐러드'란 이름으로 커다란 그릇에 각종 채소와 과일을 잘라 넣고는 각종 소스나 드레싱을 뿌려 뒤섞어 먹는다. 여기에 고기, 햄, 치즈, 빵조각 등을 넣어 먹기도 한다. 채소 하나하나의 맛을 즐기기보다는 무엇인가 마구 뒤섞어 먹는다.

우리 음식의 언어

쌈과 샐러드
넓은 잎의 채소에 갖가지 음식을 싸 먹는 쌈과 여러 채소와 재료를 한데 섞어 소스를 뿌려 먹는 샐러드. 채소가 주재료이기는 하되 여러 식재료를 골고루 먹을 수 있는 방법이다.

동양에서는 채소를 주재료로 한 요리가 따로 있고, 각각의 채소를 따로 먹는 경우가 많다. 갖가지 나물 반찬이 발달된 우리는 나물 하나하나를 따로 무쳐서 상에 올린다. 나물보다 더 극적인 채소 요리는 쌈이다. '쌈'은 말 그대로 '싸다'에서 온 말이다. '쌈'은 특정한 채소를 가리키지는 않는다. 넓은 잎으로 무엇이든 싸 먹을 수 있으니 그 동작이 요리 이름 자체가 된 것이다. 밥만으로는 싱거우니 무언가 짭조름한 것이 필요한데 본래는 고추장을 썼다. 그러다가 나온 것이 '쌈장'이다. 갖은 반찬과 고기를 싸 먹다가 나온 것이 '쌈밥'이다. '싸다'가 점점 세력을 넓혀 '쌈', '쌈장', '쌈밥'으로까지 확장된 것이다.

샐러드나 쌈은 채소 본연의 맛을 즐길 수 있는 방법이다. 소스나 양념장이 들어가기도 하지만 채소를 생으로 먹으니 영양도 파괴되지 않는다. 풋내가 싫으면 데쳐서 나물로 무치는 방법도 있다. '무치다'가

나물에 양념을 '묻히는' 것과 관련이 있는지는 확실하지 않다. 평안도에서는 '무치다' 대신 '메우다'를 쓰는데 이것이 심심한 나물의 맛을 양념으로 '메우는' 것과 관련이 있는지도 모른다. 그래도 데친 나물만으로는 특별한 맛을 느낄 수 없으니 양념이든 소스든 가미해야 하는 것은 틀림없다.

　채소를 어떻게 먹어야 하는가에 대한 답은 결국 취향의 문제다. 샐러드는 여러 가지를 뒤섞어서 먹는다. 이러한 속성 때문에 '샐러드 볼'은 '샐러드를 만드는 그릇'의 의미를 넘어 '다양한 것이 뒤섞이는 공간'을 뜻한다. 쌈은 여러 가지를 한데 둘러싸서 먹는 것이다. 밥, 반찬, 고기, 양념장을 넓은 잎을 이용해 하나로 만들어 먹는다. 여러 채소가 샐러드 볼에서 뒤섞여 샐러드가 되느냐, 하나의 채소로 나머지 음식을 어울러 싸느냐의 차이일 뿐이다. 어떻게 먹든 한 가지 분명한 것이 있다. 사람은 고기와 곡류만으로는 살 수가 없다. 어떤 방법으로든 채소가 뒤섞이거나 어우러져야 한다. 건강하고도 행복한 삶을 살고자 한다면 우리의 푸른 밥상이 제격이다.

우리 음식의 언어

8

진짜 반찬

• 중생과 짐승, 그리고 가축 • 알뜰한 당신 • 닭도리탕의 설움과 치느님의 영광 •

• 어린 것, 더 어린 것 • 부속의 참맛 • 고기를 먹는 방법 •

여기 간단한 퀴즈가 하나 있다. 어떤 사람이 풀 한 포기 자라지 않는 무인도에 홀로 남게 되었다. 그에게 주어진 것이라고는 곡물 한 자루와 어린 암탉 한 마리가 전부다. 그를 구하러 사람들이 올 때까지 어떻게든 이 둘만으로 살아남아야 한다. 어떻게 해야 할 것인가? 닭을 조금만 더 키우면 거의 매일 알을 얻을 수 있을 것 같다. 통통하게 살을 찌워 잡아먹으면 훨씬 더 나을 것 같다. 그러나 이런 고민을 할 것도 없이 닭부터 잡아먹어야 한다. 닭을 키우려면 자신이 먹을 곡물과 자신도 먹을 수 있는 사냥 전리품을 바쳐야 한다. 닭은 기초대사를 하고 남은 만큼만 살을 찌우고 영양이 충분해야만 알을 낳는다. 그사이 사람은 비쩍 말라간다. 그러니 닭이 작더라도 바로 잡아먹는 게 답이다.

인간은 잡식동물이다. '잡식'이란 말은 '뭐든지 가리지 않고 먹는다'는 뜻이지만 흔히 채식과 육식을 겸하는 동물에게 쓴다. 결국 인간은 식물이든 동물이든 가리지 않고 먹는 동물이다. 그러나 그 속을 들여다보면 식물성 음식은 필수적이고 동물성 음식은 선택적 요소인 것으로 보인다. 그런데 인간의 갈망과 집착은 필수적인 요소인 식물성 음식이 아닌 선택적인 요소인 동물성 음식으로 향한다. 아무리 찾아봐도 채소를 먹지 못해 안달이 나는 사람은 드물다. 동물성 음식, 혹은 육식의 대상은 한마디로 '고기'다. 조금 비슷한 말로 '살'이 있지만 살중에 음식으로 먹는 것이 '고기'다. 뭍에서 나는 것, 물에서 나는 것, 날아다니는 것 중에 먹을 수 있는 모든 것이 고기다. 물에서 나는 것은 따로 '물고기'라고 부르지만 어쨌든 먹을 수 있는 '남의 살' 모두가 고기다.

고기에 대한 원초적 갈망은 희소성에 그 뿌리가 있다. 식물은 흙, 물, 햇빛만 있으면 쑥쑥 자란다. 그래서 식물들은 생태계에서 생산자의 자리를 차지하고 있다. 그러나 모든 동물은 '생산자'가 아닌 소비자다. 산과 들의 짐승뿐만 아니라 길러지는 가축들은 풀이나 다른 짐승의 고기를 먹고 산다. 이렇듯 짐승 자체가 소비자이니 짐승에게서 고기를 얻는 것은 쉬운 일이 아니다. 산과 들의 짐승들은 그나마 알아서 먹이를 찾아 먹고 자란다. 그러나 길러지는 것들은 인간이 먹이를 주어야 한다. 사냥은 저절로 자란 것을 잡기만 하면 되는 것이었지만 사육은 먹을 것을 주어야만 하니 또 다른 어려움이 있는 것이다. 고기를 얻기 위해 사람이 배를 주려야 하는 상황이 닥치기도 한다.

고기에 대한 온갖 터부가 만들어진 이유, 고기를 '진짜 반찬'이라 부르는 이유가 여기에 있다. 누구나 탐하는 돼지의 기름진 고기는 건조한 지역에 사는 사람들에게는 사치다. 돼지 한 마리를 키우기 위해서는 귀하디귀한 물과 풀, 그리고 곡물이 너무 많이 들어간다. 농경을 위해 소가 꼭 필요한 지역에서 고소한 쇠고기를 탐내는 것 또한 못할 일이다. 소를 잡아먹으면 이후 농사를 지을 수가 없다. 이러한 상황과 맞물려 고기에 대한 터부가 만들어진다. 우리에게는 이런 터부가 없더라도 고기가 여전히 귀하니 밥상에 고기는 어쩌다 오른다. 밥상에 터줏대감처럼 자리 잡은 풀은 '건건이' 대접을 받고 고기가 '반찬' 대접을 받는 이유가 여기에 있다.

중생과 짐승, 그리고 가축

산과 들에 제멋대로 살고 있는 짐승을 고기로 바꾸려면 사냥을 해야 한다. 그런데 고기를 얻기 위한 '사냥'과 그 대상인 '짐승'은 실상은 묘한 말이다. 두 단어 모두 고유한 우리말일 것 같지만 본래 한자어에 기원을 두고 있다. '사냥'의 뿌리는 '산행山行'이고 '짐승'의 근원은 '중생衆生'이니 놀랍기만 하다. 짐승들이 주로 살고 있는 곳이 산이니 '산에 가야山行' '뭇 생명衆生'을 만날 수 있다. '산행'이 '사냥'이 되기까지, '중생'이 '짐승'이 되기까지 참으로 많은 변화를 겪는다. 그래도 본래의 뜻을 알고 나니 이해가 잘 된다. 고기는 산에 가서 잡아온 생명체의 살인 것이다.

'사냥'이 '산행'에서 유래했다지만 짐승이 산에만 사는 것은 아니다. 땅을 딛고 살아야 하는 동물들은 산뿐만 아니라 들에도 산다. 그리고 그중의 일부는 사람의 손에 잡혀온 후 길들여져 '가축'이란 이름으로 사람과 함께 산다. 정착 농업과 유목 등 저마다 삶의 방법이 정해진 뒤 고기 공급원은 바뀌게 된다. 위험하고 불확실한 사냥보다는 필요할 때면 언제든지 고기를 구할 수 있도록 짐승을 직접 기르게 된 것이다. 그런 짐승들은 '가축'이란 이름으로 다시 불리게 된다.

소, 돼지, 양, 말, 개 등이 가축의 대표가 된 것은 이런 이유다. 유순하고, 아무것이나 잘 먹고, 부리기에도 좋고, 유용한 부산물도 많이 나오지만 무엇보다도 맛있는 고기를 손쉽게 얻을 수 있게 해준다. 닭, 오리, 거위, 칠면조 등이 날짐승 중에서 가축의 대표가 된 것도 이러한 이유다. 무엇보다도 이 녀석들은 날기를 포기한 새들이라 달아날 염려가 없다. 게다가 부지런히 알을 낳으니 인간의 또 다른 먹잇감을 제공한다.

'중생', '짐승', '가축' 그 무엇이라 부르든 우리는 이들에게 감사해야 한다. 인간의 지혜가 비약적으로 성장하는 데 결정적인 역할을 한 것이 육식이라는 설이 있을 정도로 고기는 인간과 떼려야 뗄 수 없는 관계다. 식물성 음식만으로는 얻기 어려운 필수 영양소를 동물을 통해 얻어야 하는 것이 인간이다. 채식으로는 낼 수 없는 엄청난 에너지를 육식은 공급해준다. 그러니 고기에 대한 갈망은 정신적인 갈망이라기보다는 육체의 원초적인 갈망이다. 결국 갈망과 금기, 혹은 금지 속에서 균형을 찾는 것이 중요하다. 먹지 말라고 해도 먹어야 하는 것이니 어떤 고기를 어떻게 먹을까가 중요하다.

알뜰한 당신

돼지, 온갖 조롱과 멸시의 대상이기는 하지만 결코 미워할 수 없는 이

유가 하나 있다. 바로 돼지가 제공하는
기름진 고기가 그것이다. '돼지'는 그
리 오래된 말이 아니다. 20세기에 들
어서야 '돼지'로 쓰이기 시작했는데 이
전에는 '도다지', '되야지', '도야지' 등
으로 쓰였고 지금도 '도야지'라고 말하
는 지역도 꽤 많다. 이 말마저도 그리
오래된 것이 아니어서 이전에는 '돝',
'돋', '돗' 등으로 쓰였다. 이들은 표기

고슴도치
앙증맞지만 가시가 치명적인 고슴
도치는 이름으로 따지면 돼지와
사촌지간이다.

상으로만 다를 뿐, 본래 하나의 소리다. 이 중에 어떤 것이 본래의 소
리인지는 '고슴도치'가 알려준다. 우리 조상들에게는 고슴도치가 돼
지와 비슷하게 보인 듯하다. 그래서 이름도 돼지와 관련지어 '고솜돝'
으로 지어준다. 여기에 '이'가 붙어 '고솜돝이'가 된 후 발음이 바뀌어
오늘에 이른 것이다. 지금도 씨를 받기 위한 돼지를 '종돈種豚'이 아닌
'씨돝'이라고 하기도 한다.

　돼지는 꽤나 큰 동물이기 때문에 부위별로 모양과 맛이 달라 각기
구별되는 이름을 가지고 있다. 돼지고기의 여러 부위 중에 특히 사람
들의 입에 많이 오르내리는 것은 삼겹살, 갈매기살, 가브리살 등이다.
삼겹살은 우리가 가장 선호하는 부위이기도 하지만 이름도 재미있다.
'삼겹살'은 말 그대로 지방층과 살코기층이 세 겹이라는 의미다. 너무
익숙해서 아무렇지도 않게 쓰고 있지만 사실은 좀 이상한 이름이다.
'한 겹', '두 겹' 다음에는 당연히 '세 겹'이 되어야 하는데 '삼겹'으로
돌변한 것이다. 예전에는 '세겹살'로 불렸는데 어느 날 갑자기 '삼겹

살'에 밀려나 버리고 말았다.

돼지고기의 부위별 이름 중에 무엇보다도 흥미로운 것은 '갈매기살'이다. 돼지구이집의 '갈매기살'이란 표기를 보고 바닷새인 갈매기의 고기를 파는 줄 알았다는 일화가 심심치 않다. '갈매기'는 '가로막'의 변화된 형태다. 사람의 몸에도 있는, 가슴과 배를 가로막는 횡격막이 곧 가로막이다. '가로막이'에서 모음 하나가 떨어지면 '갈막이'가 되고 이것이 '갈매기'가 되는 것은 흔한 변화이니 갈매기살이 돼지의 횡격막이란 것만 알면 오해는 쉽게 풀린다.

고깃집의 메뉴에 가끔씩 등장하는 '가브리살'도 정체불명의 이름이다. 통상 '가브리'로 적고 있는데 아무리 들여다봐도 우리말은 아니다. 오늘날의 '물', '불', '풀' 등은 과거에 각각 '믈', '블', '플'이었다. 그런데 어느 시기부터 입술을 붙여서 소리를 내는 'ㅁ', 'ㅂ', 'ㅍ' 아래의 'ㅡ'는 'ㅜ'로 바뀐다. 따라서 '므', '브', '프'로 표기되는 고유한 우리말은 없다. 그러니 뜬금없이 등장한 '가브리살'이 수상한 것이다. 본디 '등겹살', '등심덧살'로 불리던 부위인데 어느 날 갑자기 '가브리살'이란 이름으로 나타난다.

고기의 이름은 동물의 이름을 따서 만들어지는데 소의 고기는 좀 이상하다. 짐승의 이름은 '소'인데 1989년까지 소의 고기는 오로지 '쇠고기'라 쓰고 불러야 했다. '소'를 '쇠'라고 하는 이가 없는데 고기는 '쇠고기'라고 해야 하니 이상할 수밖에 없다. '소의 새끼'를 뜻하는 '송아지'를 보더라도 '소고기'가 맞을 듯하다. 그런데 그 답은 '송아지'의 방언을 뒤져보면 의외로 쉽게 찾을 수 있다. 표준어로는 '송아지'이지만 방언에서는 '새아지', '소아지', '소양치', '쇠지', '쇠앙치', '쉬아

우리 음식의 언어

지' 등 매우 다양한 형태로 나타난다. 소의 새끼가 이렇게 다양한 방언형으로 나타난다는 것은 예전에 소가 단순히 '소'가 아니었다는 증거일 수 있다. 실제로 옛 문헌을 보면 오늘날의 '소'는 '쇼'로 나타나고 '소고기'도 '쇠고기'로 나타난다. 다행히 1989년에 표준어를 제정하면서 '쇠고기'와 '소고기'를 모두 인정했다.

몸집이 돼지보다 더 커서 그런지 소의 부위를 나타내는 이름은 돼지보다 훨씬 더 다양하다. '안심', '등심', '갈비' 등 잘 알려진 것 이외에도 어느 정도 알려진 부위별 이름만 해도 20개가 넘는다. 소의 부위별 이름은 고기의 생긴 모양이나 위치에 따라 붙여지는 경우가 많다. '차돌박이', '꾸리살', '홍두깨살', '보습살', '치마살', '토시살', '제비추리' 등은 이름만 봐도 그 생김새를 상상해볼 수 있다. '차돌박이'는 말 그대로 흰색의 지방이 마치 차돌처럼 단단하게 뭉쳐 있어서 이런 이름이 붙었다.

'꾸리살'과 '홍두깨살'은 각각 살의 모양이 실꾸리와 홍두깨처럼 생겼다고 해서 붙여진 이름이다. '보습살'도 마찬가지여서 논을 가는 쟁기의 날 부분을 '보습'이라고 한다는 사실을 알지 못하는 한, 그 모양이 상상이 안 된다. 그나마 '치마살'과 '토시살'은 모양이 유추된다. '제비추리'는 '추리'가 '꼬리'의 옛말이고 사람의 뒷머리가 제비꼬리처럼 모아져 말리면 '제비초리'라 한다는 것을 알면 역시 모양이 유추된다. 그러나 '사태'가 '사타구니'를 뜻하는 '샅'에서 유래했다는 것은 쉽사리 찾아내기가 어렵다. '샅'이 사람의 다리 사이를 뜻하듯 쇠고기의 사태도 소의 다리뼈를 감싸고 있는 근육이다.

돼지와 소를 이처럼 부위별로 먹는 것은 우리가 고기를 '돼지처럼'

먹는다는 뜻이 아니다. 귀하니 전부 먹어야 하고, 전부 먹자니 온갖 부위를 '소처럼' 우직하게 먹는 것이다. 이왕 먹을 거 알뜰살뜰하게 부위별로 즐기면서 먹는 편이 낫다. 어느 부위에서 어떻게 떼어냈는지도 알 수 없고, 어떻게 갈아서 다시 뭉쳤는지도 알 수 없는 고깃덩이를 '패티patty'란 이름으로 빵 속에 욱여넣은 것과는 비교도 되지 않는다.

닭도리탕의 설움과 치느님의 영광

장모님과 사위가 있으면 꼭 따라나와야 할 것 같은 것이 하나 있으니 씨암탉이 그것이다. 귀한 손님, 특히 '백년손님'이라고도 불리는 사위가 오면 잡는다는 것이 씨암탉이다. 그러나 씨암탉의 본뜻을 알고 나면 마음이 영 무거울 수도 있다. 씨암탉은 병아리 번식을 위해 알을 낳는 닭이다. 본디 튼실한 놈이었겠지만 오랫동안 알을 낳다 보니 늙은 닭일 가능성이 크다. 그러니 그 고기가 맛이 있을 리가 없다. 그렇더라도 씨암탉을 먹는 것은 도둑질을 하는 것과 마찬가지다. 씨암탉을 잡고 나면 달걀이 사라지고 병아리와 닭도 기대할 수 없다. 씨암탉을 먹는 것은 결국 처갓집의 가장 중요한 재산 하나를 도둑질하는 것이다. 물론 장모는 가장 귀한 것으로 음식을 만들어 바친 것이지만 사위는 딸을 도둑질한 것으로도 모자라 또 다른 도둑질을 한 것이다.

닭은 참으로 소중한 단백질 공급원이다. 크기는 소나 돼지보다 훨씬 작지만 그 때문에 키우기도 쉽다. 곡물은 물론이고 아무것이나 가리지 않고 잘 먹으니 저절로 크는 듯한 느낌을 준다. 게다가 암탉은 거의 매일 알을 낳는다. 달걀 뺏어 먹기를 그치고 알을 품게 하면 병아리를 깐다. 빨리 자라니 적당한 때 잡아먹으면 훌륭한 몸보신거리가 된다. 닭은 뭐니뭐니 해도 통으로 먹는 것이 제격이다. 고기 자체가 좋으면 그저 푹 삶은 닭백숙도 좋고, 적당한 크기의 닭으로 끓인 삼계탕도 좋은데 모두 닭을 통으로 쓴다. 전기나 장작을 이용해 통째로 구워낸 것을 '통닭'이라 하기도 하지만 본래는 통째로 쓴 닭 모두를 '통닭'이라 일컫는다. 적어도 '닭도리탕'이라는 묘한 이름의 음식이 나오기 전까지, 그리고 하얀 머리의 통통한 할아버지가 튀긴 닭이 들어오기 전까지 닭요리는 대부분 통요리다.

"앗싸, 고도리! 스톱, 스톱."

1980년대 중반, 중학교 미술반과 탈춤반의 여름방학 답사여행 첫날 경기도 양평의 어느 민박집 풍경이다. 저녁을 먹고 난 뒤 선생님께서 동양화를 가르쳐주신다기에 붓까지 준비했던 순진한 친구 하나가 완전히 바보가 된다. 선생님께서 꺼내신 것은 48장의 동양화다. 그림을 잘 그리기 위해서는 48장의 동양화에 담긴 참 의미를 알아야 한다며 '고스톱'에 대한 강의를 시작하신다. 선생님답게 왜 놀음 이름이 '고스톱'인지, '고도리'를 비롯한 각종 '약'에 대해 설명해주신다. 놀이에 둔하고 셈이 느려 결국 10원짜리 노름판에는 끼지 못했지만 기억에 확실히 남은 것은 있다. '고도리'에서 '고'는 '다섯'이고, '도리'는 '새'라는 것을. 물론 모두 일본말이라는 것을.

적당히 토막 친 닭, 숭덩숭덩 썬 감자와 당근을 넣고 고추장이나 고 춧가루를 넣어 얼큰하게 끓여낸 닭도리탕. 지금은 많은 사람들이 맛 있게 먹지만 등장부터 개명까지 꽤나 사연이 많은 음식이다. 닭도리 탕의 등장은 대규모 산란 양계장의 등장과 맥을 같이한다. 고기를 얻 기 위한 육계는 적당한 크기가 되었을 때 팔면 되지만 산란계에는 임 계점이 있다. 즉 알 생산량이 기대에 미치지 못하면 더 이상 기를 필요 가 없다. 이런 닭이 '노계老鷄' 혹은 '폐계廢鷄'다. 알 생산 능력이 떨어 졌는데 계속 모이를 주는 게 아까우니 잡아먹는 게 상책이다. 그러나 일평생 알만 낳다가 늙어버린 닭의 고기가 맛있을 리가 없다. 그렇다 고 고기를 버릴 수도 없다. 어떻게든 조리 방법을 찾아야 한다.

폐계는 질기고 퍽퍽해서 고기의 참맛을 기대하기 어렵다. 그러니 고 춧가루를 확 풀고 각종 양념을 진하게 넣어 닭의 냄새를 덮는다. 야채 를 넣어 맛과 영양을 더한다. 이렇게 대중화되기 시작한 것이 닭도리 탕이다. 그런데 이름 때문에 엉뚱한 수난을 겪는다. 음식 이름에 일본 말로 새를 뜻하는 '도리とり'가 들어가 있으니 순화해야 한다는 것이 다. 그러나 아무리 생각해보아도 이 음식의 이름을 지은 이가 '닭새탕' 이라고 이름을 지었을 것으로 보이진 않는다. '새'의 일본말도 알아서 '국제적'인 이름인 '닭도리탕'으로 바꾸었을 것 같지도 않다. 이름을 시비 삼거나 고쳐야 한다고 생각한 이가 외려 고스톱을 너무 많이 쳤 는지도 모른다. 게다가 순화된 이름마저 '닭볶음탕'이니 기가 막힐 노 릇이다. '닭'과 '새'가 겹쳤다고 본 것도 우습지만 정작 바꿔놓은 이름

　　　　　　　　　　　　　　　　　우리 음식의 언어

도 '볶음'과 '탕'이 겹쳐 있다. 닭도리탕은 아무리 봐도 볶음으로 보이
지는 않는다. 괜한 짓을 했다는 생각을 지울 수가 없다.

　이렇게 시작된 닭도리탕 논쟁은 '조리한 닭탕', '도려낸 닭탕'이라
는 상상력의 장으로까지 확대된다. '조리調理'의 옛 발음이 '됴리'였으
니 이것이 '도리'로 바뀌었다는 것이 하나이고, 닭을 도려내어 조리를
하니 '도리다'의 '도리'가 음식 이름에 들어갔다는 것이 다른 하나다.
상상은 자유지만 단어를 만드는 기본을 무시한 엉뚱한 상상일 뿐이
다. 확신하기는 어렵지만 '도리탕'이란 이름을 가진 음식이 이미 있었
을 가능성이 높다. '도리탕桃李湯'은 1920년대의 책에 평양이나 개성의
음식으로 소개되고 있다. 복숭아와 자두를 뜻하는 '도리桃李'에 특별한
의미가 있는지는 분명하지 않지만 적어도 '도리탕'이란 음식은 있는
것이다.

　닭도리탕에 비해 '치킨'은 과분한 대접을 받는다. '치킨'은 영어의
'chicken'이니 외국어다. 그러나 '닭'을 대용하는 외국어가 아닌 '튀긴
닭'을 뜻하는 별개의 용어로 자리를 잡고 있다. '튀긴 닭'을 뜻하는 '프
라이드치킨fried chicken'은 1970년대가 되어서야 우리의 신문지상에 오
르내리기 시작하다가 1980년대 켄터키프라이드치킨이 국내에 매장을
열면서 일반화되기 시작한다. 미국 흑인들이 먹던 '소울 푸드soul food'

■　'됴리'가 '조리'로 바뀌는 것은 구개음화로 자연스럽게 설명된다. 'ㅑ', 'ㅕ', 'ㅛ',
'ㅠ' 앞의 'ㄷ', 'ㅌ'이 'ㅈ'으로 바뀌는 것이 구개음화인데 우리말에서 매우 광범위하게
나타나는 현상이다. 이렇게 만들어진 'ㅈ' 때문에 'ㅑ', 'ㅕ', 'ㅛ', 'ㅠ'가 'ㅏ', 'ㅓ', 'ㅗ',
'ㅜ'가 되는 것도 자연스럽다. '됴리 〉 죠리 〉 조리'가 아닌 '됴리 〉 도리'의 변화는 평안
도 지역에서 나타날 법하다. 즉 '조리'에서 '도리탕'의 어원을 찾으려면 평안도 출신 요
리사도 같이 찾아야 한다.

인 프라이드치킨은 이후 한국에서 그 꽃을 피워 '치킨의 시대'를 연다.▪ 프라이드치킨의 본고장에서도 놀랄 만큼 프랜차이즈와 매장의 수를 자랑할 뿐만 아니라 메뉴도 엄청나게 다양하다. '치맥'이라는 새로운 문화를 세계에 퍼뜨리는가 하면 어느 순간 '치킨'이 아닌 '치느님'으로까지 대접을 받고 있다.

치킨은 명백한 외국어다. 닭 대신 써야 할 이유도 없고 신적인 존재로 추앙받아야 할 이유도 없다. '프라이드치킨'은 '닭고기튀김'으로 순화해 쓰도록 사전에 올라 있으나 강요하는 이도 없고 따르는 이도 없다. 그런데 어쩌면 자연스러운 우리말일 수 있는 '닭도리탕'은 온갖 설움을 받고 억지로 개명까지 당한 것이다. '도리'는 '일제'라 믿고 있고, '치킨'은 '미제'라 믿고 있기 때문인지도 모른다. 일제강점기의 기억 때문에 일제에 대해서는 여전히 거부감이 크다. 미제에 대한 거부감이 없는 것은 아니지만 일제에 비해서는 훨씬 덜하다. 그래서인지 '닭도리탕'이란 말은 뒷골목으로 밀려나 조심스럽게 쓰이고 있고 '치킨'은 '치느님'으로 숭배되며 버젓이 활개를 치고 있다.

'닭도리탕'이든 '치킨'이든 그것이 음식 이름이라면 있는 그대로 받아들이는 것도 필요하다. 말은 그것을 사용하는 모든 사람들의 것이다. 설사 '닭도리탕'에 일본어의 '도리'가 들어가 있을지라도 사람들이

▪ '소울 푸드'는 직역하자면 '영혼의 음식'이다. 그러나 '영혼을 숭배하기 위해 먹는 음식', '영혼을 담은 음식', '영혼을 담아 먹어야 하는 음식'의 뜻은 아니다. 본래 소외받은 이들이 그들의 환경에서 구할 수 있는 보잘것없는 재료로 만든 요리였다가 널리 퍼지게 되면서 사랑을 받게 된 요리다. 말하자면 그들의 슬픈 영혼이 '담긴' 요리이자 그들의 슬픈 영혼을 '기려야 하는' 요리인 것이다.

　　　　　　　　　　　　　　　　　　　　우리 음식의 언어

'닭새탕'과 반반치킨

이미 우리의 음식으로 자리 잡은 닭도리탕. 그러나 이름에 대해서는 여전히 시비를 거는 사람들이 많다. 그에 반해 통닭은 통닭에서 치킨으로, 치킨에서 치느님으로 승격했다. '치킨'은 '닭'과 구별되는 새로운 단어가 되어버렸다.

그것을 자연스럽게 사용하고 있다면 굳이 바꾸려 애쓸 필요가 없다. 프라이드치킨이 우리나라에 들어와서 어떻게 번창하고 말도 어떻게 바뀌어나가든 그리 나쁜 것은 아니다. 새로운 음식과 새로운 음식 문화를 만들어나가면서 새로운 말도 생겨나는 것이다. 그렇게 받아들인 말, 그리고 발전시켜나가는 말 모두 사람들의 말이다. 이런 살아 있는 말에 국어 선생이나 정책 담당자가 끼어드는 것은 어쩌면 없어도 그만이고 있으면 외려 번거로운 닭갈비, 즉 '계륵鷄肋'의 흉내를 내는 것인지도 모른다.

어린 것, 더 어린 것

채소나 과일도 먹기 좋은 때가 있듯이 고기도 적당한 때가 있다. 어린 짐승은 몸집이 크지 않아 고기가 적게 나오는 대신 연하거나 특별한 풍미를 가질 수 있다. 최대 성장기가 지나면 그때부터는 늙어가는 단계다. 고기의 양이 늘어나지도 않을 뿐만 아니라 오히려 질겨지기도 한다. 그러니 고기를 얻을 가장 이상적인 때는 역시 짐승이 가장 커졌을 때다. 공장에서 물건을 만들듯이 고기를 얻는 것이라면 이러한 원칙이 적용될 수 있다. 그런데 집에서 기르는 짐승은 오로지 고기만을 위한 것은 아니다. 때로는 부려먹을 만큼 부려먹은 뒤 잡아먹어야 하고, 때로는 크기도 전에 죽은 것을 먹어야 한다. 이렇게 이르거나 늦은 시기에 먹는 것도 순리에 따른 것이니 문제가 되지는 않는다.

그러나 도저히 순리라고 보기 어려운 고기도 있다. 새끼, 그것도 어린 새끼가 아니라 태중의 새끼를 먹는 습관이 그것이다. '애저'는 '어린 새끼 돼지'를 뜻하기도 하지만 본래는 '태중의 새끼 돼지'를 뜻한다. 태중의 돼지를 먹어야 할까? 새끼를 밴 것을 알고 잡았든 모르고 잡았든 잡고 보니 배 속에 새끼가 있다는 것은 난감한 상황이다. 생명에 대한 존중과 먹을 것을 버려야 하는 안타까움 사이에서 고민해야 한다. 그럼에도 불구하고 애저찜과 구이 요리가 만들어진다. 먹을 것이 부족한 상황에서 태중의 고기마저 버릴 수 없어 만들어진 요리라 믿고 싶다. 그러나 어느 순간 미식가들이 군침을 흘리는 음식이 된다. 재료를 구하기 어려우니 더 귀한 음식이 된다.

'송치'는 암소의 태중에 있는 새끼다. '송아지'라고 부를 수도 없는 상태의 새끼다. 소뿐만 아니라 송아지도 소중한 재산임을 감안하면 새끼 밴 암소를 일부러 잡았을 리는 없다. 모르고 잡았거나 병들어 잡은 소의 배 속에 새끼가 있다면 안타까움이 들 법도 하다. 그러나 이마저 요리로 개발된다. 돼지보다 훨씬 더 귀한 것이 소이기에 미식가들이 훨씬 더 고대하고 또 고대하는 요리다. 지금도 도살장과 특별한 끈이 있는 음식점에서 어쩌다 송치를 얻게 되면 단골들에게만 몰래 연락해서 대접한다는 것이 송치 요리다.

닭은 돼지나 소와 달리 '어린 것'에 대한 거부감이 적은 편이다. 어린 닭은 흔히 '영계'라 일컬어진다. 삼계탕은 말 그대로 '1인 1닭'인데 뚝배기 하나에 딱 맞는 크기에 부드러운 고기 맛을 즐기기 위해 영계를 쓴다. '계'는 '鷄(닭 계)'인 것이 확실하니 '영'도 한자일 텐데 어떤 한자인지 애매하다. 혹시 갓난아이를 뜻하는 '嬰(갓난아이 영)'일 수도 있을 것이라 생각하지만 갓난아이 수준의 닭은 병아리이지 영계가 아니니 맞지 않다. 누군가는 영어의 '영young'과 '계'가 결합된 것은 아닐까 하고 상상하는데 있을 수 없는 일이다. 사전에서는 본래 '연한 닭'을 뜻하는 '연계軟鷄'라고 설명하고 있다. '연기'가 [영기]로 발음되는 것이 자연스럽듯 '연계'가 [영계]로 발음되는 것도 자연스럽다. 그러나 이러한 발음 변화는 필수적인 것이 아니어서 표기에는 반영되지 않는데 '연계'는 표기까지 '영계'인 것이 흥미롭다.

그런데 엉뚱하게도 '영계'는 사람에게 속되게 사용되어 비교적 나이가 어린 이성을 가리키기도 한다. 그저 어린 상대를 가리키는 것이 아니라 성적인 의미와 탐욕이 다분히 포함된 의미로 쓴다. 식욕과 성욕이 묘한 연결고리를 가지고 있고 말에서도 이러한 고리가 발견되기는 하지만 썩 유쾌하지는 않다. 맛있는 음식을 찾는 식욕과 건강한 짝을 찾는 성욕은 동물적 본능에 가까운 것이라 이해가 될 수는 있다. 그러나 그것이 도를 넘어 먹지 말아야 할 것, 탐하지 말아야 할 상대에까지 미치게 되는 상황은 정상적인 것이 아니다. 태중의 새끼마저 버리기 아까워 먹던 것이 어느 순간 귀해서 더 맛있게 여겨지는 엽기적 탐식으로 바뀐 것은 안타까운 상황이다. 연한 고기를 즐기기 위해 적당한 크기의 닭을 쓰던 것이 어느 순간 이성에 대한 음흉한 시선으로 바뀐 것 또한 상쾌하지 않다.

'미식가'의 첫 번째 뜻은 '음식에 대해 특별한 기호를 가진 사람'이고, 두 번째 뜻은 '좋은 음식을 찾아 먹는 것을 즐기는 사람'이다. 특정한 음식에 대한 호불호는 개인의 선택이고, 좋은 음식을 찾아 즐기며 먹는 것도 개인의 권리다. 그러나 그 선택과 권리가 비싸고 귀한 재료에 집중되어야 할 이유는 없다. 미식가의 본뜻은 맛을 알고 먹는 사람, 혹은 맛을 느낄 수 있는 사람이어야 한다. 비싸고 귀해서 맛있게 느낀다면 그것은 음식의 맛이 아니라 돈의 맛이다. 흔하고 값싼 재료로 만들었다고 하더라도 재료 본연의 맛과 조리 솜씨, 그리고 정성을 맛볼 수 있다면 그것이 진정한 미식가다. 이효석의 〈메밀꽃 필 무렵〉에 등장하는 허 생원은 가짜 미식가들이 새겨들어야 할 한마디를 던진다.

"애숭이를 빨면 죄 된다."

부속의 참맛

고기를 잡아먹는 것과 사 먹는 것은 다르다. 잡아먹을 때는 모든 부위를 마음대로 먹을 수 있지만 사 먹을 때는 파는 부위만 먹을 수 있다. 팔 수 있는 부위는 맛도 좋아야 하지만 팔 만큼의 양이 나와야 한다. 그래서 삼겹살, 목살, 갈비, 등심, 안심 등은 정육점에서 흔히 볼 수 있

우리 음식의 언어

다. 맛있지만 양이 얼마 되지 않아 널리 유통시키기 어려운 것들은 '특수부위'라 불리며 소규모로 유통된다. 덩이고기를 제외한 내장, 머리, 발, 꼬리 등은 '부속'이란 이름으로 불리며 각각 특별한 용도로 유통된다. 심지어 피까지. 그나마 요즘은 대규모 사육과 도축이 이루어지니 이전에 비해 특수부위나 부속고기를 손쉽게 구할 수 있지만 예전에는 도축 관계자나 도살장 주변에서만 맛볼 수 있었다.

내장은 버리는 것 없이 다 먹는다. 되새김을 하는 소는 위가 네 개나 되는데 각각의 위에 이름이 붙어 있다. 첫 번째 위의 이름은 '양'이다. 한자로는 '䏜'인데 '양껏 먹다'의 '양'은 '量(헤아릴 량/양)'이 아니라 바로 이 '䏜'이다. 위가 가득 차게 먹으라는 말이니 요즘같이 다이어트가 중요한 시대에는 해서는 안 될 말이다. 두 번째와 세 번째 위는 각각 '벌집위'와 '천엽'이다. 천엽은 1000개의 나뭇잎을 뜻하는 '千葉'인데 위벽에 살이 나뭇잎처럼 1000장이나 붙어 있다고 해서 지어진 이름이다. 심장을 뜻하는 '염통', 폐를 뜻하는 '허파', 비장을 뜻하는 '지라' 등은 모두 고유어 이름과 한자어 이름이 공존하고 있다. 그런데 유독 제일 큰 장기인 '간肝'은 한자어 이름만 남아 있다. 이런 내장들은 구이나 회로 따로 먹기도 하고 쪄서 순대와 같이 내기도 한다.

'창자'는 한자어일 것 같은데 한자어가 아닌 중국어다. 한자로 '腸(창자 장)'이라고만 쓰면 되는데 중국어식 단어인 '腸子'를 받아들여 '창자'라고 읽는 것이다. 중국어 발음대로라면 '창쯔changzi'가 되어야 하는데 '子'는 우리의 발음대로 읽으니 헷갈릴 수밖에 없다. 고유어로는 '애' 또는 '밸/배알'이라고 한다. '애가 타다'나 '밸/배알이 꼴리다'에서 그 쓰임을 찾을 수 있다. 말이 이상하기로는 돼지 부속고기 중

하나인 '족발'을 따라갈 말이 없다. '족'이 발을 뜻하니 '족'만 써도 될 텐데 여기에 다시 '발'을 덧붙였다. 아무렇지도 않게 쓰고 있지만 본래의 뜻을 생각해보면 '돼지 족족' 혹은 '돼지 발발'이라고 말하고 있는 것이다.

이러한 고기는 대개 허름한 집에서 팔린다. 곱창구이는 왠지 '도라무통' 위에 불판을 놓고 구워 먹어야 제맛을 느낄 수 있을 듯하다. 사람의 손바닥보다 더 큰 소의 혀인 '우설'은 오래된 설렁탕집, 돼지의 위인 '오소리감투'와 암돼지의 자궁인 '애기보' 등은 옹기종기 둘러앉아 먹는 순댓국집에 어울릴 듯하다. 어쩌면 버려질 수밖에 없는 재료를 서민들이 먹는 것일 수도 있다. 그러나 아까운 고기를 버릴 것 하나 없는 고기로 바꾸는 지혜가 깃들인 음식들이기도 하다. 조금 낯설 수 있으나 고기를 알뜰하게 먹는다고 생각하면 그리 이상할 것도 없다. 물론 각각의 맛을 알고 먹으면 기가 막힌 맛이기도 하다.

고기를 먹는 방법

고기를 어떻게 먹어야 맛있는가? 양념이나 곁들여 먹는 다른 음식보다 더 중요한 것은 어떻게 익혀 먹는가다. 인간이 불을 이용하기 전에

■ 창자 하면 떠오르는 것이 '곱창'인데 이 단어는 정말 구성이 특이하다. '곱'은 '기름'을 뜻하는 고유어로 '눈곱', '곱돌' 등에서도 확인할 수 있다. 소의 작은창자에 기름기가 많다 하여 이런 이름이 붙은 것인데 '곱'은 고유어이고 '창'은 중국어니 이와 유사한 예를 찾기가 어렵다. 북쪽 지방에서는 '곱밸'이라 하는데 이것이 더 자연스럽다.

는 날로 먹을 수밖에 없으니 생각할 여지가 없다. 그러나 불을 이용하기 시작하면서부터 고기를 어떻게 익혀 먹을까가 문제가 된다. 불위에 고기를 두면 금세 익으니 가장 손쉬운 방법은 구워서 먹는 것이다. 물을 이용해 삶거나 찌는 방식은 그릇이 있어야 한다는 점에서후대에 나온 조리법일 수밖에 없고, 기름에 튀기는 것은 순도 높은기름과 높은 열이 필요하다는 점에서 더 후대에 나온 조리법일 수밖에 없다.

구워 먹는 고기 하면 가장 먼저 떠오르는 것이 '불고기'인데 이 말은 영 애매하다. '불'과 '고기'가 결합돼 음식 이름이 됐다는 것도 그렇지만 오늘날의 불고기는 불에 굽지 않기 때문이다. 채소와 함께 양념에 재운 고기를 번철에 익혀 먹는 불고기는 외국인들에게도 사랑받는우리의 대표 음식이지만 고기가 불에 직접 닿지 않는다는 점에서 진정한 의미의 불고기는 아니다. 진정한 불고기는 서울 지역의 불고기인 '너비아니'다. 고기를 얇게 저며 넓게 펼친 후 양념을 해서 석쇠에구워 먹는 음식인데 '너비아니'란 이름도 여기에서 유래했다.

물을 이용해 고기를 익혀 먹는 방식으로 가장 먼저 떠오르는 것은보쌈과 샤브샤브다. 돼지고기를 삶아 쌈과 같이 먹는 것으로 잘 알려

■ 고기를 날로 먹는 것은 시대에 역행하는 것이기는 하지만 우리는 날고기를 두 가지나 먹는다. '육회肉膾'와 '육사시미肉さしみ'가 그것이다. '육회'는 말 그대로 '날고기'란 뜻인데 소의 우둔이나 홍두깨살을 얇게 채 쳐서 날로 먹는 음식을 가리킨다. '육사시미' 또한 '회'의 일본어인 '사시미'가 붙은 말이므로 '육회'와 같은 말이어야 한다. 그러나 육사시미는 육회와 비슷한 부위를 쓰되 잘게 채를 치는 대신 물고기 회처럼 얇고 넙적하게 써는 것이 다르다. 어디서 누가 쓰기 시작했는지는 모르지만 재미있는 용법이 아닐수 없다.

진 보쌈의 이름은 특이한 유래를 갖는다. '보쌈' 하면 가장 먼저 떠오르는 것은 과부를 몰래 보에 싸서 데려와 아내로 삼는 것인데 이때의 '보褓(포대기 보)'는 '보쌈'의 '보'와 기원이 같다. 본래 보쌈은 뼈를 발라낸 소나 돼지의 머리를 보에 싸서 눌러놓았다가 썰어 먹는 음식인데 어느 순간부터는 돼지고기 목살이나 삼겹살을 삶아 각종 쌈에 싸 먹는 것으로 바뀌었다. 그래서인지 '보쌈'의 '쌈'을 '보로 싼다'는 뜻이 아니라 '쌈으로 싼다'는 뜻으로 받아들이는 사람이 많다.

　돼지고기에 보쌈이 있다면 쇠고기나 양고기에는 샤브샤브가 있다. 그런데 이 '샤브샤브'란 말은 아무리 봐도 우리말은 아니다. 얇게 저민 고기를 육수에 살짝 데쳐 먹는 이 음식의 이름은 '살짝살짝' 또는 '찰랑찰랑'이란 뜻의 일본어 의태어 '샤부샤부しゃぶしゃぶ'에서 유래한 것으로 보인다. 한때 일부 음식점에서는 '징기스칸'이라고 부르기도 했는데 '징기스칸'이라는 요리는 양고기 구이에 가깝다. 샤브샤브나 양고기 구이가 몽골의 군대와 관련이 있다는 설이 있기는 하지만 대제국을 건설한 칭기즈칸이 한낱 요리 이름으로 전락한 것은 다소 안쓰럽다.

　중국에서 '훠궈火锅/huoguo'라고 불리는 이 음식의 우리 이름은 없다. 혹자는 국수나 국밥의 국물을 뜰 때 뜨거운 국물을 부었다 따랐다를 반복하는 '토렴'을 이와 같은 의미로 쓰고자 하나 토렴은 조리법이라기보다는 음식을 상에 내기 직전에 거치는 간단한 절차 정도의 의미다. 고기와 채소를 배가 부르도록 먹고 국수까지 넣어 끓여 먹는 것도 모자라 다시 밥을 볶아 먹는 독특한 식문화가 정착한 우리의 현실을 생각하면 우리의 이름이 있을 법도 한데 아쉽다.

　　　　　　　　　　　　　　　　　　　　　　　우리 음식의 언어

1781년 겨울, 정조 임금은 규
장각, 승정원, 예문관의 신하들을
불러 '난로회 煖爐會'를 가진다. 난
로회는 화로에 불을 지펴놓고 여
럿이 둘러앉아 고기를 구워 먹는
모임이다. 이 모임에 참석했던 정
약용은 이렇게 회상한다. "임금
께서 하사하신 진수성찬을 열 사
람이 떠맸다나……. 청빈한 선비
입이 황홀하여 놀랄 따름이다."
고기는 이렇게 구워 먹어야 맛있
다. 고기는 혼자 먹으면 맛이 없
다. 여럿이 둘러앉아 숯불에 직접
구워 먹는 것이 최고의 맛이다.
고기가 귀하던 시절, 임금이 하사
한 고기니 그 맛을 음미하며 천
천히 구워 먹는다.

김홍도, 〈눈 속의 난로회〉 (18세기)
눈 내린 겨울밤, 화롯가에 옹기종기 둘러
앉아 고기를 굽고 술을 마시는 모습이 화
기애애하다. (기메박물관 소장 〈사계풍속
도〉)

정약용의 회상을 마음에 새기며 이쯤에서 다시 한 번 묻게 된다. 고
기를 어떻게 먹어야 하는가? 인류는 장기적이고도 만성적인 단백질
부족에 시달려왔다. 그 과정에서 인간은 몸도 영혼도 고기에 집착을
하게 된다. 고기를 잘 먹고, 잘 소화시켜 몸속에 잘 저장할 수 있는 유
전자가 선택을 받았다. 고기라면 사족을 못 쓰고 배가 터지게 먹도록
영혼도 진화되었다. 그러나 사정이 바뀐다. 대규모 공장식 사육이 가

능해지면서 이전의 공급 부족은 해소되었고 원하기만 한다면 고기로 배를 채울 수 있는 여건이 되었다. 누구나 고기를 배부르게 먹을 수 있게 되었다는 사실은 장기적으로 보면 인류에게 새로운 자연선택의 조건이 부과된 것이나 다름없다. 고기로 인한 각종 질병이 그것이다. 고기가 부족할 때는 잠자고 있던 질병이 고기가 풍부해지자 수면 위로 드러난 것이다.

선인들은 '고기가 충분하더라도 고기로 밥을 대신하지 말라'는 말씀을 남긴다. 물론 '부족' 때문에 나온 말이다. 비록 상 위에 고기가 충분하더라도 늘 부족한 고기니 고기만으로 배를 채우지 말라는 말씀이다. 이 말은 묘하게도 오늘날에도 그대로 적용될 수 있다. 고기가 넘쳐나는 시대, 양껏 고기를 먹다가 각종 성인병에 걸리는 시대에 딱 어울리는 말이다. 극단적인 채식주의자들처럼 고기를 안 먹는 것은 개인의 선택이기는 하나 자연의 섭리에 부합하는 것은 아니다. 세상에는 식물성 음식과 동물성 음식이 있고, 우리 몸은 둘 다 필요로 한다. 그러니 답은 결국 적당히 먹는다는 모호한 것일 수밖에 없다.

고기를 한 판 가득 구울 것인가, 한 점 한 점 구울 것인가는 개인의 선택이다. 그러나 고기도 생명이었다는 사실, 생명을 살찌우기 위해 수많은 노력이 들어갔다는 사실, 그 생명이 고기로 바뀌어 사람의 몸에 과도하게 들어올 경우 온갖 질병을 일으킬 수 있다는 사실을 생각하며 한 점 한 점 구워 적당히 먹는 것이 답이다. 우리의 식탁에는 '진짜 반찬' 외에도 오늘날 건강식으로 사랑받는 '건건이'도 많다.

9

살아 있는, 그리고 싱싱한!

물에 사는 동물은 억울하다. 번듯한 이름이 있을 법한데 인간들은 이들을 싸잡아서 '물고기'라고 부른다. '물짐승'이라면 모를까 '물고기'는 말 그대로 물에 사는 고기다. '고기'는 생명체가 아니라 사람의 먹거리다. 그러니 '물고기'는 애초부터 '물에 있는 고기'란 뜻이다. 다른 이름이 있기는 한데 그 이름은 더하다. 수많은 물고기 중에 식용으로 쓰이는 것들은 '생선生鮮'이란 이름으로 불리기도 한다. 한자의 뜻대로 풀이하자면 '살아 있는, 싱싱한'이다. 애초에 먹을 생각으로 잡은 것들이니 신선할수록 좋아서 이렇게 괴상한 이름이 붙은 것이다. 언어는 인간의 것이니 인간을 기준으로 이름을 붙이는 것이 당연하다고는 하나 '신선한 고기'로 불리는 이들은 기분이 나쁠 법도 하다.

물속에는 수많은 생명체가 산다. 최초의 생명체도 물속에서 출현했다고 추측할 만큼 물은 생명의 원천이자 많은 생명체를 품고 있다. 그런데 물은 뭍과는 사뭇 다르다. 인간은 물속에서는 자유롭지 못하기 때문에 이들을 잡으려면 온갖 방법을 동원해야 한다. 낚시, 그물, 통발, 방렴, 독살 등이 그것이다. 이렇게 억지로 물을 떠난 이 생명체들은 오래 견디지 못한다. 바로 목숨이 끊어질 뿐만 아니라 쉽사리 부패한다. 그러니 오로지 먹거리로서 대하는 '물고기'를 넘어서서 싱싱해야 한다고 강박하는 '생선'이란 이름까지 붙은 것이다.

그러나 반드시 생선이어야 하는 것은 아니다. 부패를 방지하기 위해 소금을 뿌리는 것도 방법이고, 말리는 것도 방법이다. 때로는 갈아서 가공을 하기도 한다. 어쨌든 인간의 소중한 먹거리를 알뜰하고도 맛있게 먹기 위해 온갖 방법을 동원한다. 그만큼 물고기 또한 인간의 삶에서 떼어놓을 수 없는 중요한 존재다. 그래서 문명과 고립되어 혼자 살게 된다면 산속보다는 물가가 낫다. 산속에도 단백질 공급원이 많이 살지만 물속에 더 많이 살고 있고 잡기가 더 쉬울 때도 많다.

그런데 물속에 산다고 해서 모두 물고기이거나 생선인 것은 아니

생선, 신선한 고기?
'살아 있는, 싱싱한'이란 의미의 생선은 인간의 밥상에 없어서는 안 될 소중한 먹거리다.

우리 음식의 언어

다. 딱딱한 껍질에 둘러싸여 있는 조개, 게, 새우 등을 '물고기' 혹은 '생선'이라고 불러도 되는지 혼돈스러워하는 사람들도 많다. 그러나 한 가지 분명한 것은 있다. 물속에 사는 것들이 영양학적으로는 주요한 단백질 공급원일 뿐만 아니라 맛이 기가 막히다는 것이다. '물고기' 덕에 새로운 이름을 가지게 된 '육고기'가 가지고 있지 않은 색다른 맛을 제공한다. 물고기가 없는 우리의 밥상은 상상하기 어렵다.

물고기의 돌림자

"엔지에이 NGA? 엔가? 은가? 응가? 응아? 이게 성인가요? 이름인가요?"

기숙사 직원은 대답할 틈도 주지 않고 연신 질문을 던진다. 베트남에서 유학 온 팜티탄아 Pham Thi Thanh Nga는 늘 겪는 일인데도 여전히 답답한 표정이다.

"성은 '팜'이고 이름은 '탄아'입니다. 보통은 '아'라고 불러요."

발음을 들어보니 왜 이름을 'A'가 아닌 'Nga'라고 쓰는지 이해가 된다. 이름의 발음을 유심히 들어보면 '응아'도 아니고 '아'도 아니다. 한 번에 발음을 하니 '응아'와 같이 두 글자로 적으면 안 된다. 한글로는 적을 방법이 없는데 세종대왕께서 허락하신다면 'ㅇ아'라고 적고 싶을 지경이다. 발음은 '응아'에서 '으'를 빼고 콧소리만 남긴 후 '아'와 결합하면 된다.

"이렇게 하면 되나? '팜티탄ㅇ아'라고?"

"맞아요. '으아'예요. 베트남에 제일 많은 성씨도 '응웬'이 아니라 '으웬'이에요."

하마터면 '응가'라는 이름으로 불릴 뻔하다가 구제되고 나니 '으아'의 얼굴이 한결 밝아진다.

🍚

싸잡아서 '물고기'로 불리지만 각각의 물고기는 저마다의 이름을 가지고 있다. 이름을 짓는 방법은 여러 가지가 있지만 가장 흔한 방식은 역시 끝에 돌림자를 쓰는 것이다. 물고기 이름의 돌림자는 뭐니 뭐니 해도 한자에서 유래한 '어魚'다. 우리의 고유한 이름이 없는 경우에는 대개 '어' 앞에 한 글자 정도를 더 써서 물고기의 이름으로 삼는다. 붕어, 잉어, 숭어, 상어, 농어, 장어, 송어, 청어, 오징어, 문어 등 그 예는 일일이 열거하기가 벅차다. '어' 앞에 붙은 각각의 글자가 각각의 물고기를 나타내는 고유한 이름이고 '어'는 돌림자처럼 붙은 것이니 쉽사리 수긍이 가는 이름이다.

그런데 묘하게도 '어' 앞에 붙는 글자의 받침에 'ㅇ'이 붙은 것이 많다. '장어', '송어', '청어' 등은 본래 '長魚', '松魚', '靑魚'여서 받침에 'ㅇ'이 붙은 것이 당연하지만 나머지는 본래의 한자를 따져보면 좀 아리송해진다. 가장 익숙한 '붕어'와 '잉어'는 한자로 각각 '鮒魚'와 '鯉魚'로 쓴다. 앞에 쓰인 글자는 둘 다 어려운 글자이긴 하지만 발음이 '부', '리(이)'라는 것은 어느 정도 추측이 된다. '상어'와 '농어'도 한자로는 '鯊魚'와 '鱸魚'인데 앞 글자의 발음은 각각 '사'와 '로(노)'다. 결국 본래 없었던 'ㅇ'이 끼어들었다는 것인데 그 이유가 궁금하지 않을 수 없다.

세종대왕 시절의 문헌을 살펴보면 '魚'는 '어'와 같이 'ㅇ'이 아닌 'ㆁ'을 쓰고 있다.■ 'ㆁ'이 첫머리에 오지 않는다는 것을 감안하면 'ㆁ'이 제대로 발음되었을까 하는 생각이 들기도 하지만 그 흔적이 오늘날의 물고기 이름에 남아 있다. '부어', '이어', '수어', '사어', '노어'가 되어야 할 것들이 모두 받침에 'ㆁ'을 달고 남아 있다는 것은 과거에 '어'의 'ㆁ'이 본래대로 발음되었다고 볼 수밖에 없다. '부어'로 쓰던 것이 'ㆁ'이 사라지면서 '부어'가 되어야 했지만 'ㆁ' 발음이 남아 '붕어'가 된 것이다. 이런 이유에서인지 사전에는 이런 물고기들의 한자를 따로 밝히지 않고 있다.

그렇다면 '오징어'는 어떻게 된 것일까? '오징어'의 어원에 대해서는 한자와 관련지으려는 설명이 있다. '오징어'를 '오적어烏賊魚'가 변한 말로 보는 것이 그 하나다. 뜻으로 보면 '까마귀의 적인 물고기'인데 오징어가 까마귀를 잡아먹는다고 생각해서 갖다 붙인 것이다. 옛책에 이러한 설명이 있으니 믿고 싶기도 하겠지만 그대로 믿었다가는 웃음거리가 되기 십상이다. 옛 문헌을 보면 '오징어'는 '오증어'로 나온다. 여기에 억지로 한자를 갖다 붙여 '烏賊魚'를 만든 다음에 이런

■ '웅'에는 'ㅇ'이 두 개 쓰였지만 소리는 다르다. 받침의 'ㅇ'은 소리가 있지만 첫머리의 'ㅇ'은 소리 없이 글자의 모양을 만들기 위해 채워놓은 것이다. 받침의 'ㅇ'은 본래 머리에 꼭지가 있는 'ㆁ'이었는데 이 글자 대신 'ㅇ'을 쓰고 있다. 받침의 'ㆁ', 즉 세종대로 말하자면 '옛이응'은 첫머리에 오지 못한다. 우리말뿐만 아니라 베트남이나 아프리카의 일부 언어를 제외하면 대부분의 언어에서 그러하다.

설명을 붙인 것인데 까마귀는 대왕오징어가 사는 먼 바다까지 절대로 가지 않는다.

물고기 이름에 '어' 다음으로 많이 쓰이는 돌림자는 '치'인데 '꽁치', '멸치', '준치', '날치', '가물치' 등등 그 예가 꽤나 많다. '어'를 생각해 보면 이 '치'도 한자일 것 같다. '꽁치', '멸치', '준치'는 옛 책에 각각 '공어 貢魚', '멸어 蔑魚', '준어 俊魚'로 나타나니 '치'가 '어'와 관련이 있을 것이란 생각이 자연스럽게 든다. 그러나 '날치', '가물치'를 생각해 보면 꼭 그런 것 같지도 않다. '날치'는 지느러미가 날개 모양으로 생겨 날아다닌다고 해서 붙여진 이름이니 '날'은 한자가 아니다. '가물치'도 우리가 《천자문》을 욀 때 '검을 현 玄'을 '가물 현'이라고 하듯 몸빛이 검다는 것에서 온 말이니 역시 한자가 아니다. 결국 '치'는 굳이 한자와 관련지을 필요는 없어 보인다.

'치'를 돌림자로 가진 생선은 제사상에 올리지 않는 관습이 있다. 어종으로 보나 생김새로 보나 이런 물고기를 기피하는 이유를 찾기가 어려우니 한자 '어'가 붙은 물고기를 우대하는 것 정도로 추측할 수 있을 따름이다. 우리말에서 '치'는 사람을 낮잡아 이를 때도 쓴다. 물고기 이름에 붙는 '치'와 이때의 '치'가 같은 것이라는 보장은 없다. 고등어와 꽁치를 비교해봐도 크기 외에는 별 차이가 느껴지지 않는다. 엉뚱하게도 고등어가 집안 미세먼지의 주범으로 몰려 천덕꾸러기가 되고 갈치는 잘 잡히지 않아 '금치'가 되기도 한다. 결국은 그때그때의 사정에 따라 말이 달라지고 그것에 부여하는 가치가 달라지는 것일 뿐이다.

우리 음식의 언어

참으로 혼란스러운 물고기가 하나 있다. '명태', '생태/선태', '동태', '황태', '북어/건태', '먹태/흑태', '낚시태', '그물태', '진태', '코다리', '노가리' 등으로 불리는 물고기가 그것이다. 생선 하나에 이렇게 많은 이름이 붙었다는 것은 그만큼 우리가 흔히 볼 수 있다는 뜻이기도 하고 쓰임새나 가공법이 다양하다는 증거이기도 하다. 여러 이름 중에 대표는 역시 '명태'다. '명태'는 물고기 이름으로는 드물게 '明太'라는 분명한 한자 이름을 가지고 있다. 함경북도 명천明川의 태씨太氏 성을 가진 어부가 잡은 물고기라 하여 지명과 성을 한 글자씩 취해 '明太'라고 했다는 기록이 남아 있으나 그냥 재미있는 이야기 정도로 받아들이는 것이 좋다. '북어'도 마찬가지다. 너무도 친숙한 탓에 고유어라고 생각하기 쉬운데 사전에는 '北魚'라는 한자가 덧붙어 있다. 뜻으로만 보면 북쪽에서 온 물고기, 혹은 북쪽에서 가공된 물고기일 텐데 그 유래에 대해서는 고개를 갸웃할 수밖에 없다.

그렇지만 우리말에서의 쓰임을 보면 '태'가 마치 이 생선 자체를 나타내는 것처럼 돌림자로 쓰인다. 명태 중에 생물 상태인 것은 '생태生太' 또는 '선태鮮太'라고 하고 얼려서 유통되는 것은 '동태凍太'라고 한다. 말린 명태인 북어의 다른 말은 '건태乾太'다. 건태 중 겨울의 야외 덕장에서 얼고 녹고를 반복하며 말라서 노란색의 살이 잘 부풀어 오른 것을 '황태黃太'라 하는데 그 결이 더덕과 같아서 '더덕북어'라고도 부른다. 북어 중에 질이 좀 떨어져서 검은색을 띠고 있는 것은 따로 '먹태'라고 부르기도 한다. 바싹 말리지 않고 꾸덕꾸덕하게 말린 것은

'코다리'라고 따로 구별한다. 명태의 새끼는 '노가리'라 하는데 꿰어 말려서 술안주로 많이 쓴다.

　명태는 버리는 것 없이 알뜰하게 다 먹는다. 생태나 동태로 탕을 끓일 때는 내장을 버리지 않고 함께 끓인다. 이때 빠지지 않는 것이 '알'과 '곤이'다. 암컷의 배에서 나오는 알은 모양새만 봐도 금세 구별해 낼 수 있지만 곤이는 좀 헷갈린다. 사전을 보면 '곤이'를 물고기 배 속의 알 또는 새끼라고 풀이하고 있지만 실제의 쓰임과는 다르다. 보통 '곤', '곤이', '고니' 등으로 부르는 이 부위는 창자처럼 보이지만 창자가 아닌 수컷의 정소다. 탕에 알과 곤이가 같이 있으면 명태가 적어도 암수 한 쌍이 들어간 것이다. 알로는 명란젓을 만들기도 한다. 창자는 따로 발라내어 창난젓을 만든다.

　'버릴 것이 없다'는 말은 소에게도 쓰고 명태를 비롯한 물고기에도 쓴다. 소는 살코기와 뼈는 물론 가죽과 뿔까지 알뜰하게 다 소용이 있으니 버릴 것이 없다. 명태는 신선하면 신선한 대로, 얼면 언 대로, 마르면 마른 대로 다 먹는다. 창자, 알, 정소까지 다 먹으니 정말 버릴 것이 없다. '물고기는 대가리가 맛있고 육고기는 꼬리가 맛있다'는 뜻의 '어두육미魚頭肉尾'란 말이 있지만 이 말은 거짓말이다. 실상은 가장 먹잘 것이 없는 부위를 맛있다고 속여서 버릴 것이 없도록 하는 것이다. 그것이 귀한 '남의 살'을 대하는 태도일 것이다.

우리 음식의 언어

물텀벙의 신분 상승

윤회를 아는가, 혹은 믿는가? 불교의 윤회를 잘 모르고 믿지 않더라도 '지옥', '아귀', '축생', '수라' 중 일부는 꽤나 익숙한 말이다. 전생의 업에 따라 다시 태어날 곳이 정해지는데 최악은 '지옥地獄'이고 그다음이 '아귀餓鬼'다. '아귀다툼'이란 말로 익숙한 '아귀'는 몸뚱이는 큰데 목구멍이 바늘구멍만큼 좁아서 늘 배고픔에 시달리는 귀신이다. 그다음이 동물로 태어나는 '축생畜生'이고 그다음이 '수라修羅'다. 수라는 항상 싸움만 일삼는 귀신인데 우리에게는 '아수라장'이란 말이 익숙하다. 인간으로 태어나기 위해서는 전생에 엄청난 업을 쌓아야 한다. 그러니 인간으로 살고 있는 모두가 감사해야 한다.

몸뚱어리의 반 이상을 차지하는 커다란 입, 날카롭고도 촘촘한 이, 아무리 생긴 것은 제 맘이라지만 이 물고기는 볼 때마다 정나미가 떨어진다. 못생겼다기보다는 끔찍하게 생겼다는 것이 맞다. 머리를 떼어내고 나면 남는 살이 별로 없는 데다 그나마도 흐물흐물하기까지 하다. 배를 갈라보면 큰 입을 통해 통째로 삼킨 물고기가 여럿 보인다. 어부들이 반길 리 없는 물고기다. 그러니 잡히는 족족 바닷물에 다시 던져 넣는다. 묵직한 몸뚱이가 물에 떨어질 때마다 '텀벙텀벙' 소리가 난다. 그래서 붙은 이름이 '물텀벙'이다. 재치 있게 표현해서 '물텀벙'이지만 실제로는 버리는 소리니 '쓰레기 고기'라고 해도 할 말이 없는 이름이기도 하다.

이 물고기의 본래 이름은 '아귀'다. '아구'라고 하는 이도 많은데 '손아귀'와 '손아구', '구절'과 '귀절'이 혼동되어 쓰이는 것을 감안하면 결국 같은 말이다. 사전에서는 이 물고기의 이름인 '아귀'와 불교 용어인 '아귀'를 계통이 다른 것으로 풀이하고 있지만 둘 사이에는 밀접한 관련이 있어 보인다. 아귀는 참으로 불쌍한 귀신이다. 커다란 몸뚱이에 바늘구멍 크기의 목구멍, 그러니 늘 굶주림에 시달릴 수밖에 없다. 그런데 물고기 아귀는 반대다. 엄청난 크기의 입으로 제 몸보다 큰 물고기도 삼킬 수 있다. 그렇게 삼킨 물고기가 배 속에 가득 차 있으니 굶주림에 시달릴 일이 없다는 것이 아귀 귀신과 다르다.

그런데 생김새 때문에 버려지던 이 물고기가 어느 날 솜씨 좋고 알뜰한 할머니 덕에 새로운 요리로 자리 잡는다. 꾸덕꾸덕하게 말려둔 아귀에 갖은 양념을 하고 콩나물, 미나리, 미더덕 등을 넣어 함께 조리한다. 쪄낸다기보다는 볶아내는 것에 가까운데 이름은 '아구찜'으로 정해진다. 찜만으로는 아쉬웠는지 탕으로도 만들어져 '아구탕'이란 이

인천의 물텀벙 거리
재수 없다며 어부들에게 버림받던 물고기인 아귀. 지금은 아귀만 취급하는 식당 거리가 있을 만큼 인기가 좋다.(한국관광공사)

우리 음식의 언어

름이 붙는다. 고기보다 많은 콩나물과 미나리 줄기, 뼈인지 살인지 구별이 잘 안 되는 질감의 살덩이, 살점이 붙어 있기는 하나 빗자루처럼 보이기도 하는 지느러미 등 호감을 주지 못하는 요소가 많기는 하지만 매콤하고도 얼큰한 맛은 꽤나 인기가 있다. 물텀벙이가 하루아침에 팔자를 고치는 형국이다.

물고기의 스토리텔링

10월 어느 날 밤 10시 중랑구의 한 전철역, 늦게 대학원 공부를 하느라 지친 아내가 터벅터벅 지하철 계단을 오른다. 아내를 기다리다 저녁때를 놓친 남편은 그런 아내를 안타까운 마음으로 맞이한다. 둘 다 배는 고픈데 시간이 늦어 밥집은 다 문을 닫았다.

"새벽에 집 나간 마누라가 늦게라도 돌아왔으니 전어 사줄게."

몇 번이고 접어서 말하는 충청도 남자의 말을 알아들었을 리 없는 아내는 실망한 표정을 지으며 허름한 막회집으로 따라 들어간다. 뼈째 썰어져 나온 은빛 회, 그리고 한 뼘도 채 안 돼 먹잘 게 없어 보이는 구이 몇 마리. 아내는 못마땅한 젓가락질을 몇 번 한다. 그런데 점점 변하는 아내의 얼굴과 빨라지는 젓가락질. 고소한 맛이 코로 느껴지는지 깨가 쏟아지던 시절의 표정으로 남편을 쳐다본다.

그렇게 시작된 가을날의 전어에 대한 추억 때문에 해마다 가을이 되면 남편은 바빠진다. 9월이면 아직 이른데 아내의 성화에 못 이겨 어떻게든 전어를 구해서 바쳐야 한다. 어쩌다 장모님까지 그 맛에 중독되어 더 바빠진다. 가을 한철 먹는 전어가 서 말은 족히 될 듯한데 그래도 행복한 비명이다. 전어 서 말로 쏟아지는 깨 서 말을 가을마다 받을 수 있다면.

🍚

전어錢魚, 참 특이한 이름을 가진 물고기다. 말 그대로 '돈고기'인데 돈처럼 생기지는 않았다. 워낙 맛이 있어 사람들이 돈(錢, 돈 전)을 아끼지 않고 사 먹었다고 해서 붙은 이름이라는데 아무리 생각해도 지어낸 이야기인 듯하다. 그런데 이 물고기는 시쳇말로 하자면 '스토리텔링'의 결정체다. '봄 도다리, 가을 전어'란 말로 전어는 가을에 먹지 않으면 안 될 듯한 물고기가 된다. '가을 전어는 깨가 서 말'이란 허풍으로 그 고소한 맛을 과장하고, '가을 전어는 집 나간 며느리도 돌아오게 한다'는 말로 사람들의 마음을 흔든다. 어쨌든 10월만 되면 누구나 전어와 관계된 이러한 말들을 한마디씩 하며 꼭 먹어야겠다는 생각을 하게 된다.

전어가 이런 영광을 누리는 데 비해 밴댕이는 억울하다. 그 속을 본 적이 없는 사람도 밴댕이의 소갈머리, 혹은 소갈딱지를 탓한다. 짐승이든 물고기든 내장은 필요한 만큼만 있는 법, 내장이 크다고 좋을 게 없고, 내장이 작다고 흠 될 것이 없다. 명태나 대구의 곤이나 홍어의 애처럼 별미라면 내장이 많아도 좋다. 그러나 멸치처럼 제 몸에 비해 너무 큰 똥인지 내장인지를 발라내야 한다면 그리 반길 일은 아니다. 그런데 밴댕이만은 속이 작다고 늘 타박을 받는다. 정말로 내장이

　　　　　　　　　　　　　　　　우리 음식의 언어

작아서인지, 아니면 성질이 급해서 물 밖에 나오자마자 죽어서인지는 모르지만 이 생선은 그리 알려져버린다.

그나마 준치는 나은 편이다. 얼마나 맛있으면 '썩어도 준치'일까? 생김새는 밴댕이와 비슷한데 큰 것은 50센티미터 내외이니 밴댕이에 비해서는 많이 크다. '준치'의 '준佼'은 '뛰어나다'는 의미다. 다른 물고기에 비해 그 맛이 뛰어나 썩어도 준치가 낫다는 식의 말이 만들어진 것이다. 그 맛을 즐기기 위해서는 지독히도 많은 가시를 견뎌야 하지만 맛을 아는 사람들에게는 그래도 '준치'다.[*] 그래서인지 썩은 준치를 먹어봐야 할 것 같은 느낌을 준다.

'명천의 태씨에게 잡힌 물고기'로 둔갑한 명태만큼 억울한 물고기가 하나 더 있으니 바로 '도로묵'이다. 하필 조선의 역대 임금 중 가장 인기가 없는 선조가 임진왜란 때 피란을 가다가 잡수셨다는 물고기가 이 물고기다. 먹을 것이 부족한 상황에서 그 맛이 기가 막히게 느껴졌는지 본래 이름인 '묵' 대신 '은어'라는 이름을 하사한다. 전쟁이 끝난 후 그 맛이 그리워서 다시 먹어보니 너무 맛이 없어 '은어'라는 이름을 물리고 '도로 묵'이라고 변덕을 부린다. 이야기는 대충 이런데 임금이나 물고기 모두를 깎아내리는 이야기가 아닐 수 없다.[**]

[*] 준치는 한자로는 '진어眞魚'라고도 하는데 이게 좀 난감한 이름이다. '진어'를 우리말로 풀면 '참치'인데 참치는 먼 바다에 있다. 그리고 우리 입에는 '참치'가 잘 붙는데 사전에서는 '참다랑어'라 쓰라고 지시하고 있다. 지금이야 '준치'를 '진치'라 하는 사람이 없으니 헷갈릴 일은 없다.

[**] 이 물고기의 이름은 본래 '묵'이었을 가능성이 높다. '묵'도 여러 종류가 있으니 그중 하나가 '돌묵' 정도였을 수 있다. '돌묵'이 '도루묵'이 되는 것은 설명이 가능하다. '묵'도 있고 '돌묵'도 있으니 이야기를 지어내기 좋아하는 사람이 임진왜란과 선조를 끌어다 붙인 것으로 보인다.

이러한 스토리텔링이 물고기를 잡아 파는 사람들에게는 좋을지 모르지만 물고기들에게는 썩 반가운 일이 아니다. 제철 물고기는 다 맛있다. 겨울을 나기 위해 몸에 통통하게 살이 오를 무렵이니 가을 전어는 고소한 맛이 일품이고, 겨울에 산란을 하느라 비쩍 말랐던 몸에 봄이 되어 다시 살이 오르니 봄 도다리는 맛이 있을 수밖에 없다. 그러니 꼭 이런 이야기에 끌려 전어나 도다리를 찾기보다는 제철 생선을 찾는 것이 나을 수 있다. 물론 물고기를 잡아 파는 사람들은 이런 스토리를 부지런히 만들어야 더 높은 가격을 받을 수 있을 테니 도루묵, 전어 등의 사례를 본받을 만하기도 하다.

살아 있는 것과 신선한 것의 차이

불을 자유자재로 다루는 인간이지만 어떤 고기는 날로 먹는 것이 더 맛있을 때도 있다. 그러나 날고기는 일부 축복받은 이들만 먹을 수 있다. 고기의 최대 적은 변질과 부패다. 동물의 목숨이 끊어지는 순간 변질과 부패가 일어나기 시작하니 이것을 늦출 수는 있어도 막을 수는 없다. 그것이 자연의 섭리다. 그러니 가능한 빨리 먹어야 하고 익혀 먹어야 한다. 그런데 산지의 사람들은 날고기를 먹을 수 있다. 고기를 도축하는 사람들, 물고기를 잡는 사람들이 그들이다. 극히 한정된 이들만 싱싱한 상태의 고기 본연의 맛을 즐길 수 있으니 축복이 아닐 수 없다.

날것으로 먹는 물고기에는 별도의 이름이 있으니 '회膾'가 그것이

다. '회'는 본래 한자인데 과거에는 여기에 '갓'을 붙여 '횟갓'으로 쓰기도 했다. 오늘날에는 '회깟'으로 표기가 바뀌었는데 생선회가 아닌 소의 내장을 잘게 썰어 양념한 회를 가리킨다. 한자의 본고장 중국에서는 이제 '회'라고 하지 않고 '성위펜 生魚片/shengyupian'이라고 부른다. 일본에서는 다소 엉뚱하게 '몸을 찌른다'는 뜻의 '사시미 刺身/さしみ'라고 한다. 회를 '사시미'라고 한 데에는 여러 이유가 있지만 어쨌든 이것이 서양에도 전해져 서양 사람들도 '사시미 sashimi'라고 부른다.

'회'라 부르든 '사시미'라 부르든 결국 물고기를 날것으로 먹는 것인데 실제 용법상으로는 미묘한 차이가 있다. 우리나라에서는 '횟집'에서 먹는 회와 '일식집'에서 먹는 회가 다르다. 바닷가, 수산시장, 동네를 가리지 않고 있는 '횟집'에는 어김없이 커다란 수족관이 있다. 손님들은 수족관에서 가능한 한, 싱싱한 놈을 골라 그 자리에서 떠주는 회를 먹는다. 살아 있는 물고기를 바로 잡아서 먹으니 '활어회'라 한다. 반면에 '선어회'는 살아 있는 물고기를 잡아서 숙성시키기도 하고, 죽은 지 최대 3~4일가량 되었지만 신선하게 보관된 것을 쓰기도 한다. 죽었지만 신선하다는 면에서 문제가 없고 숙성이 되면서 맛이 더해졌으니 활어회보다 더 맛이 좋다.

바닷가에서나 맛볼 수 있었던 회, 특히 활어회가 널리 퍼진 데에는 양식장과 활어운반차의 덕이 크다. 횟감으로 쓰일 물고기를 길러서 수조가 장착된 차로 옮기니 바다와 멀리 떨어진 산골짜기에서도 활어회를 즐길 수 있게 된 것이다. 그렇더라도 물고기를 잡아서 먹는 이의 눈앞에까지 산 채로 유통시키는 것은 쉬운 일이 아니다. 유통 비용이나 맛을 생각하면 선어회가 더 나을 듯도 한데 그렇게 되기 위해서는 믿음이 필요하다. 횟집 주인은 죽었지만 싱싱한 재료를 써야 하고, 손님은 그 주인을 신뢰할 수 있어야 한다. 그러나 온갖 비리가 있을 때마다 '썩은 비린내'가 진동한다고 표현을 하니 가뜩이나 비린내가 나는 생선에 대해 언제나 믿음이 쌓일지 요원하다.

　일식집의 또 다른 메뉴 중 하나가 '초밥' 혹은 '스시'다. '스시寿司'는 일본말인데 일본이 이 음식을 세계화시키다 보니 서양 사람들도 '스시'라 부른다. 우리는 이것을 '초밥'이라 바꿔 부르는데 여기에도 미묘한 차이가 있다. '초밥'이란 말에서 알 수 있듯이 밥에 초를 가미하여 만든 음식인데 본래는 모양이나 조리법이 오늘날과 달랐다. 밥, 생선, 소금, 식초 등을 섞어 시큼하게 발효시켜서 먹는 음식이었으니 '초밥'이란 말이 어울린다. 그러나 오늘날에는 초를 가미한 밥을 그 위에 각종 회를 올리거나 다른 재료로 싸서 먹으니 본래의 초밥과는 많이 다르다. 초밥이든 스시든 본래의 조리법이나 모양과는 많이 달라졌으니 어느 말을 써도 무방하다. '회전 초밥집'에 가서 '스시'를 먹는다는 말이 공존하고 있으니 말이다.

'썩다'와 '삭다'의 차이

'이이제이以夷制夷', '오랑캐로써 오랑캐를 막는다'는 뜻이다. 생선의 보존 처리 과정에도 이 전술은 그대로 활용될 수 있다. 미생물로써 미생물의 번식을 막는 방법이 그것이다. 생선 '생물'에 '미생물'이 번식하면 부패가 시작된다. 한자어 '부패腐敗'를 고유어로 표현하면 '썩다'다.

고약한 냄새를 풍기며 살이 흐무러지고 독성물질이 생겨나 먹으면 탈이 난다. 그런데 미생물이라고 다 같은 미생물인 것은 아니다. '부패'가 아닌 '발효'가 일어나게 하는 미생물이 그것이다. 발효도 생선의 물리적, 화학적 성질이 바뀌는 과정이기는 하지만 몸에 이로운 물질을 만들어내고 독특한 풍미까지 더한다.

부패하는 것과 발효되는 것은 결국 '썩다'와 '삭다'의 차이다.[*] 썩은 것은 먹을 수 없지만 삭은 것은 색다른 맛을 즐길 수 있다. 오래오래 잘 삭은 것은 '곰삭다'라는 표현까지 쓴다. '썩다'는 과거에는 '석다'였으니 '썩다'와 '삭다'는 정말 '아' 다르고 '어' 다른 말이다. 이 정도의 차이만 가진 단어라면 본래 뿌리가 같았을 가능성이 있다. '삭다'를 젓갈에 쓰면 괜찮아도 사람에게 쓰면 기분이 좋지 않음을 생각해보면 된다. 그러나 썩는 것과 삭는 것이 다르니 뜻의 변별을 위해 소리가 조금 달라진 것으로 보인다.

젓갈은 발효시킨 생선에 따라 이름이 정해진다. 새우를 발효시키면 새우젓, 조개를 발효시키면 조개젓, 멸치를 발효시키면 멸치젓이 되는 것이다. 한 술 가득 뜬 흰밥에 올려서 먹기 좋은 어리굴젓은 그 맛뿐만 아니라 이름으로도 유명하다. 굴로 만들었으니 '굴젓'인 것은 당연한데 '어리'의 뜻이 궁금한 것이다. 소금을 조금만 뿌려 살짝 간을 하는 것을 '얼간'이라 하는데 어리굴젓은 간을 많이 하지 않는 것을 감안하

---

[*] 발효를 일으키는 미생물은 흔히 효모균이라 하는데 고유어로는 '뜸팡이'다. 발효균의 작용으로 가공된 해산물 중 대표적인 것이 '젓' 혹은 '젓갈'이다. '젓'은 발효시킨 결과물 자체를 뜻하고, '젓갈'은 그것으로 만든 반찬을 뜻하기도 하지만 실제 용법에서는 구별되지 않는다.

면 '얼간'의 '얼'이 굴젓 앞에 붙은 것으로 보인다. 곰삭은 젓갈에서 물만 따로 추출한 것을 '액젓'이라 하는데 '액液'은 한자이니 '액젓'은 한자와 고유어가 결합된 독특한 말이다. 까나리를 본 사람은 드물어도 까나리액젓을 모르는 사람은 없으니 우리 곁에 아주 가까이 와 있는 말이다.

젓갈도 삭힌 음식으로 유명하지만 삭힌 음식의 대표는 누가 뭐래도 홍어다. 홍어를 오래 두면 암모니아 발효가 일어난다. 그 과정에서 특유의 쏘는 냄새가 나면서 다른 잡균들의 번식을 막는다. 코가 뻥 뚫릴 정도로 쏘는 삭힌 홍어와 탁주(막걸리)를 같이 먹는 것이 '홍탁'이다. 삭힌 홍어와 돼지고기 수육을 묵은 김치로 싸서 세 가지를 함께 먹는 것이 '삼합'이다. 어느 것으로 먹든 삭힌 홍어의 톡 쏘는 맛이 느껴져 호불호가 분명히 갈리지만 한 번 맛을 들이면 헤어 나오기 어려운 맛이기도 하다. 잘 삭은 홍어의 냄새는 독하기는 하지만 역하지는 않기 때문이다.

홍어삼합
홍어, 돼지고기, 묵은지, 이 세 가지를 함께 내는 홍어삼합. 홍어의 톡 쏘는 맛이 부담스러운 이에게 좋다. 바다와 뭍의 두 가지 고기와 채소가 어우러진 멋진 음식이다.

음식의 냄새는 삶의 냄새다. 홍어가 많이 잡히는 지역에서는 홍어를 많이 먹는다. 홍어가 발효되면서 특유의 냄새가 나지만 그것이 별미가 되기도 한다. 그러나 그것에 익숙하지 않은 사람들은 얼굴을 찡그리기도 한다. 이것이 홍어가 많이 잡히는,

그래서 홍어를 많이 먹는 지역에 대한 편견과 연결된다. 그러고는 지역에 대한 비하와 차별, 그리고 멸시가 이루어진다. 그런데 상어고기인 돔배기도 강한 냄새가 나기는 마찬가지다. 최근에 널리 알려지게 된 과메기 또한 역하게 느끼는 이들이 많다. 돔배기도, 과메기도 삶의 냄새가 배어 있는 음식이다. 그 삶의 냄새를 비하하고 그것을 먹는 사람들을 차별하고 멸시하는 것은 삶의 향기 자체를 거부하는 것일 수도 있다.

관목어와 자린고비

과메기는 말린 청어인 '관목청어貫目靑魚'에서 나온 말이다. 꼬챙이 같은 것으로 청어의 눈을 뚫어 말렸다는 뜻이다. 영일만에서는 '목'이란 말을 흔히 '메기' 또는 '미기'로 불렀다. 이 때문에 '관목'은 '관메기'로 불리다가 오랜 세월을 지나면서 '관'의 'ㄴ' 받침이 탈락되고 '과메기'가 되었다. 동해에는 예로부터 청어잡이가 활발해 겨우내 잡힌 청어를 냉훈법이란 독특한 방법으로 얼렸다 녹였다 하면서 건조시킨 것이 과메기이며 청어과메기의 건조장은 농가 부엌의 살창이라는 것이었다. 농촌에서는 밥을 지을 때 솔가지를 많이 때는데 이 살창은 솔가지를 땔 때 빠져나가게 하는 역할을 했다. 이 살창에 청어를 걸어두면 적당한 외풍으로 자연스럽게 얼었다 녹았다 하는 과정이 반복되고 살창으로 들어오는 송엽향까지 첨향되었다고 하며 이렇게 완성된 청어과메기는 궁중에까지 진상되었다고 한다. 지금의 꽁치를 그냥 바람이 잘 생선이 얼고 녹고를 반복하면서 마르면 독특한 풍미가 난다. 이렇게 말린 것으로 일찌감치 알려진 것이 황태다. 기름기가 적은 명태는 물기가 완전히 빠져 푸석푸석해진다. 그러나 기름기가 아주 많은 비웃(청어)이나 꽁치는 기름기가 뚝뚝 떨어지면서 약간 투명하고 꾸덕꾸덕하게 말라간다. 시작은 그랬을 것이다. 많이 잡아 다 먹지 못한 청어와 꽁치의 내장을 떼어내고 살창 곁에 걸어놓는다. 다행히 추운 날씨에 얼고 녹고를 반복하면서 적당하게 마른다. 마른 그것을 손질해 먹으니 특별한 맛이 난다. 그렇게 건조 방법과 먹는 방법이 퍼져 나가지만 아직 이름이 없다.

시청 홈페이지의 설명대로라면 이때쯤에 글깨나 아는 선비가 등장해야 한다. 어부들이 생선을 꿰어 말리는 것을 보고 '눈을 꿰었다'는 뜻의 '관목貫目'이라는 한자 이름을 지어주었을 가능성도 있다. 아니, '관목'과 비슷한 발음의 이름이 이미 있었는데 선비가 뜻을 고려해 한자를 붙여 기록에 남겼을 가능성이 더 크다. 그러나 시청 홈페이지의 설명처럼 '목'이 '메기' 또는 '미기'가 되기는 어렵다. 본래 '과머기' 또는 '과메기'가 오늘날까지 그대로 이어져 내려온 것일 가능성이 더 크다. '관목'을 인정하고 싶다면 실제로 부를 때는 '관목이'라고 불렀다고 보아야 한다. 받침이 있는 이름에 '이'를 붙이는 것은 흔한 일이고 생선의 이름 역시 '삼숙이', '심퉁이' 등 '이' 자 돌림이 많다.

　　　　　　　　　　　　　　　　　　　　우리 음식의 언어

'관목이'가 '관뫽이'가 되고, 다시 '관메기'가 되는 것은 극히 자연스러운 변화다. '보기 싫다'가 '뵈기 싫다'가 되고 이때 '뵈기'의 발음은 [베기]가 되는 것과 같은 이치다. '관메기'를 발음해보면 뒤의 'ㅁ' 때문에 앞의 'ㄴ'은 'ㅁ'으로 발음된다. '판매'를 빨리 발음해보면 금세 알 수 있다. 그리하여 '괌메기'가 되면 겹치는 'ㅁ'이 거추장스러워 하나는 떼어버릴 수 있다. 마침내 '과메기'가 된다. 이를 '과미기'라고 하는 이도 많은데 '메기'가 '미기'가 되는 것은 흔한 일이다. 민물고기 '메기'를 '미기'라고 하는 지역도 많고, '세다', '떼다' 등을 '시다', '띠다'라고 하는 사람도 많다. 굳이 한자 이름 '관목'을 살리려면 이렇게 복잡한 설명이 필요하다. 어느 설명을 취하든 고소한 과메기의 맛에는 영향을 주지 않는다.

 과메기만큼이나 생선 자체의 맛도 좋지만 재미있는 스토리텔링이 더해져 더 유명해진 물고기가 있으니 그 이름은 '굴비'다. 구두쇠로 이름난 '자린고비'란 자가 있었는데 반찬값을 아끼려 굴비를 매달아놓고 쳐다만 보며 밥을 먹었다는 이야기에 굴비가 등장한다. 굴비는 조기를 소금에 절인 후 줄에 꿰어 매달아 말린 것이다. '굴비'가 왜 '굴비'냐고 물으면 그냥 '굴비'라고 답할 수밖에 없다. 고려 인종 때 난을 일으킨 이자겸이 법성포에 귀양 왔다가 말린 조기를 임금에게 진상하며 자신의 뜻을 '굽히지[屈] 않겠다[非]'는 의미로 '굴비'라는 이름을 붙였다는 이야기가 있지만 지어낸 이야기일 뿐이다.

 굴비가 자린고비와 엮이다 보니 굴비에 대한 관심은 자연스레 '자린고비'의 뜻에 대한 의문으로 이어진다. '자린고비'는 구두쇠의 별명이지 생선의 이름이 아니니 소리가 비슷하다고 해서 '절인 굴비'로 보

자린고비 이야기
구두쇠로 이름난 자린고비가, 본받아야 할
절제와 절약의 아이콘으로 등장한 1985년의
공익광고이다.(한국방송광고진흥공사)

는 것은 말도 안 된다. 자린고비의 본고장은 충주라 전해지는데 이 지역의 이씨 성을 가진 부자가 부모 제사에 쓰는 지방 紙榜마저 기름을 먹여 재사용했다는 데서 '자린고비'라는 말이 유래했다는 것이다. 부모의 제사에 쓰이는 지방에는 '고비 考妣'라는 글자가 항상 들어가고, 이 지역에서는 '기름을 먹인다'는 뜻으로 '결다'를 쓰니 '결은 고비'가 '자린고비'가 되었다는 설명이다. '결은'이 '자린'이 될 가능성은 없지

않은데 '고비'가 맘에 걸린다. 굳이 한자어 '고비'를 끌어들인 것이 마음에 걸리지만 지금은 잘 쓰지 않는 '결다'를 되살려 설명하는 것에는 귀가 솔깃해지기도 한다.

굴비를 만드는 조기는 참조기다. 흔히 '황세기젓'이라고 부르는 '황석어젓'의 '황석어 黃石魚'가 조기의 한자 이름이다. 참조기가 귀해지니 참조기와 비슷한 '부세(수조기)'가 쓰이기도 한다. 영광 법성포에서 천일염으로 간을 한 국산 참조기를 최고로 치는데 국산 참조기가 귀하다 보니 수입 참조기를 가져다 굴비를 만들기도 한다. 어쩔 수 없는 현실이다. 바다에 아무리 물고기가 많다고 하더라도 바닥까지 샅샅이

훑으며 새끼까지 다 잡아버리면 말 그대로 씨가 마를 수밖에 없다. 그런데 우리의 입맛과 어부들의 욕심이 어우러져 물고기의 씨를 말리고 있는 상황이다. 조기뿐만 아니라 다른 생선도 마찬가지다. 그 흔하던 명태는 이제 잡히지 않아 생물을 기대하기 어렵다. 동해안에 지천이던 오징어도 이제는 가물에 콩 나듯 한다.

이 상태가 지속된다면 최악의 경우 우리 모두가 자린고비가 되어야 할지도 모른다. 물론 반찬값을 아끼려는 구두쇠 자린고비가 아니다. 물고기가 더 이상 잡히지 않아 사진으로나마 굴비의 맛을 떠올리며 밥을 먹어야 하는 궁상맞은 자린고비가 될지도 모른다. 아껴야 부자가 될 수 있다는 것은 누구나 안다. 적당히 먹어야 건강에 좋다는 것도 누구나 안다. 물고기도 마찬가지다. 아끼며 적당히 먹어야 후손들도 먹을 수 있다. 먼 훗날 '측은한 자린고비'가 되지 않기 위해서는 지금 '선한 자린고비'가 되는 것이 최선이다.

10

금단의 열매

여기 심장을 닮은 구형 물체가 하나 있다. 한쪽에는 무엇인가 붙어 있었던 듯 배꼽 비슷한 흔적이 있고, 다른 한쪽에는 어디엔가 달려 있었던 듯 꼭지가 있다. 무엇일까? '사과'라고 하는 사람들은 애플사의 로고에 너무 익숙해져 있거나 경험의 세계가 너무 좁은 사람이다. 답은 과일이다. 조금씩 모양이 다르기는 해도 과일은 대개 이렇게 생겼다. 꽃이 피어야 열매가 맺히고, 열매가 실하게 맺히기 위해서는 줄기에 악착같이 매달려 잎과 뿌리의 양분을 모두 빨아들여야 하니 말이다. 색은 화려해야 하고, 냄새는 향긋해야 하며, 맛은 달아야 한다. 그래야 동물의 먹이가 되어 소화되지 않은 씨가 어디엔가 똥과 함께 배출되어 새롭게 뿌리를 내릴 수 있게 된다. 이러한 생김새에 이러한 기능을 하는 것 중에서 사람이 즐겨 먹는 것을 우리는 '과일'이라고 부른다.

'과일'이란 총칭뿐만 아니라 개별 과일의 이름과 그것이 주는 느낌은 꽤 묘하다. 사물의 이름은 사물을 대표하는 기호일 뿐이다. '사과'라는 소리, 혹은 글씨는 붉은색의 새콤달콤한 과일을 지시하는 것이어야 한다. 그런데 사과를 따 먹는 행위는 금지된 행위를 저지르는 것이 된다. '복숭아'도 마찬가지여서 물이 많고 달콤한 이 과일이 여인의 젖가슴을 빗대기도 하고, 그 꽃을 뜻하는 '도화桃花'는 화냥기를 뜻하고, 그 색을 뜻하는 '도색桃色'은 남녀 사이에 일어나는 색정적인 일을 뜻하기도 한다.

화려하고, 향긋하고, 달콤한 것은 생명체의 본분을 다하기 위한 것일 뿐이다. 움직일 수 없는 식물이 번식을 위해 씨라도 널리 퍼뜨리려는 방법인 것이다. 때와 장소를 가리지 않고 틈만 나면 자신의 씨를 퍼뜨리고자 하는 것이 동물 수컷의 본능과 전혀 다를 바 없다. 본디 그런 원시의 열매를 더 과장되게 키워낸 것은 먹거리를 향한 인간의 끝없는 욕심이다. 그 과정에서 과일의 이름은, 그리고 과일과 관계된 표현은 묘하게 일그러지기도 하고, 음흉해지기도 한다.

그런데 생각해보면 꼭 그런 것만도 아니다. 과일은 '열매'다. 한 해를 사는 식물의 마지막 목적이 씨앗을 담은 열매를 맺는 것이다. 따라서 '열매를 맺다'는 '노력한 일의 성과가 나타났다'는 말로 쓰이고, '열매를 따다'는 '노력한 성과를 거두어들인다'는 말로 쓰인다. 문제는 식욕과 성욕이 음산하게 야합할 때 발생한다. 이러한 음흉함에서만 벗

■   '과일'은 고유어일 것 같지는 않은데 사전에는 한자가 제시되어 있지 않다. '과'는 한자 '果(열매 과)'인데 '일'이 문제다. 사전에는 '과실果實'도 올라 있는데 여기서 해답을 찾을 수 있다. '實(열매 실)'은 '과'와 의미가 같다. 결국 '열매'란 의미를 가진 두 글자를 겹쳐 쓴 '과실'에서 'ㅅ'이 사라진 것이다. 모음 사이에서 'ㅅ'이 약화되거나 사라지는 것은 그리 드물지는 않지만 한자어에서는 잘 나타나지 않는다. 그런데 '과일'에서는 결과적으로 'ㅅ'이 사라진 것이다.

우리 음식의 언어

어난다면 과일의 느낌은 늘 향긋하고, 달콤하고, 상큼하고, 부드럽고, 촉촉하고, 싱싱하다.

관능과 정념의 열매

철없이 믿어버린 당신의 그 입술, 떨어지는 앵두는 아니겠지요

– 최헌, 〈앵두〉

앵두나무 우물가에 동네 처녀 바람났네

– 김정애, 〈앵두나무 처녀〉

이제는 눈을 씻고 보아야 볼 수 있는 앵두, 영롱한 붉은색이 매력적이다. 생김새처럼 달콤하고 새콤하다. 색과 모양이 고혹적이어서 흔히 여자의 입술에 비유된다. 그런데 노랫말에서는 믿지 못할 존재, 혹은 처녀 가슴에 봄바람을 불어넣는 존재로 나온다. 좋게 봐줄 수도 있지만 여성에 대한 일그러진 시각이 담겨 있기도 하다. 한자로는 '앵도櫻桃'로 쓰는데 '오'가 '우'로 변하는 것은 흔한 일이다. '앵'만으로도 '앵두나무'를 뜻하는데 뒤에 '복숭아'를 뜻하는 '도'를 더 붙였다. 생물학적으로도 친척이지만 나무나 꽃의 모양새가 비슷해 이런 이름이 붙은 것으로 보인다. 앵두의 방언형으로는 '앵도', '앵뒤', '앵지', '어영뒤', '왜주', '왯' 등이 있다. 앞의 것들은 '앵두'와 같은 계열인데 '왜주'와 '왯'은 정체가 불분명하지만 고유어일 것으로 생각된다.▪▪

앵두의 생김이나 느낌이 관능적이긴 해도 복숭아와 비할 바가 아니다. 연분홍색의 꽃은 여느 꽃처럼 예쁘고 화려하다. 꽃 모양도 매화, 사과, 배, 살구 등과 비슷해서 꽃만으로는 특별한 문제가 없어 보인다. 그런데 복숭아꽃을 뜻하는 '도화 桃花'는 평생을 안고 가야 할 모질고 독한 기운을 뜻하는데 '살 煞'과 결합해 몹쓸 뜻으로 바뀐다. 여자가 한 남자의 아내로 살지 못하고 사별하거나 뭇 남자와 상관하도록 지워진 살을 뜻하는 '도화살 桃花煞'이 그것이다. 그저 복숭아색을 뜻하는 '도색 桃色'은 어찌 된 일인지 남녀 사이에서 일어나는 색정적인 일을 뜻하게 되어 '도색잡지'와 같은 예로 쓰인다. 그래도 동요 〈고향의 봄〉에서는 "복숭아꽃 살구꽃 아기진달래"처럼 곱고 예쁜 꽃으로 그려져서 다행이다.

복숭아 열매의 모양이나 식감 또한 묘한 상상을 자극하기에 충분하다. 복숭아 열매의 모양은 풍만한 엉덩이를 닮아 있다. 잘 익은 복숭아의 얇은 껍질을 벗겨보면 뽀얀 속살이 드러나고 한 입 베어 물면 달콤한 물기가 입안 가득 퍼진다. 특히 '수밀도 水蜜桃'라는 이름이 붙은 복숭아는 껍질이 얇고 살과 물이 많아 더 사랑받는다. 그래서 시에서는 젖가슴에 비유되기도 한다.

마돈나, 지금은 밤도 모든 목거지에 다니노라, 피곤하여 돌아가련

■■ 반도의 최북단 지역, 즉 세종대왕이 개척한 육진(경원, 온성, 종성, 회령, 경흥, 부령) 지역에서는 '이스라지'가 나타난다. 전혀 엉뚱한 것 같지만 15세기의 문헌에 '이스랏'이 나타난다. 일본에서는 앵두를 '유스라ゆすら'라 하기도 하는데 '이스랏'과 관련이 있어 보이기도 한다.

　　　　　　　　　　　　　　　　　　　　우리 음식의 언어

도다.

아, 너도 먼동이 트기 전으로 수밀도의 네 가슴에 이슬이 맺도록 달려
오너라.

- 이상화, 〈나의 침실로〉

이상화를 모르고, 시를 모르는 사람이 읽으면 오로지 관능官能과 정
념情念으로만 읽힐 만한 구절이다. '복숭아'는 옛 문헌에 '복셩', '복셩
화', '복쇼와', '복숑아' 등으로 매우 다양하게 나타나는데 이게 참 애
매하다. 모두 '복셩'이나 이와 비슷한 것이 포함되어 있으니 '복셩'이
한자어인지 고유어인지 확실하지가 않다. '복숭아'를 뜻하는 한자로
'桃(복숭아 도)'가 있으니 굳이 '복셩'이 한자어일 이유는 없다. 그런데
'복셩화'로 써서 '花(꽃 화)'를 결합하려고 한 것으로 보아 한자일 수도
있다. 그래도 '복셩'의 한자를 찾을 길이 없고 한자어치고는 너무나 많
은 변화를 겪었다는 점에서 '복셩' 또는 '복셩화' 자체가 고유어일 가
능성이 높아 보인다.

과일이 되기 전의 화려한 꽃, 과일의 색과 모양, 그리고 맛을 보고
느끼며 관능과 정념을 떠올리는 것은 자유다. 하지만 과일의 참맛은
그런 데 있지 않을 것이다. 고려 말의 이조년은 복숭아꽃과 모양은 같
지만 순백색을 띤 배꽃을 보며 맑고 깨끗한 이미지를 담은 시조를 지
었다.

이화梨花에 월백月白하고 은한銀漢이 삼경三更인 제

(배꽃에 달이 밝게 비치고 은하수가 흐르는 깊은 밤에)

일지춘심一枝春心을 자규子規야 알랴마는

(가지 하나에 깃든 봄의 마음을 두견새가 알겠냐만은)

다정多情도 병病인 양 하여 잠 못 들어 하노라.

(다정한 것도 병이 되어 잠 못 들어 하노라.)

능금과 사과

"능금 좋아하세요?"

"싫어하는 사람이 어디 있겠소."

"모두 아담의 아들이요, 이브의 딸이니까요. 자 그럼 한 개 잡수세요."

나오미는 여전히 미소하면서 능금 한 개를 나의 손에 쥐여주었다.

"그렇지요. 조상 때부터 좋아하던 능금과 우리는 인연을 끊을 수는 없

어요. 능금은 누구나 좋아하던 것이고 또 영원히 좋은 것이겠지요. 공

간과 시간을 초월하여 높게 빛나는 능금이지요. 마치 저 하늘의 오리

온과도 같이 길이길이 빛나는 것이에요."

"능금의 철학이라고 해도 좋지요. 그러니까 프롤레타리아 투사에게라

도 결코 능금이 금단의 과일이 아니겠지요. 밥을 먹지 않으면 안 되는

투사가 능금을 먹지 말라는 법이 어디 있어요."

나오미의 암시가 나에게는 노골적 고백으로 들렸다. 그러므로 나는 예

민하게 나의 방패를 내들지 않을 수 없었다.

– 이효석, 〈오리온과 능금〉

루카스 크라나흐, 〈아담과 이브〉(1526)

아담과 이브의 사과. 사과가 없었더라면 창세기도 이루어지지 않았을 성싶을 정도로 서양에서는 오래된 대표 과일이다. 그러나 동양에서는 매우 늦게 보급되었다.

'홍동백서紅東白西', '조율이시棗栗梨柿'. 제사상을 차릴 때 반드시 떠올려야 하는 순서다. 붉은 것은 동쪽에 놓고 흰 것은 서쪽에 놓고, 과일은 대추, 밤, 배, 감의 순서로 놓아야 한다는 말이다. 상식에 가까운 것이지만 자세히 들여다보면 뭔가 이상한 것, 혹은 빠진 것이 있다. 붉은 것의 대표라 할 수 있는 사과가 빠진 것이다. '과일' 하면 누구나 가장 먼저 떠올리는 사과, 《성경》의 〈창세기〉에도 나올 만큼 오래된 과일인 사과가 '조율이시'에 빠져 있다. 사과를 한자로는 '沙果', '砂果'로 쓰지만 본디 한 단어가 한 글자로 나타나는 한자의 일반적인 흐름에도 안 맞는다. '빈파瀕婆' 또는 '평과苹果'라고도 쓰지만 이 역시 두 글자다.

어찌 된 일일까? 오늘날에는 과일의 대표 격인데 본디 제사상에도 오르지 않고, 제대로 된 이름도 없다. 답은 하나다. 말이 없다는 것은 그 말이 지시하는 사물이 없다는 것이다. 사과의 원산지가 중앙아시아의 초원 지대이니 꽤나 일찍 들어왔을 것 같은데 의외로 19세기 말에나 도입된다. 〈창세기〉에도 나오는 사과, 17세기에 이미 뉴턴의 머리 위에도 떨어진 사과가 이토록 늦게 전래되었다니 믿기지 않는 일이다.

그렇다고 사과 비슷한 과일이 아예 없었던 것은 아니다. 능금이 그것이다. '사과'의 또 다른 말, 혹은 '사과'의 고유어라고 알고 있는 '능금'은 사과와는 다른 과일이다. 생물학적으로는 족보를 복잡하게 따져봐야겠지만 상식적인 차원에서 능금은 야생이고, 사과는 과수용으로 개량된 것으로 이해된다. 따라서 19세기 말 개량종인 사과가 들어오기 전까지 능금밖에 없었고, 모양과 맛이 비슷하다 보니 사과와 능

우리 음식의 언어

금이 혼용되는 것이다. 능금이 차지하고 있던 자리에 사과가 들어와서 서로 경쟁하거나 혹은 공생하는 형국이다. 이효석의 소설에 나온 능금은 맥락으로 봐서는 사과일 것으로 보인다. 소설 속의 능금이 금단의 열매를 암시하니 더더욱 그렇다.

사과는 그저 과일의 하나인데 이것의 영어인 '애플apple'은 전 세계적으로 알려진 고유명사가 되었다. IT업계를 이끌어가고 있는 회사의 이름이 '애플'이고 로고가 한 입 베어 문 사과이기 때문이다. 이 회사가 워낙 영향력이 크다 보니 뉴턴의 사과만큼이나 중요한 사과가 하나 더 생긴 셈이다. 중국 사람들은 말을 할 때는 '애플'이라고 하다가 쓸 때는 '苹果핑궈/pingguo'라고 쓴다. 외국어의 발음을 한자로 적는 것이 어려워서 가능하면 번역을 하는 것이 중국이지만 우리말로 치자면 최첨단 회사를 갑자기 과일 가게로 만드는 격이어서 흥미롭다.

님도 보고 뽕도 따는 법

"'님도 보고 뽕도 딴다'는 말에서 '뽕'이 그 뽕인가요?"

■ 문헌을 찾아보면 '능금'은 '임금林檎'으로 나타난다. 일본어에서 사과는 '링고りんご'인데 '林檎'의 일본식 발음이다. '林(수풀 림)'이 단어의 첫머리에 오면 '임'이 되는 것이 일반적이기 때문에 '林檎'은 '임금'으로 쓰이거나 발음되어야 하는데 어찌 된 일인지 '닝금'이 된다. 그런데 '닝금'은 왕을 뜻하는 '님금'과 소리가 같다. 그러다 보니 앞말의 'ㅣ'가 뒷말 '금'의 'ㅡ'와 같아져 '늠금'이 된다. '늠'의 'ㅁ'이 'ㄱ' 앞에서 'ㅇ'이 되는 것은 발음상 극히 자연스러운 것이다. '림금'이 '능금'이 되기까지 꽤나 많은 과정을 거쳤는데 오늘날에는 '사과'에 밀려나고 있다.

"그 뽕이라니? 뽕이 또 있어?"

"아뇨, 히로뽕인지 필로폰인지 하는 그 마약이냐고요."

이쯤 되면 답이 없다. 고등학생을 대상으로 한 관용적인 표현에 대한 특강 시간, 지루함을 달래기 위한 장난스러운 질문이라고 믿고 싶다. 그래도 마음 한구석이 답답하다. 나도향의 〈뽕〉을 읽기 전에 '필로폰 투약 후 환각 파티'와 같은 신문기사를 먼저 읽었음에 틀림없다. 정말 몰라서 하는 질문이라도 학생을 탓할 일은 아니다. '뽕'이라 하면 '히로뽕'이 가장 먼저 떠오르고, 그다음에는 몸매 보정용 보조물이 떠오르는 것이 현실이다. 누에를 칠 일이 없으니 뽕나무도 볼 일이 없다. 그러니 '뽕을 따다'에서 '뽕'이 열매가 아닌 잎이라는 사실을 아는 이는 얼마나 될까?

뽕나무의 열매는 '오디'라 한다. 뽕나무를 키우는 본래의 목적이 누에를 키울 뽕잎을 얻기 위한 것이지만 여름의 막바지 빨갛던 열매가 짙은 자줏빛으로 변하면 좋은 간식거리가 된다. 먹을 것이 귀하던 시절에는 혀와 입술이 검붉어질 때까지 먹던 것이었지만 지금은 그리 큰 인기를 끌지 못한다. 말려서 약재로 쓰거나 술을 담가 먹는 것이 전부다. '오디'는 옛 문헌에서는 '오도', '오디'로 나타난다. 방언에서는 '오돌개', '오동애', '올롱', '옷똘개' 등 매우 다양하게 나타난다. 이런 다양한 방언형은 오디가 전국 각지에서 사랑받던 과일이었음을 간접적으로 보여준다.

색과 모양이 비슷해 오디와 자주 혼동되는 딸기류의 열매로는 복분자가 있다. 길고 갸름한 오디에 비해 동글동글한 것을 빼고는 색과 모양이 정말 유사하다. 그런데 복분자는 과일치고는 좀 요상한 이름이 붙어 있다. 한자로는 '覆盆子'라 쓰는데 '복覆'은 '뒤집어진다'는 뜻이고 '분盆'은 '물동이'를 뜻하지만 이때는 '요강'이란 뜻이니 '요강을 뒤집는 열매'라는 이름이다. 복분자가 정력에 좋아 먹으면 요강이 뒤집어질 정도로 오줌 줄기가 세어지기 때문에 이런 이름이 붙었다 하나 과장이 좀 심한 면이 있다. 복분자가 정력에 좋다는 것이 의학적으로 사실일지라도 정력과 오줌 줄기는 직접적인 관련이 없다. 게다가 요강을 전혀 쓰지도 않고 본 적도 없는 요즘 세대들에게는 전혀 와 닿지 않는 이야기이기도 하다. 어쩌면 '뽕'만큼이나 음산한 느낌을 주는 이름이기도 하다.

과일뿐만 아니라 음식을 약으로 보는 경우가 많다. 그러나 모든 식물은 나름대로의 독성을 가지고 있다. 또한 약은 독이기도 하니 많이 먹으면 탈이 난다. 그저 적당히 골고루 먹으면 될 것을, 욕심내서 먹으면 몸에 좋을 리 없다. 과일은 음식의 하나다. 밥과 반찬으로 이루어진 우리의 식단에서 과일은 후식 또는 간식 정도로 먹는다. 다른 반찬과는 달리 단맛, 신맛, 쓴맛 등 그 본연의 맛으로 먹는다. 상큼한 맛, 촉촉한 맛을 즐기기도 한다. 과일은 그렇게 먹어야 한다. 밥과 반찬이 주지 못하는 즐거움을 얻고 그 과정에서 자연스럽게 부족한 영양소를 보충하면 그만이다. 그러니 굳이 비싼 과일을 먹을 필요도 없다. '제철'은 다른 말로 하면 '전성기'다. 그렇게 전성기의 과일을 먹는 것이 결국은 님도 보고 뽕도 따는 길이다.

너도 나도 개나리

일제강점기의 교육자이자 운동가였던 이상재 선생이 강연을 할 때마다 일제는 사복 순사를 보내 선생을 감시하게 했다. 어느 날 강연을 시작하려 하는데 그날도 어김없이 여기저기에 사복 경찰이 눈에 띄었다. 주눅이 들 법도 하고, 화가 날 법도 한데 이상재 선생은 먼 산을 바라보며 웃음을 짓고는 이렇게 말했다.

"허! 개나리가 만발했구나!"

때마침 활짝 핀 개나리에 대한 얘기로 연설을 시작한 것처럼 보였지만 선생의 본뜻은 다른 데 있었다. 당시 우리나라 사람들끼리는 일본 순사를 낮춰 '개'라고 불렀지만 일본 경찰 앞에서는 그들이 두려워 '나리'라고 불렀다. 따라서 '순사 나리'라고 해야 할 것을 '개나리'라고 하여 꽃 이름을 말하는 척하면서 일본 순사를 낮춰 불렀던 것이다. 강연장에는 폭소가 가득했지만 '개나리들'은 영문을 몰라 두리번거릴 수밖에 없었다.

사물의 이름을 붙이는 방법은 다양하다. 가장 쉽고도 어려운 것이 새로운 이름을 붙이는 것이다. 누구든 새로운 이름을 마음대로 지을 수 있지만 사람들의 동의를 얻어서 널리 쓰이기가 쉽지는 않다. 그래서 흔히 쓰는 방법이 기존에 있는 단어의 뜻을 넓히거나 조합하는 것이다. 그런데 식물 이름, 특히 식물의 특징을 잘 보여주는 꽃이나 열매에 따라 이름을 붙일 때는 독특한 작명법이 많이 사용된다.

여기 열매와 잎이 밤나무와 비슷한 나무가 있다. 같은 참나뭇과지만 잎은 비슷하고 열매를 둘러싼 가시는 없다. 그래도 까만 견과류 열매가 밤과 비슷하다. 마치 나도 밤나무 대접을 해달라는 듯하다. 인심 좋은 이는 이 나무의 소원을 들어준다. "그래, 너도 밤나무라고 해!"라며 '너도밤나무'라 이름을 지어준다. 그 곁에 잎은 밤나무와 비슷한데 붉은색의 열매가 달리는 나무가 하나 더 있다. 밤나무가 유명해지자 자신도 밤나무라 불러달라고 애원한다. 맘씨 좋은 이는 소원대로 이름을 붙여준다. '나도밤나무'라고. 식물 이름에 '너도' 혹은 '나도'가 붙은 것은 이런 과정을 거친 것이다.

'참'과 '개'는 진짜와 가짜, 혹은 좋은 것과 나쁜 것을 구별하기 위한 명명법이다. '참'이 붙는 것은 보통 '진짜', '원조', '좋은 것', '맛있는 것', '귀한 것', '우리 것'을 뜻하는데 과일로서는 '참외'가 대표적이다. 물론 '참새', '참나물', '참나무' 등과 같이 특별한 의미를 가지지 못하는 것들도 있다. '참'의 반대는 '거짓'이어야 하는데 식물 이름에서는 '개'가 그런 의미를 갖는다. '개살구', '개복숭아' 같은 과일뿐만 아니라 '개나리', '개미나리' 등에서 확인할 수 있다. 물론 개가 먹는 것과는 전혀 관련 없이 흔하고 질이 떨어지는 것에 붙는다. '돌'은 단맛이 부족하거나 맛과 향이 떨어지는 것에 붙기도 하고 야생의 것에 붙기도 한다. '돌배'가 전자의 예라면 '돌미나리'는 후자의 예다.

식물의 이름에 붙는 '너도', '나도', '개', '돌'은 봐줄 만하지만 그것이 사람이나 삶에 적용되면 마냥 서글프다. '너도 나도'는 바로 '개나소나'를 연상시킨다. 선거 때만 되면 너도 나도 나서서 국회의원이 되고 지자체의 장이 되겠다고 설치고, 어떤 음식이 유명해지면 개나 소나 다 나서서 원조라고 우긴다. 그런 사람이나 음식점치고 '참'을 붙일 수 있는 경우는 드물고 결국 '개'나 '돌'이 어울린다. 드러내지 않으면 알아주는 이가 없는 것이 현실이라지만 너도 나도 나서서 개나 소가 되어버리는 것은 안타깝기 그지없다.

귀화하는 과일들의 이름 전쟁

'귀화歸化'는 사람과 생물에게 서로 다른 뜻으로 쓰인다. 사람의 경우에는 다른 나라의 국적을 얻어 그 나라의 국민이 되는 것을 뜻하고, 생물의 경우에는 원산지가 아닌 지역으로 옮겨져 그곳의 기후나 땅의 조건에 적응하여 번식하는 일을 뜻한다. 많은 과일들이 그렇듯이 토마토도 귀화한 작물이다. 이른 시기의 기록이 1614년에 나오니 그 이전에 들어온 것은 분명하다. 이 시기에 토마토의 이름은 '남만시南蠻柿'인데 '남쪽 땅에서 온 감'이란 뜻이다. 모양이나 색이 감과 비슷하니 감에 빗댄 것은 금세 이해가 된다. 중국에서는 요즘도 토마토를 '서홍시西红柿'라 하니 같은 맥락이다. 그런데 이러한 한자어 이름과 함께 다른 이름도 갖게 되는데 '일년감', '땅감' 등이 그것이다. 한해살이 초본 작물이니 '감은 감이되 1년밖에 못 사는 감', 혹은 '높은 나무가 아닌 땅위에서 나는 감'이란 뜻이다. 이렇게 토마토는 서너 개의 이름을 갖고 이 이름들이 경쟁을 하게 된다.

그런데 일제강점기에 들어 '토마토' 혹은 '도마도'가 점차 세력을

펼쳐나가기 시작한다. 1920년대의 신문기사를 보면 '일년감', '땅감'이 괄호 처리가 되어 나타나다가 점차 '토마토', '도마도'로 대체되고 있음을 알 수 있다. 우리가 한자 이름 대신 '토마토'의 본래 발음을 따르려 했다기보다는 일본어에서 '토마토トマト'이니 그것을 다시 가져다 쓴 것으로 보인다. 그리하여 점차적으로 '일년감'과 '땅감'이 밀려나더니 오늘날에는 거의 쓰이지 않는다. 토마토가 귀화하면서 나름의 토종 이름을 가지려다가 본래 이름을 그대로 가져다 쓴 일본어의 훼방 때문에 다시 본래의 이름으로 되돌아간 것이다.

방울토마토가 우리나라에 처음 소개되었을 때 이것의 이름을 두고도 치열한 물밑싸움이 벌어졌다. 기존의 것보다 크기가 훨씬 작고 앙증맞게 생긴 토마토가 등장한 후 그 이름이 문제가 된 것이다. 영어에 익숙한 사람들은 영어의 본래 발음대로 '체리 토마토'라고 부르기도 했지만 체리가 우리에게는 익숙하지 않기 때문에 이 이름은 큰 힘을 얻지 못한다. 어떤 사람은 크기가 작아서 '미니 토마토'라고 부르기도 했고, 어떤 사람은 토마토의 아기 같다고 해서 '애기 토마토' 또는 '새끼 토마토'라고 부르기도 했다. 하지만 최종 승자는 '방울토마토'다. 크기와 모양이 방울과 같고 발음도 예쁘니 많은 사람들의 동의를 얻게 되고 사전에까지 오르는 영광을 누리게 된 것이다.

귀화에 대한 시각은 사람들마다 다르다. 산발적으로 이루어지던 이주와 망명 등에 따른 귀화는 사안마다 결정하면 되기 때문에 특별히 문제될 것이 없다. 그러나 오늘날처럼 난민이 넘쳐나게 되면 상황이 달라진다. 마음을 열고 받아들이는 이도 있지만 외래종이 우리의 산하를 점령하는 듯한 느낌을 가지는 이도 있다. 쉽지 않은 문제다. 토마

토가 전쟁을 치른 후 '방울토마토'라는 예쁜 이름으로 정착하기까지
의 시간이 걸릴지도 모를 문제다.

"아빠, 이건 그냥 귤이잖아. 그럼 꿀처럼 달고 맛있는 귤을 뭐라 하
는지 알아?"

"몰라, 그런 말이 있어?"

초등학교 3학년 딸아이의 질문에 일부러 모른 체한다.

"끌이야 끌. 꿀 같은 귤이니까. 그럼 달지도 않고 맛도 없는 귤은?"

"물귤?"

"아니, 뮬이라고 해야지."

우리말의 소리와 문자에 대해 강의할 때 써먹었던 것이니 다 알고
있는 얘기지만 그래도 아이가 귀여워 말을 이어간다.

"그래? 그럼 자몽은? 자몽은 어느 나라 말인지 모르는 말이니까 이
름 좀 새로 지어봐."

"귬? 큰 귤이니까."

아이의 대답이 재미있다. 틀린 말은 아니다. 자몽이 도입되던 시기
에 이런 식의 말장난이 있어서 '귬'로 이름이 지어졌어도 괜찮았겠다
는 생각이 들기도 한다.

우리 음식의 언어

'귤화위지橘化爲枳', 말 그대로 풀이하면 '귤이 변해 탱자가 된다'는 뜻이다. 따뜻한 남쪽에서 잘 자라는 귤을 북쪽에 심으면 탱자가 되듯이 사람도 주위 환경에 따라 달라진다는 의미로 쓴다. 이 한자성어에 나오는 '귤'과 '탱자'의 글자체를 들여다보면 묘한 생각이 든다. 왠지 '귤'은 고유어일 듯한데 한자 '橘(귤나무 귤)'이 버젓이 있다. '탱자'는 누가 뭐래도 한자어일 것 같은데 '탱'의 한자를 알 길이 없다. '자'는 '복분자', '오미자', '감자' 등에 쓰이는 '子'일 것 같은데 '탱'의 한자를 모르겠으니 고유어로 처리할 수밖에 없다. 게다가 '탱자'를 뜻하는 한자 '枳(탱자나무 지)'가 있어서 더 그렇다.

귤의 다른 이름으로는 '밀감', '왜감' 등이 있다. '밀감'은 한자로 '蜜柑(꿀 밀, 감자나무 감)'이라고 쓰니 우리에게 익숙한 감과는 관련이 없다. 다만 '달다'는 뜻을 강조하기 위해 '꿀'을 뜻하는 한자를 덧붙였으니 우리가 말장난으로 하는 '꿀'이 그저 이상하거나 틀린 것만은 아니다. '왜감'은 일본에서 유래했다는 것을 드러내는 말이다. 귤이 따뜻한 남쪽에서 자라는 것이니 중국보다는 일본을 포함한 남쪽에서 전해진 것일 가능성이 크다. 귤을 '미깡'이라고 하는 사람들도 종종 있는데 '미깡'은 '밀감'의 일본어 발음이다.

모양이나 맛이 귤과 비슷한 오렌지, 레몬, 라임 등은 이 땅에 들어온 지 얼마 되지 않았기 때문에 다른 이름을 갖지 못한 채 본래의 이름을 우리식 발음으로 부르고 있다. 다만 우리식 발음 때문에 영어 교육이 잘 안 된다며 '오렌지'가 아닌 '어륀지'로 발음해야 한다고 엉뚱한 소리를 하는 사람이 가끔은 있다. 그래도 귤 또는 오렌지를 닮았는데 크기가 아이 머리 정도 되고 이름이 길고 발음도 어려워서 입에 잘 안붙는 과일이 들어오기 전까지 귤이나 귤 사촌의 이름을 붙이는 데 큰 문제는 발생하지 않았다.

바로 그레이프프루트 같은 과일 말이다. 그레이프프루트, 영어로는 'grapefruit'로 쓰니 본래의 뜻만 따져보면 '포도 과일'이란 말이다. 그런데 이 과일은 어디를 봐도 포도와 닮은 구석이 없다. 그래도 중국에서는 '포도 유자'라는 의미의 '푸타오유_{葡萄柚/putaoyou}'라고 하지만 우리와 일본은 다르다. 일본에서는 영어와는 전혀 다른 '자봉_{ザボン}'이라 부른다. '자봉'은 '빵'처럼 포르투갈어에서 유래한 것으로 본래는 '잠보아_{zamboa}'다. 포르투갈어 본래의 발음에서 좀 바뀌긴 했지만 '자봉'이란 이름이 과일과 함께 우리나라에 들어온다.

그런데 이 이름이 무슨 이유에선지 '자몽'으로 바뀌게 된다. 아무래도 '자봉'이 한자어인지 아니면 서양에서 들어온 말인지 헷갈려서 변화를 겪게 된 것으로 보인다. 마침 비슷한 레몬도 있으니 '레몬'의 '몬'을 따서 최종적으로 '자몽'으로 바뀐 것으로 보인다. '자몽'이 국적 불명의 말이다 보니 영어 이름대로 '그레이프프루트'라고 쓸 것을 권유하고 있지만 쉽사리 받아들여질 것으로 보이지 않는다. 뜻도 받아들이기 어렵지만 너무 긴 데다 'ㅍ'과 'ㅌ'이 겹치는 소리가 영 귀에 거슬린다. 넓은 마음을 가진다면 '자몽'을 못 받아들일 이유는 없다.

우리 음식의 언어

키위의 여정

살어리 살어리랏다
청산애 살어리랏다
멀위랑 드래랑 먹고
청산애 살어리랏다

〈청산별곡靑山別曲〉, 고려 시대의 노래니 꽤나 오래된 노래다. 여기에 등장하는 과일 두 가지, '멀위'는 오늘날의 '머루'고 '드래'는 오늘날의 '다래'다. 머루는 포도와 비슷하게 생겨서 익숙하기도 하고, 포도와 머루를 교배한 머루포도가 나오기도 하니 그나마 좀 알 만한데 다래는 영 낯설다. 과일 가게에 가면 맛있는 과일이 천지니 굳이 산속에 들어가 과일을 찾아 헤맬 이유가 없기 때문이기도 하고, 산에 가더라도 다래를 찾기가 힘들어졌기 때문이기도 하다. 그러나 다래와 키위가 사촌지간이라고 하면 그 모양과 맛을 떠올리기가 쉽다.

못생겼지만 새콤달콤한 맛이 일품인 키위, 게다가 새까만 씨가 오독오독 씹히는 맛도 새로운 키위는 이미 흔한 과일이 되었지만 그 이름에는 특이한 이력이 있다. '키위'는 과일 이름이기 이전에 뉴질랜드에 가면 볼 수 있는 날지 못하는 새의 이름이다. 새의 이름이 어쩌다 과일의 이름이 되었을까? 키위의 원산지는 중국의 양쯔 강 유역이다. 중국에서의 이름은 '양타오羊桃, 楊桃/yangtao'인데 20세기 초에 뉴질랜드로 전해져 오늘날과 같이 개량된다. 키위가 뉴질랜드를 대표하는 동물일 뿐만 아니라 과일의 겉을 덮고 있는 털이 키위의 그것과 같아서 '키위'란 이름이 붙었다고 전해진다. 그것이 우리 땅에 전해져 '키위' 혹은 '양다래', '참다래'라고 불리는 것이다.

키위가 우리 땅에서 '양다래'나 '참다래'로 불리는 상황은 여러 가지 면에서 아이러니가 아닐 수 없다. 식물의 이름 앞에 붙은 '양'은 '서양西洋'을 뜻하는 '洋'이다. 그런데 키위의 원산지가 중국이고 중국에서의 이름도 '양'이었다는 것이 문제다. '양다래'라는 이름을 붙인 이들이 이러한 역사를 알았다기보다는 뉴질랜드도 서양이라는 생각만을 했을 테니 이때의 양은 '洋'이 틀림없다. 또한 '참'은 '진짜' 혹은 '토종'을 뜻한다. 이미 우리 땅에 다래가 있는데 뉴질랜드의 개량종에 '참'을 붙여준 것이다. 야생 다래보다 맛이 더 좋아서 그렇게 붙였는지는 몰라도 재배나 판매하는 사람의 처지에서는 '참'을 붙이는 것이 더 유리했을 것이다.

이러한 키위의 역사는 '신토불이身土不二'의 의미를 다시 생각하게 해준다. 신토불이는 본래 '사람의 몸과 땅은 둘이 아닌 하나'라는 뜻인데 농업에 종사하는 사람들이나 농산물 판매자들이 많이 쓴다. 물론 이들의 용법에서 신토불이는 '우리 땅에서 난 농작물을 먹어라'라는 구호를 대신한다. 그렇다면 키위는 이들의 구호에 맞는가? 중국이 원산지이고 뉴질랜드에서 개량됐으니 우리의 토종 과일은 아니다. 그러나 오늘날 토종이 과연 얼마나 되고, 그것이 맛과 영양이 좋다고 어떻게 보장할 수 있는가.

이력이야 그렇다 처도 우리 땅에서 재배된 것이라면 신토불이의 가족이 될 수 있는 것인가? 식물 혹은 작물의 교류가 오늘날처럼 활발해진 상황에서 재래종만을 고집하는 것은 시대에 뒤떨어진 것임에 틀림

우리 음식의 언어

없다. 더욱이 철저하게 경제 논리에 따라 과일의 수입과 수출이 활발하게 이루어진다. 그러니 싼값에 맛있는 과일을 먹기 위해서는 '토□'를 우리 땅에 국한시키지 말고 지구촌 전체의 땅으로 확대시켜야 할지도 모른다.

지구상에 수많은 인종과 종족이 있지만 사실 이들은 생물학적으로는 하나의 종이다. 물론 우리가 알고 있는 역사시대에 살았던 조상들도 하나의 종이다. 지역과 시대를 초월해 '인간'이라는 하나의 종이 먹어왔고, 또 먹고 있는 모든 것을 신토불이의 대상으로 보는 것이 마음 편할 수도 있다. 우리의 조상들이 청산에서 '머루와 다래'를 먹었다면 우리는 마트에서 산 '머루포도와 키위'를 아파트에서 먹는 것처럼 말이다.

바나나는 길어?

원숭이 엉덩이는 빨개 빨가면 사과 사과는 맛있어 맛있으면 바나나 바나나는 길어 길면 기차 기차는 빨라 빠르면 비행기 비행기는 높아 높으면 백두산
백두산 뻗어내려 반도 삼천리 무궁화 이 강산에 역사 반만년……

"백두산 뻗어내려 반도 삼천리"로 시작되는 〈대한의 노래〉는 무슨 연유에선지 원숭이 엉덩이에 관한 구전가요가 앞에 붙는다. 이은상 작사, 현제명 작곡으로 1931년에 만들어진 노래이니 꽤나 오래되었다.

그러나 그 앞에 붙은 구전가요는 그리 오래돼 보이지는 않는다. 바나나 수입이 자유화된 것은 1990년대 초이기는 하지만 그전에도 바나나의 존재가 알려지긴 했다. 이미 1920년대의 신문에 바나나와 관련된 기사가 실렸다. 그러나 대개는 먼 나라의 이야기요, 먹어보지 못한 채 머릿속으로만 맛을 그려보는 과일이 바나나였다. 그렇다 보니 우리말로 이름을 새로 지어줄 생각도 못 해서 처음부터 바나나고 지금도 바나나다. 그리고 생김새나 맛이 여전히 낯설고 이국적이다.

커다란 꿀밤 나무 밑에서

(under the beautiful banana tree)

그대하고 나하고

(Tell me please what do you see)

정다웁게 춤을 춥시다

(I see a peach and a monkey)

커다란 꿀밤 나무 밑에서

(under the beautiful banana tree)

　　　　　　　　　　- 〈커다란 꿀밤 나무 밑에서 Under the Banana Tree〉

그래서일까? 〈바나나 나무 밑에서〉란 노래가 엉뚱하게도 〈커다란 꿀밤 나무 밑에서〉란 노래로 번안이 된다. 바나나 나무 아래에서 '원숭이monkey'를 본 것은 이해가 돼도 '복숭아peach'가 뜬금이 없었는지 아예 다른 내용으로 대체가 된다. 그런데 꿀밤? 우리에게 익숙한 꿀밤은 손으로 머리를 아프게 때리는 동작이다. 맞는 사람은 아프기만 한데 그것이 왜 꿀밤인지도 의아하다. 밤이 꿀처럼 달아서 꿀밤인 것은 아니다. '꿀밤'은 '도토리'의 사투리다. 끝이 뾰족한 도토리로 맞는 것처럼 아픈 까닭인지, 아니면 맞고 나서 도토리만 한 혹이 생기기 때문인지 알기 어렵지만 여하튼 꿀처럼 달콤한 밤은 아니다. 바나나 나무를 꿀밤 나무로 바꾼 이가 이 나무를 도토리나무로 생각했는지는 알 길이 없다.

사과와 배는 여전히 그 지위를 유지하고 있으나 밤, 대추 등의 전통적인 과일은 점차 수입 과일에 그 자리를 내어주고 있는 것이 현실이다. 밤의 알이 차고 대추가 붉어질 가을을 애타게 기다릴 필요 없이 비닐하우스에서 재배된 과일을 사시사철 먹을 수 있다. 이 땅에서 기를 수 없는 것은 수입해서 먹으면 그만이다. 자연에서 자라는 식물은 본디 제철과 제 땅이 있지만 재배되는 과일은 제철과 제 땅이 없다. 온도와 습도를 조절해주고 농약과 비료를 주면 된다. 혹시라도 풍토에 맞지 않거나 맛, 생산량 등을 달리하고 싶으면 유전자를 조작하면 된다. 그렇게 '만들어진' 과일을 먹으면 되니 전통적인 과일은 점차 무대 뒤로 사라질 수밖에 없다.

바나나는 정말 긴가? 과일의 모양새를 보면 당연히 맞는 말이다. 그러나 바나나의 명줄은 그리 길지 않을 것이라는 우려가 있다. 오늘날 재배되는 바나나의 거의 전부가 딱 한 종이다. 맛이 좋고 소출도 많으니 생산 농가들은 선택의 여지가 없고 덕분에 우리는 싼값에 맛있는 바나나를 먹을 수 있다. 그런데 이 종에 치명적인 바이러스가 등장해 속수무책으로 죽어가고 있다. 이 추세라면 농장에서 재배되는 바나나는 멸종할지도 모른다. 바나나를 먹으려면 정글의 야생 바나나를 먹거나 엄청나게 비싼 가격을 지불해야 할지도 모른다.

이것은 '자라나는 과일'이 아닌 '만들어진 과일'의 문제다. 본래 과일은 식물이 자신의 번식을 위해 생의 순환에서 마지막으로 만들어내는 산물이다. 그러나 그것이 인간의 손에 들어가면서 오로지 먹기 위한 대상으로 바뀐다. 온갖 방법으로 번식을 시켜주기는 하지만 교배와 조작을 통해 제멋대로 후손을 만들어낸다. 때깔 좋은 과일을 만들어내기 위해 작물이나 사람이 '죽지 않을 만큼'의 농약을 치고 비만 때문에 가지가 찢어지지 않을 만큼의 비료를 준다. 이렇게 과일을 만들지 않으면 사람들은 거들떠보지도 않고, 사람들이 원하는 가격에 맞출 수도 없다. 상품으로서의 과일을 만들기 위해서는 어쩔 수 없는 선택이기도 하다.

이런 상황에서 과일을 어떻게 먹어야 하는가의 문제에 다시 직면하게 된다. 농약과 비료 없이 오늘날의 작물은 자라날 수가 없다. 재배하는 이든 먹는 이든 유기농을 선택할 수는 있으나 값이 감당이 안 된다. 아주 먼 옛날, 채집하던 시절의 과일은 완전한 유기농이었고, 농업의 초기 단계도 유기농이었지만 그 시절로 돌아가는 것은 불가능하다. 농약과 비료 덕분에 누구나 먹을 수 있게 되었으니 과일은 더 이상 '금단의 열매'는 아니다. 그러나 때깔 좋은 것, 큰 것, 맛있는 것을 지나치게 탐하다 보면 '짧은 바나나'가 현실이 될 수도 있다.

우리 음식의 언어

11

때때로, 사이에, 나중에 즐기는 맛

'이시 두끼'가 '삼시 세끼'가 된 것은 풍요의 징표이자 축복이다. 점심이 없다면 아침을 먹고 저녁 시간이 되기까지 하염없이 기다려야 하지만 점심은 그 지루함을 달래준다. 요즘처럼 아침을 먹지 않거나 못 먹는 사람들이 많은 상황에서는 아침을 대신해주기도 하니 빠질 수 없는 끼니이기도 하다. 그러나 이 모든 것들은 '생존'을 위해 먹는 '끼니'에 속한다. 아침은 밤사이의 공복을 메우기 위해, 점심은 아침과 저녁의 공백을 메우기 위해, 저녁은 하루의 노고를 스스로 달래기 위해 먹는다. 세끼를 원하는 대로 먹을 정도의 풍요로운 상황이 되었더라도 끼니의 기본적인 역할은 생존이다.

그런데 생존이 아닌 생활을 위한 먹거리가 있다. '주전부리'와 '간식'이 그것이다. 또한 '디저트'라는 이름을 달고 들어온 것들이 그것이다. '주전부리'는 '때를 가리지 아니하고 군음식을 자꾸 먹는 것이나 그런 입버릇'을 뜻하고, '간식'은 '끼니와 끼니 사이에 음식을 먹는 행위 또는 그 음식'을 뜻한다. '디저트' 혹은 '후식'은 '양식에서 식사 끝에 나오는 과자나 과일 따위의 음식'을 뜻한다. 지시하는 대상, 즉 먹는 음식은 비슷할 것 같은데 각각의 말에서는 미묘한 태도의 차이가 느껴진다. '주전부리'는 먹지 말아야 할 것, '간식'은 먹을 수 있으면 좋은 것, '후식'은 반드시 챙겨 먹어야 할 것으로 여겨진다.

때를 가리지 않고 먹을 수 있다는 것은 시도 때도 없이 먹을 수 있다는 뜻이기도 하다. 배가 부르든 부르지 않든 먹고 싶을 때 먹을 수 있으니 더 큰 축복이다. 심지어 배가 부른데도 '후식'이라는 이름으로 입맛의 즐거움을 찾는 것도 나쁘지 않다. '살고자 먹는 것'이 삶일 수도 있고 '먹고자 사는 것'이 삶일 수도 있으니 그렇다. 다행히 기아의 상태, 음식 부족의 상태는 면한 시대이니 끼니 외에 먹는 음식에 대한 이야기는 즐겁기만 하다. 그러나 배고픔을 경험한 사람들 혹은 비만에 시달리거나 다이어트를 결심한 사람들에게는 여전히 적대시되기도 한다.

'밥만 먹고는 못 살아'라는 말은 쓰고 받아들이는 사람에 따라 그 의미가 다르다. 고매한 정신세계를 추구하는 이들에게는 배를 부르게 하는 음식뿐만 아니라 영혼을 풍요롭게 하는 무엇인가를 갈구하는 말이 된다. 지고지순한 사랑을 바라는 이에게는 그저 먹고사는 것 이상의 정신적 교감을 원하는 말이 된다. 그러나 하루도 빠지지 않고 순환되는 세끼의 밥에 물린 이들에게는 밥 이외의 모든 것이 된다. 이 또한 우리가 만들어 우리의 삶을 풍요롭게 하는 것들이니 고마울 따름이다.

우리 음식의 언어

"구준하지 안 혀? 한창때인데 출출하겠네. 하나 잡숴봐. 시방 옥수꾸가 지철이여."

어느 여름날 오후 3시, 충남 아산의 방언 조사 현장. 영감님을 모시고 조사를 하는 사이 마나님께서 옥수수를 쪄서 내온다. 오랜만에 들어보는 '구준하다'는 말이 정겹지만 동행한 학생은 그 말을 알아듣지 못한다.

"구준한 게 뭐유?"

"물러서 묻남? 거 있잖유. 딱히 배가 많이 고픈 건 아닌데 뭔가 먹고 싶은 생각이 드는 거, 시장한 것은 아니고 약간 출출한 거, 밥 말고 뭔가 주전부리를 하고 싶은 거."

"시장한 거랑 출출한 건 어떻게 달러유?"

"국어 선상이라메 증말 모르는 겨? 허기진 건 배고파 디지겠는 거, 시장한 건 때 돼서 밥을 먹고 싶은 거, 출출한 건 밥때는 아니라서 그렇기 배고픈 건 아닌디 머 좀 먹고 싶은 거. 그거보다 들한 게 구준한 겨."

"주전부리는 또 뭐쥬?"

"시방은 내가 선상이구먼. 끼니때 먹는 밥 말구, 반찬 말구 먹는 거 있잖유. 이거 모냥 옥수꾸 찐 거, 고구마 삶은 거, 부침개 해 먹을 수두 있구."

"아, 군것질 말이쥬?"

"아녀, 군것질은 애들이 가겟방에 가서 과자부시레기나 쫄쫄인지

쫀디긴지 머 그런 거 사 먹는 거지."

한창 재미있게 얘기가 진행되는데 주도권을 빼앗긴 영감님이 의뭉
스럽게 한마디 던진다.

"으른들도 주전부리 햐. 집에서 먹는 거 아니문 다 주전부리지 뭐.
나야 뭐 지금은 늙어서 뭇 허지만."

마나님의 표정이 갑자기 싸늘해진다. 한량기가 다분한 영감님이 젊
어서 마나님 속깨나 썩인 듯하다. 이럴 땐 말을 돌리는 것이 상책이다.

"옥수수가 맛있네유. 역시 옥수수는 사카린을 늫구 쪄야 돼유."

끼니가 아닌 먹을 것에 대한 이름은 꽤나 많다. 전통적으로는 '참'이
란 말이 있는데 '참' 단독으로 쓰이기도 하고 '새참'이란 말로 쓰이기
도 한다. 그런데 이때의 '참'은 땀이 밴 말이기도 하다. 강도가 높은 노
동 사이에 잠시 쉴 때 먹는 것이 '참'이다. 농사일을 비롯해 힘든 노동
을 할 때는 끼니만으로 버티기 어렵다. 그래서 끼니 사이에 먹는 것이
'참'이다. '참' 또는 '새참'은 '곁두리'란 말로 쓰이기도 한다. '곁'이 들
어가 있으니 역시 본래의 끼니 사이에 있다는 뜻이기도 하다.

'참'은 한자를 빌려 '站(우두커니 설 참)'으로 적기도 하는데 이는 편
의상의 표기일 뿐으로 보인다. 오히려 '참'이 먹을 것의 뜻으로 쓰이
면 '食(먹을 식)'으로 대체되기도 한다. 우리에게 가장 익숙한 말인 '간
식間食'이 바로 그 예다. '간'은 사이를 뜻하니 끼니 사이에 먹는 음식
이 '간식'이다. '야식夜食'은 말 그대로 밤에 먹는 끼니 외의 음식이다.

밤늦게까지 깨어 있을 경우 출출함을 달래기 위한 것인데 '야참'이란 말로 쓰이기도 한다. 이러한 말 역시 끼니 사이에 먹는 음식을 지시하는 정도의 의미만 갖는다.

이것이 '주전부리'란 말로 대체되면 그 느낌이 약간 달라진다. 먹을 것이 귀한 상황에서 끼니를 제대로 챙겨먹지 않고 먹는 것이란 느낌이 든다. 배가 불러 굳이 먹지 않아도 될 것을 먹는다는 느낌을 주기도 한다. 입이 짧아 밥투정을 하는 아이가 달달한 것만 찾는다는 느낌을 주기도 한다. 심지어 먹을 것을 지시하는 것을 넘어 남녀 사이의 일을 속되게 이르는 말로도 쓰인다. '주전부리'가 이 용법으로 쓰이면 '끼니'는 '내 사람'의 의미가 되고 '주전부리'는 '남의 사람'이 된다. 결국 '주전부리'는 '부적절한'의 의미를 갖게 되는 것이다.

그렇다면 '군것질'은 뭘까? '군것질'을 알려면 '군', '것', '질' 셋을 다 알아야 하는데 '것'과 '질'은 금세 이해되니 '군'만 알면 된다. 이때의 '군'은 '군불'에서도 발견되는데 이 말을 꼼꼼히 살펴보면 흥미롭다. '불'의 의미가 분명하니 '군'을 따로 떼어낼 수 있는데 '군말', '군살', '군침'에서 그 예를 볼 수 있다. '군말'은 쓸데없는 말이고, '군살'은 없는 것이 더 좋은 살이다. '군침'은 흘려봐야 소용없는 침이다. 어느 것 하나 긍정적인 뜻이 없다. '군더더기', '군식구'에서의 뜻도 그렇다. '군더더기'는 쓸데없는 것이 덧붙은 것이고 '군식구'는 없는 것이 더 좋을 것 같은 식구를 뜻한다. 쓸데가 있어서 때는 '군불'과는 확연히 다른 뜻을 덧붙여주는 말이다.

그러나 '군'이 붙은 말 중에 역시 가장 나쁜 것은 '군것'이고 이것이 더 확장된 말이 '군것질'이다. '군것'의 '것'은 모든 사물을 대신할 수 있는 말이지만 이 단어에서는 '먹을 것'을 뜻한다. 그러니 '군것'은 '쓸데없는 먹을 것' 또는 '본래 먹을 것 말고 덧붙여 먹은 것'을 뜻한다. '군것질'의 '질'은 본래는 '반복되는 행위'를 뜻하는 말이다. 그런데 실제의 용법에서는 부정적인 행동을 나타내기도 하고 비하하려는 의도가 담기기도 한다. 이렇게 만들어진 '군것질'은 결국 먹지 말아야 할 것을 먹는 행위가 되는 것이다.

'군것질'이 부정적인 의미라면 이에 대응하는 긍정적인 의미의 말이 있을 법하다. '군식구'의 반대말이 '제 식구'임을 감안하면 '군것'의 반대말은 '제 것'일 듯도 하다. 먹는 것 중의 '제 것'은 역시 끼니때 먹는 밥이다. 하루에 세 번 먹는 끼니가 '제 것'이라면 다른 때에 먹는 다른 음식은 모두 '군것'일 수밖에 없다. 끼니 외에 먹는 것이니 결국은 '군것'이나 '주전부리'나 같은 뜻이다. 그러나 '군것'이란 말속에는 '맛', '재미'라는 뜻보다 '쓸데없다'라는 뜻이 훨씬 더 많이 가미되어 있다.

'군말'의 반대말을 억지로 찾아보자면 '참말'일 테니 '참것'도 '군것'의 반대말이 될 수도 있다. '참것'은 다른 말로 '참 먹거리'로 바꿀 수 있다. 정성들여 만든 밥과 반찬은 '참것' 혹은 '참 먹거리'다. 식구들을 위해 어머니가 정성들여 만든 음식은 모두 '참것'이다. 그러나 입이 짧은 아이들을 겨냥한 '단것'과 '자극적인 것'은 '참것'과 거리가 멀다. 음식의 영양이나 안전보다는 오로지 입맛에만 초점을 맞추니 '나쁜 것'으로 여겨지기도 한다. '군것질' 하면 떠오르는 '불량식품'은 바로 '참 먹거리'가 아니라는 의식과 관련이 있다.

'제 것'이 아니고 '참것'이 아니더라도 '군것'의 유혹을 이기기는 쉽지 않다. 살기 위해 먹을 때는 먹는 즐거움을 느끼기가 어렵다. 그러나 형편이 나아져 먹기 위해 사는 상황이 된다면 먹는 즐거움을 맘껏 누릴 수 있다. 그리고 그 즐거움이 삼시 세끼에 국한될 이유는 없다. '제것'과 '참것'의 가치를 안다면 가치는 그대로 유지하되 '군것'에서 즐거움을 찾으면 된다. '군것'에 '군침'이 돌 때 '군살'을 제어할 수 있다면 '군말' 없이 먹는 것도 그리 나쁜 일은 아니다.

밥을 닮은 그것, 떡

밥과 떡은 같으면서도 다르다. 쌀을 익혀서 만드는 것이니 재료나 기본적인 조리 방법은 같다. 그러나 밥은 쌀알의 형태가 남아 있지만 떡은 그렇지 않다. 익히기 전에 가루를 내든 익힌 다음에 찧든 쌀알은 사라지고 덩이만 남는다. 덩이에 소금과 설탕으로 약간의 가미를 하고 나서 갖가지 소를 넣기도 하고 고물을 묻히기도 한다. 소와 고물이 더해졌으니 종류도 다양해지고 맛도 더해진다. 맛이 있으나 만들기가 번거로우니 명절이나 생일 등 특별한 날에나 먹을 수 있는 음식이다. 예전에는 주전부리로서 가장 먼저 떠올리는 것이었는데 밥과 같은 재료이니 속이 든든하다.

'떡'은 과거에도 '떡'이었다. 문헌상으로는 '썩'인데 지금은 쓰지 않는 'ㅼ'이 쓰였다. 그런데 'ㅼ'은 표기만 다를 뿐, 오늘날의 'ㄸ'과 소리가 같은 것으로 본다. 떡의 종류는 그 수를 헤아리기 어려울 만큼 많다. 재료에 따라, 모양에 따라, 지역에 따라 만드는 법이 다르고 그에

떡, 월병, 센베이

떡을 한자로는 '餠'이라 하고 '월병'과 '센베이'에도 한자 '餠'이 들어 있지만 모두 다른 음식이다.

따른 이름도 다르다. 서양의 빵과 과자가 다양하다지만 떡도 그에 못 지않다. 그런데 빵과 과자가 들어오면서부터 떡과의 관계가 미묘해진 다. '떡'을 영어로 번역하면 '라이스 케이크rice cake'가 되는데 우리로서 는 영 마뜩잖다. 케이크는 밀가루를 구워서 만들지만 떡은 쌀을 쪄서 만든다. 재료와 만드는 방법이 근본적으로 다른 음식이다. 구워서 만 든 과자도 역시 떡과는 다르다.

이러한 혼란은 '떡'의 한자에 해당되는 '餠(떡 병)'에서도 확인된다. '餠'은 우리말에서는 떡으로 쓰이지만 중국어에서는 훨씬 더 넓은 뜻 으로 쓰인다. 즉 굽거나 지지거나 쪄서 만든 둥글넓적한 밀가루 음식 전부를 뜻해서 부침개, 선, 전병, 빵, 떡 등을 모두 포괄한다. '전煎(지 질 전)'이나 '전병煎餠'은 우리말에도 들어와 있는데 우리말에서는 떡 과 전혀 다른 종류의 음식이다. 일본어의 '전병'은 한자 본래의 의미와 보다 가까운 뜻으로 쓰이는데 우리에게는 또 전혀 다른 음식으로 느 껴지기도 한다. 우리가 흔히 '생과자' 혹은 '센베이'라고 하는 것이 '煎 餠'의 일본어식 발음 '센베이せんべい'에서 온 것이다.

우리 음식의 언어

떡이 우리의 삶에 가까이 있어서 그런지 '떡'이 들어간 표현이 많다. '떡 줄 사람은 꿈도 안 꾸는데 김칫국부터 마신다'란 속담은 무슨 일이든 지레짐작으로 나서기 좋아하는 사람을 멋쩍게 만든다. 김칫국부터 마시다가 어쩌다 권력을 잡게 되면 모든 일을 '떡 주무르듯' 하게 되니 주의해야 한다. 그런 사람들이 득세하는 한, 모두가 행복한 사회는 '그림의 떡'이다.

빈자의 떡, 신사의 떡

> 돈 없으면 집에 가서 빈대떡이나 부쳐 먹지
> 한 푼 없는 건달이 요릿집이 무어냐, 기생집이 무어냐
>
> – 한복남, 〈빈대떡 신사〉

우리말에서 기름을 듬뿍 두르는 조리법을 무엇이라고 해야 하는지 좀 헷갈릴 때가 있다. 특히 '지지다'란 말이 그렇다. 이 말은 기름을 필수적으로 요구하지는 않는다. 심지어 감기 걸렸을 때 '뜨거운 아랫목에 몸을 지진다'는 표현을 쓰는 것을 보면 더 그렇다. 오히려 '부치다'란 말이 더 정확해 보이기도 한다. 이러한 조리법은 음식의 이름으로

■   '전병'과 '젬병'의 관계는 꽤나 흥미롭다. 이 말은 흔히 형편없는 것을 가리키는데 '전병'에서 온 것으로 본다. 전병이 식으면 축 처지면서 그릇에 달라붙어 형상을 알아볼 수 없게 되니 형편없는 모습이다. '전병'을 빨리 발음하면 [점병]으로 소리가 나고 '어'가 '에'로 바뀌는 것도 자연스러운 변화이니 설득력이 있다.

까지 발전한다. '지짐'과 '부침'이 그것인데 '지짐이', '부침개'와 같이 다른 말을 뒤에 덧붙이기도 한다. '전'이 한자어라면 '지짐'과 '부침'은 우리의 고유한 말이라서 그 느낌이 훨씬 더 빨리 와 닿는다. 말만 들어도 고소한 기름 냄새와 자글자글 익어가는 소리가 들린다. 같은 음식을 두고도 지역에 따라 '지짐'이라 하기도 하고 '부침'이라 하기도 하지만 정겨운 말인 것은 확실하다.

지짐, 혹은 부침의 대표는 역시 빈대떡이다. 요즘의 빈대떡은 녹두를 갈아 몇 가지 소와 버무린 뒤 지져내거나 부쳐내는 것인데 그 맛에야 모두가 동의를 하지만 이름의 유래에 대해서는 말들이 많다. 무엇보다도 떡이 아닌데 '떡'이라는 이름을 붙인 것이 문제가 된다. 곡물의 가루를 쪄낸 것이 아니라 묽게 반죽해서 지져냈는데 '떡'이라고 하는 것이 이상하다. '떡' 앞에 붙은 '빈대'도 정체를 알 수 없기는 마찬가지다. 사람의 피를 빠는 '빈대'일 리는 없으니 여러 가지 해석이 나올 수밖에 없다.

'빈대떡'의 이름에 대해서도 제일 먼저 등장하는 것은 역시 한자와 연관 짓는 것이다. 옛 문헌에 이미 한자로 '餠䭔'라고 쓰고 한글로는 '빙쟈'로 써놓은 것이 나온다. '餠'은 '떡'을 뜻하지만 우리 한자음으로는 '병'이고 중국어 발음으로는 '빙'이다. 그러니 기록이 맞다면 이 음식과 이름은 중국에서 유래한 것으로 볼 수밖에 없다. '餠'이 '전병煎餠' 등에도 쓰이는 것을 감안하면 이 음식이 반드시 떡이어야 할 이유는 없다. '䭔'는 잘 안 쓰이는 한자여서 뜻이 분명하지는 않으나 음식을 뜻한다는 것은 알 수 있다. 결국 중국에서 '빙쟈'라 부르는 음식이 우리나라에 들어와 빈대떡이 됐다고 보아야 한다. 중국어에서 유래한

우리 음식의 언어

'빙쟈'가 무슨 말인지 모를 수 있으니 본래 '餠'이었다는 것을 밝히기 위해 '떡'을 덧붙인 것은 어느 정도 설명이 된다. 그러나 '쟈'가 '대'가 되는 일은 설명이 어려운 변화다.

이런 이유로 가난한 사람을 구제하기 위해 만든 '빈자貧者떡'에서 유래했다는 설도 제기된다. 덕수궁 뒤에 '빈대골'이 있었는데 여기 사는 사람들이 부침개 장사를 많이 했다는 데서 유래했다는 설명도 보인다. 그러나 모두 개연성이 떨어지는, 그저 '이야기'일 뿐이다. 빈대떡의 이름 유래를 정확히 알아야 그 맛이 더해지는 것은 아니다. 충청도 일부 지역에서는 '부침개'란 말 대신 '누리미'란 말을 쓴다. 누릇하게 부쳐내서 그런 이름이 붙었을 듯하다. 이름의 유래를 모르더라도 말쑥하게 차려입은 신사나 가난한 사람 모두 비 오는 날 생각나는 것은 확실하다. 그것이 '전', '저냐', '부침', '지짐', '누림'으로 불리든 '빈대떡'이라고 불리든.

과자와 점심

'과자'와 '과일'은 묘한 관련이 있다. 이름에 '과일'을 뜻하는 '菓(과일 과)'와 '果(실과 과)'가 포함되어 있다는 것이 그것이다. 우리말에는 본래 '과자'가 없다. 오늘날의 과자와 같은 음식이 없었던 것이 아니라 '과자'라는 명칭이 없었다. '과자' 대신 '조과造菓'라는 말이 있었는데 이는 실제 과일이 아니라 '만든 과일'이란 뜻이다. 곡물 가루로 과일 비슷하게 모양을 만들고 단맛을 가미한 것을 통틀어 일컫는 말이

다. '조과'라는 이름으로 과자 비슷한 것을 통칭하기도 했지만 대개는 개별 음식을 각각의 이름으로 따로 불렀다. '과자'란 말은 가까운 일본어에서 유입된 것으로 보인다. 일본어에서는 '과자'를 한자로 '菓子'라 쓰고 '가시ゕし'라고 읽는다. 한자어이니 중국어에 기원을 두고 있는 것이라 생각할 수도 있지만 중국어에서는 '菓'를 잘 쓰지 않는다.

이렇게 우리말의 일부가 된 '과자'는 폭발적으로 그 영역을 넓혀가면서 수없이 많은 종류의 음식을 가리키게 된다. 오늘날 '과자'는 주로 서양식의 과자를 뜻하지만 원산지에 따라 구별할 때는 '양과자洋菓子', '화과자和菓子'라는 말을 쓴다. '양洋'은 서양을 뜻하고 '화和'는 일본을 뜻하니 각각 서양식 과자와 일본식 과자를 가리키는 것이다. 이에 따라 우리의 전통적인 과자는 '한과韓菓'라는 새로운 이름을 얻게 된다. 과자의 본고장에서는 재료와 만드는 방법에 따라 이름을 세분하지만 우리에게는 그냥 '과자'일 뿐이고 아이들에게는 '까까'일 뿐이다.

중국어에서는 과자가 '뎬신点心/dianxin'이다. 한자는 조금 다르게 쓰지만 우리말의 '점심點心'과 기원이 같은 말이다. 1장에서도 이야기했듯이, '점심'은 글자 그대로 풀자면 '마음에 점을 찍는다'는 뜻이다. 배를 채우기보다는 살짝 요기를 하는 것이다. 부담스럽게 먹지 않는 것이니 떡, 과자, 빵, 케이크 등과 같은 간식거리를 뜻하는 말이 된다. 또

■ 밀가루를 꿀과 기름으로 반죽해서 기름에 튀겨낸 음식인 '과줄'은 생각해볼 거리가 있다. '과줄'의 옛말이 '과즐'인데 '과자'와 발음이 닮아 있다. '菓子'를 중국식으로 발음하면 '궈즈' 정도가 되고 중국어 구어에서 우리식으로 치면 말음에 'ㄹ'을 더하는 경향이 나타났다고 보면 '궈즐'이 될 수도 있다. 그런데 그렇게 보기에는 '과즐'이 너무 이른 시기에 나타났다는 문제점이 있다.

우리 음식의 언어

과자

다양한 과자들이 있지만 이제 우리가 '과자'라고 했을 때 떠올리는 것은 이처럼 봉지에 담긴 서양식 '칩'이다.

한 '点心'의 광둥식 발음이 '딤섬'인데 이는 만두와 비슷한 음식을 가리킨다. 일본에서도 '뎬신てんしん'이란 말을 쓰는데 차에 곁들이는 과자나 절임 또는 간식의 뜻으로 쓰인다. 이런 예들을 살펴보면 우리가 쓰는 '점심'이란 말이 더 이상해지기도 한다. 아침과 저녁 사이에 먹는 밥을 '마음에 점을 찍는다'는 뜻의 '점심'이란 말로 대신하는 것이 오히려 이상한 것이다.

과자의 일종 혹은 과자를 대신할 수 있는 말로 쓰이고 있는 영어 '스낵snack'도 그 용법이 매우 혼란스럽기는 마찬가지다. '스낵'은 본래 넓은 의미에서는 '가벼운 식사', '도시락', '간식' 등을 뜻하는데 요즘은 포장을 뜯고 바로 먹을 수 있는 것을 가리킨다. 오늘날의 스낵은 미국에서 시작한 것들이 대부분인데 감자칩, 콘칩 등이 그것이다. 이런 것들은 튀기거나 볶은 것들인데 '칩'으로 분류되는 과자들이다.

달고나와 솜사탕의 추억

설탕은 억울하다. 어찌 된 일인지 설탕은 아이들 충치의 주범, 어른들 비만의 주범으로 지목된다. 우리 몸에서 필요한 에너지로 가장 손쉽게 바꿀 수 있는 것이 당이다. 밥을 먹어 에너지로 바꾸려면 많은 시간과 노력이 필요하지만 당은 바로 에너지가 되니 당에 대한 집착은 본능적인 것이기도 하다. 특히 신진대사가 완벽하지 못한 아이들이 만만한 당에 집착하는 것은 당연하다. 몸에서 손쉽게 에너지로 바꿀 수 있는 당을 요구하면 입이 단 음식을 끊임없이 찾는 것이다.

　그런데 '설탕'이 이상하다. 설탕이 주재료인 '사탕'도 이상하다. 모두 '탕'이 들어가 있는데 '당'이 아닌 '탕'인 것이 이상하다. '설탕'이나 '사탕' 모두 한자에 바탕을 두고 있는데 각각 '雪糖'과 '砂糖'으로 쓴다. 그런데 '糖'의 발음은 '당'이다. 수액주사의 대표 격인 '포도당'도 '포도탕'이라고는 하지 않는다. 어찌 된 일일까? 이 역시 한자어가 아닌 중국어 차용어이기 때문이다. 설탕이나 사탕 모두 아주 늦게 만들어진 것이기에 중국에서 이것을 도입하면서 이름도 당시의 중국어 발음을 그대로 받아들인 것이다. 물론 '눈같이 희다'는 뜻에서 '설탕'인데 '설'은 중국어 발음 '쉐' 대신 우리 한자음대로 '설'로 받아들인다. 그러니 '설탕'의 이름은 한중 합작어이기도 하다. 이상한 것은 더 있다. '사탕' 하면 아이들이 먹는 알사탕이 먼저 떠오르지만 본래 '사탕'

은 오늘날의 '설탕'의 뜻이다. 단맛을 내는 감미료를 '사탕'이라 부르다가 눈처럼 희고 고운 설탕이 개발되면서 감미료의 이름은 '설탕'으로, 아이들의 주전부리는 '사탕'으로 변화한 것이다.

"성공, 성공! 별 성공."

초등학교 5학년 '코찔찔이' 형식이는 오늘도 뽑기에 성공한다. 그것도 가장 어렵다는 별 모양에 성공한다. 침 묻히기, 바늘로 긁기, 열 가하기 등 온갖 방법을 동원해도 다들 실패만 거듭하는데 유독 형식이만은 기가 막히게 모양대로 뽑아낸다. 매사에 어리숙해 보이는 형식이의 성공은 아이들의 경쟁 심리를 자극한다. 형식이가 성공할 때마다 친구들은 10원짜리를 탈탈 털어 파라솔 밑에 연탄불을 켜고 앉아 있는 아저씨에게 몰려든다.

형식이와 같은 동네에 살고 있는 아이는 그 비밀을 알고 있지만 차마 말을 못 한다. 형식이는 늘 아무 말 없이 아저씨에게 돈만 내민다. 아저씨는 형식이에게 눈길도 주지 않은 채 설탕을 녹여서는 유난히 깊게 모양을 찍어낸다. 따낸 별을 내밀고 형식이는 돈으로 돌려받고는 어디론지 사라진다. 학생들이 모두 돌아간 뒤 아저씨는 물건을 챙겨 집으로 향한다. 한 손에 과자를 들고 나타난 형식이는 몇 걸음 뒤에서 아저씨를 뒤따른다. 집에 거의 다 와서야 부르고 싶었던 '아빠'를 연신 부르며 팔에 매달리다시피 한다.

우리 몸에서 단맛을 간절히 원하다 보니 설탕은 모든 음식에서 마법의 감미료로 쓰인다. 아이들이 먹는 주전부리는 물론 어른들이 먹는 각종 음식에 설탕이 빠지는 일이 없다. 그런데 음식 속에 감춰진 설탕이 아니라 오롯이 설탕만 먹고자 하는 시도가 이루어지는데 그것이 60년대 이후 '달고나'란 이름으로 굳어진다. 본래 열로 녹인 포도당에 소다를 첨가해 만들던 것이 국자에 설탕을 녹여 모양을 찍어내 아이들을 유혹하는 길거리 음식으로 바뀌게 된다. 만드는 법도 흥미롭지만 무엇보다도 그 이름이 흥미롭다. 포도당이든 설탕이든 오롯이 퍼먹는 것과 마찬가지니 그 맛이 단것은 당연한데 이름도 '달고나!'라는 감탄의 말로 지어진 것이다. '달고나'는 부산 지역에서 만들어지기 시작한 것으로 알려져 있는데 '달구나'를 '달고나'라고 할 것 같은 지역은 전라도다. 부산에 정착한 전라도 사람이 이 이름을 지은 것이라면 '달고나'는 동서 합작인 셈이다.

설탕을 오롯이 먹겠다는 시도는 '솜사탕'에서도 이어진다. 차마 설탕을 입에 털어 넣을 수 없으니 약간의 가공이 가해진다. 설탕을 열로 녹인 후 고속으로 회전시키면 설탕 시럽이 가느다란 실처럼 되는데 이것을 뭉친 것이 솜사탕이다. 사르르 녹는 그 맛은 아이들의 설탕 집착을 자극하기에 충분하다. 그런데 이 '솜사탕'도 이름이 묘하다. 설탕을 솜처럼 만들었으니 우리말의 어법대로라면 '사탕솜'이 맞다. 그러나 '사탕솜'이라고 하게 되면 결국은 솜의 일종이 되어버리니 '솜사탕'을 택한 것이다. 결과적으로 솜처럼 만든 사탕으로 말을 풀이할 수

우리 음식의 언어

밖에 없다. 솜사탕을 처음 만든 이가 이러한 복잡한 문제를 고민했을 리는 없지만 멋진 작명인 것은 분명하다. '솜사탕'을 영어로는 '코튼캔디cotton candy'라 하고, 중국어로는 '멘화탕棉花糖', 일본어로는 '와타가시綿菓子'라고 한다. 어쩌면 영어나 중국어를 그대로 번역한 것일 수도 있지만 멋쟁이 할아버지가 '솜사탕'이란 이름을 지었을 것이라 믿고 싶다.

설탕을 통째로 먹는 방법으로는 사탕을 당할 만한 것이 없다. 달고나나 솜사탕은 약간의 가공을 한 것이지만 사탕은 말 그대로 설탕 덩어리다. 아니 '사탕'이 본래 오늘날 '설탕'의 뜻이었으니 사탕은 사탕 덩어리라고 해야 맞다. 사탕은 모양, 재료, 가공법 등에 따라 갖가지 이름이 붙여지지만 '눈깔사탕', '알사탕'이란 이름은 끔찍하기도 하고 귀엽기도 하다. 둥글고 커다란 모양이 눈알이나 알과 닮았다 해서 누군가 이런 이름을 붙인 것으로 보인다. '눈깔'이 '눈알'의 비어이기는 하지만 '눈알사탕'이라고 했으면 더 끔찍했을 듯하다. 그래도 영어를 그대로 가져다 쓴 '드롭스drops'보다는 낫다.

■   요즘 아이들에게는 '츄파춥스chupachups'가 대세다. 그 이름은 스페인말로 '빨다'의 뜻인 '추파르chupar'에서 유래된 것이다. 알사탕에 달려 있는 막대는 사탕을 빨아먹을 때 손에 묻지 않게 하는 기능도 있지만 아이들이 통째로 사탕을 삼키지 못하도록 하는 역할도 한다. 게다가 포장지는 스페인의 대화가 살바도르 달리가 디자인한 것이니 성공할 만한 여러 요소를 골고루 갖춘 사탕이다.

엿 먹어라!

설탕이 일반화되기까지 단것의 대명사는 단연 꿀과 엿이었다. 꿀은 자연에서 얻는 것이고 엿은 직접 만들어 먹는 것이다. 갖가지 곡물과 엿기름이 주원료인 엿은 오랜 시간 동안 많은 정성을 들여야 하는 음식이다. 가장 묽은 상태의 조청은 음식을 조리할 때 넣어도 좋고 가래떡 같은 것을 찍어 먹기도 좋다. 이것을 더 졸여서 굳힌 것이 갱엿이다. 갱엿으로 굳기 전에 잡아 늘여 공기가 들어가게 하면 하얀색으로 바뀌게 된다. 이것을 엿판에 덩이째 굳혀서 떼어 팔기도 하고 가락을 만들어 팔기도 한다. 요즘이야 단맛을 내는 것들이 많아 엿의 인기가 예전만큼은 못하지만 끈끈하게 잘 붙는 속성 때문에 시험 철이 되면 떨어지지 말라는 뜻으로 여전히 인기가 높다.

엿의 인기는 우리가 흔히 쓰는 말에서 확인된다. 그런데 달콤한 엿의 맛과 달리 '엿'이 들어간 우리말 표현은 그리 긍정적인 의미로 사용되지 않는다. '엿 같다'는 말뜻 그대로라면 '엿과 비슷하다' 정도의 의미를 가져야 하는데 '기분이나 상태가 영 좋지 않다'는 뜻으로 쓰인다. 지금은 거의 쓰지 않는 표현이지만 '엿 먹고 조청 싸라'는 말은 그 자체만으로도 부정적인 의미가 감지된다. 소화가 잘되는 엿이 묽은 엿인 조청으로 나올 일은 절대로 없으니 무엇인가 말이 안 되는 상황에서나 쓸 수 있는 말이다. 엿이 들어간 표현 중 최고는 역시 '엿 먹어라'다. 달콤한 엿을 먹으라고 하니 표면적인 뜻만 생각하면 좋은 의미일 듯하다. 그러나 이 말은 상대에게 저주에 가깝게 퍼붓는 말이다.

달콤한 엿이 왜 이러한 표현에 쓰이게 되었는가에 대해서는 여러

우리 음식의 언어

가지 설이 있다. 신문에 기사까지 났으니 중학교 입시 문제와 관련된 소동에서 유래했다는 설이 유력해 보이기도 한다. 엿을 만들 수 있는 재료를 묻는 문제에 무릎을 답으로 쓴 학생들이 오답 처리가 되자 학부모들이 실제 무릎으로 엿을 만들어 교육위원회에 나타나 '(무릎으로 만든) 엿 먹어라'라고 한 데서 시작됐다는 것이다. 그러나 이러한 설역시 억지로 만들어진 것으로 보인다. 이 소동이 일어난 것은 1964년인데 이미 1938년과 1954년 신문에 이러한 표현과 그 유래에 대한 설명이 확인되기 때문이다.

그래도 '엿'이 들어간 표현 중에 유쾌한 것이 있으니 '엿장수 마음대로'가 그것이다. 엿 장사도 장사이니 엿장수가 이문을 남기려면 정해진 가격이 있어야 한다. 그러나 커다란 가위를 들고 절걱절걱 소리를 내면서 흥이 난 엿장수는 자기 마음대로 엿을 떼어주거나 엿가락을 건넨다. 말 그대로 정해진 가격과 양 없이 엿장수 마음대로 하는 것이다. 그렇더라도 '엿 먹어라'에 대한 설명을 엿장수 마음대로 하는 것은 문제다. 누가 처음 엿을 만들었는지 모르듯이 누가 처음 '엿 먹어라'라는 말을 썼는지 모르는 것이 어쩌면 당연한 것이다. 말은 그렇게 생겨나서 그렇게 사라진다.

■ '엿 먹어라'의 발음은 [염머거라]이기 때문에 본래 '엿 먹어라'가 아닌 '염 먹어라'라는 설명도 있다. 이때의 '염'은 '시신을 염念하다'의 '염'과 같은 뜻이라는데 우리말에서 나타나는 말소리의 변화에 대해 잘 알고 있는 것은 좋지만 상상력이 너무 지나쳤다는 혐의를 피하기 어렵다.

딱딱한 얼음 막대기?
1963년에 출시된 첫 브랜드 아이스크림 삼강하드의 광고. 포장지에는 영어로 'HARD ICE STICK'이라고 되어 있는데 이 상품의 이름은 '하드 아이스크림'이다.

딱딱하고도 부드러운 얼음과자

온도를 낮추면 물이 얼음이 된다는 것은 누구나 안다. 그러나 인위적으로 온도를 낮추기 위해서는 기계의 힘을 빌려야 한다. 설탕물을 얼려서 먹으면 달콤한 맛과 시원한 맛을 동시에 즐길 수 있으나 꽤나 늦게 만들어진 이유가 여기에 있다. 크림과 농축 우유 등을 휘저으면서 냉동시키면 '부드러운 얼음'이 만들어진다. 이 역시 냉동기술과 함께 갖가지 기술이 필요하다. 이런 이유로 우리나라에서는 1960년대 이후에야 '빙과류'가 대중화되기 시작한다. '빙과 氷菓'라는 말 자체가 '얼음

우리 음식의 언어

과자'라는 뜻이다. 그러나 각각의 이름에는 '얼음' 대신 외국말이 들어
가게 된다.

스티로폼이나 나무로 만든 상자를 열면 드라이아이스의 하얀 김이
퐁퐁 나온다. 그 속에서 집어 올린 딱딱한 막대기, 바로 '하드'다. '딱
딱하다'라는 뜻의 '하드hard'가 이름으로 굳어진 것은 처음 출시한 회
사의 책임도 있다. 엄밀하게 말하면 아이스크림이 아닌데 '아이스크
림'이라고 이름을 붙이고 싶으니 '하드 아이스크림'이라고 이름을 짓
는다. 그런데 어찌 된 일인지 사람들은 '아이스크림'을 떼어버리고 그
냥 '하드'라고 부른다. 사람들이 시원 달달한 맛을 즐기면서도 '이것은
아이스크림이 아냐'라고 무언의 표현을 한 것이었는지도 모른다.

이후 딱딱한 빙과류는 '아이스케키'라는 이름으로 통칭되고 '바'를
끝 돌림자로 쓴 제품들이 수없이 많이 출시된다. '아이스케키'는 '아이
스케이크'의 일본어식 발음이다. 그런데 '아이스케키'란 말이 짓궂은
사내아이들이 여자아이들의 치마를 들추는 몹쓸 놀이의 뜻으로 발전
한다. 그래도 '바' 자 돌림의 이름들은 기발하고 예쁘니 다행이다. 연
인 간의 사랑 정도를 확인할 수 있는 '쌍쌍바', 밤 맛이 나는 '바밤바',
도둑들이 싫어한다는 '누가바' 등이 그것이다. '쌍쌍바'는 이름대로라
면 네 쪽이 들어 있어야 하는데 차마 '쌍바'라고 이름을 지을 수가 없
어 '쌍쌍바'가 된 것으로 보인다. '누가바'의 '누가'는 씹어 먹는 사탕
종류인 '누가nougat'에서 나왔지만 이 사실을 아는 이가 드물다. '바'가
아닌 막대형 비닐에 설탕물을 넣어 얼린 상품에 '쮸쮸바'란 이름을 붙
여준 이는 틀림없이 모유를 열심히 먹은 사람일 것이다.

진짜 아이스크림은 '콘'이란 돌림자를 달고 출시된다. '콘cone'은

본래 '원뿔'을 뜻하는데 우리나라에서는 본래의 뜻과는 관계없이 원뿔형으로 포장된 아이스크림을 지시하는 것으로 사용된다. 도대체 왜 그 시각에 만나야 하는지 아무도 말해주지 않지만 "12시에 만나요"로 시작되는 CM송과 함께 '대박'을 친 아이스크림이 '부라보콘'이란 이름을 달고 나온 덕이다. '떠먹는 아이스크림 빵빠레'와 '퍼먹는 아이스크림 투게더', 그리고 입에 전혀 붙지 않는 31가지의 이름을 알아야 먹을 수 있는 아이스크림이 있지만 아이스크림은 여전히 '콘'이다.

불량한 배부름의 유혹

애피타이저, 메인 디시, 디저트에 와인, 커피 혹은 차. 제대로 양식을 먹으려면 이렇게 갖추어 먹어야 한다. 본격적으로 먹기 전에 식욕을 돋우기 위해 애피타이저를 먹고 간간이 와인을 홀짝이다가 주된 요리를 먹고 나서는 후식으로 과자나 과일을 먹으며 커피나 차로 마무리해야 한다. 하루 일과를 끝내고 먹는 저녁이니 근사하게 격식을 갖춰서 골고루 푸짐하게 먹는 것일 수도 있고, 어떻게든 맛있고도 배부르게 많이 먹는 것일 수도 있다. 한 상 가득 차려낸 뒤 숭늉 한 사발 들이켜면 한 끼가 마무리되는 우리로서는 조금 낯설 수도 있다. 그러나 밥을 먹고 나서 과일에 커피 한잔을 곁들이는 것은 이미 일상이 되었고 따로 파는 집이 생길 정도로 '후식'이 아닌 '디저트'는 젊은이들의 입맛을 사로잡고 있다.

우리 음식의 언어

한 상에 50여 가지의 음식을 차려내는 한정식이나, 몇 인분의 개념 없이 육해공의 음식을 골고루 갖춰 테이블 가득 차려내는 중국식 만찬과 비교해보면 서양식의 코스 요리는 이상할 것이 없다. 50여 가지의 음식에 한 번씩만 수저를 들이대도 부른 배에 짜고 매운 맛을 견디기 어려운 한정식이나, 접시에 반 이상 남은 음식이 아까워서 자꾸 젓가락질을 하다 보면 자리에서 일어나기도 어려운 중국식 만찬에 비하면 커다란 접시에 앙증맞게 나오는 양식 코스 요리는 가짓수나 양은 그리 많지 않으니 더 나을 수도 있다. 그러나 이미 그득한 배에 달콤한 파이, 과자, 아이스크림 등을 밀어 넣는 것은 다를 바 없다.

'구준함'을 달래주는 주전부리, 심심함을 덜어주는 간식은 여유로운 삶에서 누려야 하는 것이다. 기름진 음식을 먹고 단것으로 마무리하는 디저트 또한 풍성한 식탁을 위해 빠질 수 없는 것이기도 하다. 아이들 또한 '불량식품' 군것질로 입의 즐거움을 추구한다. 먹는 즐거움이 삶에서 빠질 수 없으니 입을 즐겁게 하는 것은 어떤 것이든 죄가 없다. 먹을 것이 부족하던 시절에는 끼니 외에 먹는 것을 '주전부리'나 '군것질' 등의 부정적인 말들로 불렀다. 먹을 것이 풍부한 오늘날에는 '간식' 혹은 '디저트' 등 때나 순서만 가리키는 말로 부정적인 느낌을 지우고 있다.

그러나 근본적인 문제는 우리의 의식, 혹은 의식을 반영한 말에 있는 것이 아니라 '몸'에 있다. 오늘날 지구상에 살고 있는 '만물의 영장' 대부분은 시시때때로 양분을 몸에 축적해 극단적인 기아 상태를 견뎌낼 수 있는 유전자를 가지고 있다. 이 유전자는 오늘날에도 열심히 제 몫을 다해 과하게 들어오는 음식물을 몸속 곳곳에 축적한다. 그 결과 오늘날 인류는 이제까지 한 번도 겪어보지 못한 '비만'이라는 잣대의 자연선택을 경험하고 있다. 불량한 배부름의 유혹을 이겨낼 수 있는 이들의 후손만이 먼 훗날 지구의 주인으로 군림하리라는 것은 누구나 할 수 있는 예언이다.

12

마시고 즐거워하라

‘먹다’라는 동사는 가장 기본적인 단어에 속하지만 용법은 매우 다양하다. 그래도 가장 기본적인 뜻은 입을 통하여 음식을 배 속에 들여보내는 행위다. 음식을 입으로 들여보내는 것이 먹는 것이고, 반대로 먹는 것의 대상이 음식이다. 그러니 ‘음식’과 ‘먹다’는 항상 같이 쓰여야 하는 말이다. ‘음식飮食’은 한자어인데 이를 대체할 만한 고유어는 찾을 수 없다. 그저 ‘먹을 것’, ‘먹을거리’, ‘먹거리’ 정도로 표현할 뿐이다. 밥, 떡, 국, 과자 등 모든 것이 ‘먹을 것’이다. 고유어가 따로 없지만 ‘먹다’의 대상이 ‘먹을 것’이니 본래의 뜻에 가장 가까운 표현이기도 하다.

그런데 한자어 ‘飮食’을 자세히 들여다보면 흥미롭다. ‘飮’은 ‘마시다’란 뜻이고, ‘食’은 ‘먹다’란 뜻이다. 그러니 ‘음식’은 글자 그대로 보면 ‘마시고 먹는’ 동작을 일컫는 말이지만 결국 ‘마시고 먹는’ 대상으로 쓰인다. ‘먹다’가 포괄적인 의미라면 ‘마시다’는 ‘먹다’에서 분화되어 좀 더 구체적인 의미로 쓰인다. 즉 물이나 술 따위의 액체를 목구멍으로 넘기는 행위가 ‘마시다’인 것이다. 마셔도 어차피 배로 들어가게 되니 결국은 먹는 것과 같은 결과가 되지만 씹지 않아도 되는 모든 것에 대해 따로 분화해서 쓸 수 있는 말이 '마시다'다. 마찬가지로 '마실 것'도 '먹을 것'에 속하지만 '마실 것'이 지시하는 대상이 뚜렷하다.

마실 것의 바탕은 '물'이지만 이 물에는 수많은 것들이 녹아들어갈 수 있다. 오롯이 물만을 가리킬 때는 '맹물'이란 말을 쓴다. 오늘날에는 '맹물'이라고 쓰지만 과거에는 '맨물'이라고 쓰기도 했으니 '맨입', '맨손', '맨땅'의 '맨'과 같은 말이다. 이 맹물에 알코올이 섞여 있으면 '술'이 되고 달콤한 무엇이 섞여 있으면 '음료'가 된다. 식물의 잎이나 열매를 가공해 물로 우려내 마시면 '차'가 되는데 그것 또한 '음료'에 포함된다. 가장 진화된 생물이라고 믿는 포유류가 갓 태어나 '빠는' 그것은 '젖'이라고 하고, 다른 동물의 '젖'을 빼앗아 사람이 먹는 것은 '우유'로 통칭된다. 그 이름이 무엇이든 종류가 무엇이든 '마실 것'은 '먹을 것'의 일부이지만 또한 근원이기도 하다.

> 또 내가 내 영혼에게 이르되 영혼아 여러 해 쓸 물건을 많이 쌓아두었으니 평안히 쉬고 먹고 마시고 즐거워하자. 하나님은 이르시되 어리석은 자여 오늘 밤에 네 영혼을 도로 찾으리니 그러면 네 준비한 것이 누구의 것이 되겠느냐 하셨으니.
>
> – 〈누가복음〉 12장 19~20절

먹고 마셔서 즐거움을 얻고자 하는 부자에게 예수님은 어리석은 자라 책망하신다. 《성경》의 맥락에서는 책망을 받을 만하다. 그러나 인간의 삶에서 먹고 마시는 즐거움은 빠질 수 없다. 특히 마시는 것이 그렇다. 위급한 상황이 아니라면 먹는 것은 생존을 위한 것이지만 마시는 것은 즐거움을 위한 것이 많기에 더더욱 그렇다.

액체 빵과 액체 밥

'마시다'의 대상은 액체다. 액체 하면 가장 먼저 떠올라야 하는 것이 '물'이다. 그러나 '먹고 마시고 즐거워하자'라고 할 때의 마시는 대상으로 물보다 먼저 떠오르는 것은 술이다. '술'은 단어의 역사를 살펴봐도 방언을 살펴봐도 특별한 변이가 발견되지 않는다. 역사를 살펴보면 본래 '수을'이었다가 '수울'이 된 후 오늘날의 '술'이 된다. 방언을 살펴봐도 모두 '술' 또는 이와 비슷한 말로 나타난다. 자연스러운 변이가 없는 대신 의도적으로 만들어진 말은 여럿 나타난다. '광약狂藥'이나 '약주藥酒'는 모두 약에 기댄 이름이다. 소동파蘇東坡의 고사에서 유래된 '홍우紅友'는 거의 쓰이지 않지만 마시면 얼굴이 붉어지기 때문에 '붉은 친구'라고 하는 것도 일리는 있다.

　하지만 술을 빵이나 밥과 관련짓는 '액체 빵'과 '액체 밥'은 어색해 보인다. 말 그대로 해석하자면 액체로 된 빵과 밥이라는 것인데 술이 빵과 밥을 대신할 수는 없다. 하지만 곰곰이 생각해보면 틀린 말도 아니다. 과일이나 다른 재료로 술을 만들기도 하지만 술의 주재료는 곡물이다. 빵을 만들거나 밥을 지을 수 있는 재료로 술을 만드니 액체 빵, 혹은 액체 밥이라 할 수 있을 듯도 하다. 특히 빵의 발전에 맥주는 매우 중요한 역할을 했다. 보리를 발효시키기 위해서는 효모가 필수적인데 맥주 양조장의 효모가 빵을 만드는 데 중요한 역할을 한 것이다. 그 결과 맥주와 빵이 같이 발전하게 되니 둘은 아름다운 공생관계를 이룬다.▪

그런데 쌀은 사정이 다르다. 막걸리나 청주는 쌀로 '고두밥'을 지어 만든다. 때로는 술의 맛을 올리기 위해 쌀알을 반 이상 깎아내어 밥을 짓기도 한다. 밥이 되어야 할 것으로 술을 빚으니 이렇게 빚은 술은 밥과 공생할 수도 없고 밥을 대신할 수도 없다. 우리의 역사에서 끊임없이 반복된 금주령은 '광약' 혹은 '액체 밥'과 밀접한 관련이 있다. 표면적으로 금주령은 '술 권하는 사회'를 바로잡기 위해 내려진 것으로 보일 수 있다. 그러나 실상은 배고픈 현실에 어쩔 수 없이 내려진 결정일 경우가 많다. 굶주리는 사람들이 있는 마당에 '밥'으로 술을 만들어 배부른 이의 입을 즐겁게 하는 것은 할 짓이 아니다.

그러나 배불리 먹을 수 있게 되면서 액체 밥은 그 지위를 회복하게 된다. 쌀이 남아도니 쌀로 술을 빚든 과자를 만들든 상관할 바가 아니다. 넉넉한 밥상에 반주飯酒로 곁들여지면 밥맛을 돕는 친구가 될 수도 있다. 미칠 정도로 많이 마시지 않고 약을 먹듯이 조금씩 먹으면 '광약'이 아닌 '약주'가 될 수도 있다. 즐겁게 마시면 얼굴이 불콰해지더라도 '홍우'가 될 수 있다.

■ '액체 빵'은 독일어 '플뤼시게스 브로트flüssiges brot'에서 유래한 말이다. 부활절 40일 전의 사순절 기간에는 금식을 해야 하는데 독일 바바리아 지역의 수도승이 영양이 풍부한 맥주를 개발해 이 기간에 마신 것에서 비롯됐다. 18세기 후반에서 19세기 초반에 활동한 작가 베버Karl Julius Weber는 맥주를 '액체 빵'이라고 직접적으로 언급하기도 했다.

우리 음식의 언어

말이여, 막걸리여?

'술'은 알코올이 들어간 모든 것을 통칭하지만 각각의 이름에는 별로 쓰이지 않는다. '술'에 해당하는 한자 '주酒'를 돌림자로 해서 이름을 짓는 경우가 많기 때문이다. 술의 이름을 짓는 방법은 얼마든지 다양할 수 있지만 술의 맑고 흐림에 따라 이름을 짓는 것은 특이하기 그지없다. '탁주濁酒'와 '청주淸酒'가 그것인데 각각 '흐린 술'과 '맑은 술'이란 의미를 담고 있다. 대부분의 술이 고유한 색은 있을지언정 모두 맑기 때문에 이러한 구분 자체가 무의미할 수도 있다. 그러나 유독 우리에게만 '흐린 술' 혹은 '탁한 술'이 있기 때문에 '탁주'란 말이 만들어지고 이와 상대적인 개념을 가진 '청주'란 말이 만들어진 것이다.

'탁주'는 한자에 기댄 데다 익숙지도 않은 말이어서 우리는 흔히 '막걸리'란 말을 쓴다. 너무도 익숙한 말이어서 아무렇지도 않게 쓰고 있지만 이 이름 또한 자세히 들여다보면 이상하기 짝이 없다. '막걸리'는 '막 거르다'라는 말에서 유래한 이름이다. '막'은 '마구' 혹은 '거칠게'의 뜻이고, '거르다'는 체나 천으로 밭쳐 불순물이나 굵은 알갱이를 분리시키는 것을 뜻한다. 그러니 이 술은 '막 만들어낸 술', '거칠게 걸러낸 술'이라는 뜻을 이름에 담고 있다.

'막걸리'라는 이름을 이해하기 위해서는 이 술을 빚는 과정을 알아야 한다. 술을 빚는 방법은 조금씩 다를 수 있지만 고두밥을 누룩과 함께 물에 섞은 후 항아리에 넣어 적당한 온도에서 발효시키는 것으로 그 과정을 요약할 수 있다. 발효가 끝난 후 술을 분리해내는 방법은 여러 가지가 있다. 쌀알과 누룩 찌꺼기, 그리고 각종 부산물을 모두 걸러내고 여러 날 동안 숙성시키면서 가라앉혀 맑게 만든 술이 '청주'다. 이때까지 기다리기 어려우면 잘 익은 술 항아리에 용수라고 하는 술 거르는 용기를 박은 다음 괴어 있는 술을 따로 떠서 마시기도 한다. 이를 흔히 '약주'라 한다.

용수를 박는 것도 귀찮다면 윗면의 부산물을 살살 걷어낸 후 맑게 괸 술을 퍼낼 수도 있다. 이때 삭은 밥알이 몇 알 딸려와 술에 동동 떠다닐 수 있으니 그 이름도 귀여운 '동동주'가 된다. 누가 이름을 지었는지는 몰라도 참으로 감각적인 이름이다. 이도저도 다 귀찮으면 통째로 천이나 채반으로 대충 걸러내면 막걸리가 된다. 대충 막 거르는 것으로 보일 수도 있으나 먹을 수 없는 부산물만 걸러내고 나머지는 다 먹겠다는 뜻일 수도 있다. 막걸리를 마시면 든든한 이유가 여기에 있다. 그러나 막걸리는 당당히 '액체 밥'으로서의 지위를 누리기에 부족함이 없다.

술답지 않게 '탁주'라는 이름이 붙고, 허술하게 만들어낸 것처럼 '막걸리'란 이름까지 붙었지만 술 자체도 이름도 지키고 사랑해야 하는 이유는 충분하다. 막걸리의 다른 이름은 '농사지을 때 먹는다'는 뜻의 '농주農酒'다. 다른 술을 마시고 일을 하면 취하기도 하고 몸도 휘지는 반면 막걸리는 속도 든든하고 적당히 힘도 돋운다. 막걸리를 마시면 머리가 아프다며 기피하는 이도 있다. 막걸리를 마시고 취하면 할아버지도 못 알아본다는 말도 한다. 그러나 모든 발효주가 발효 과정의 부산물 때문에 머리가 아프니 막걸리만 배척당할 이유가 없다. 막걸리는 그리 급하게 많이 마시라고 만든 술이 아니다. 밥을 급하게 많이 먹으면 체하고 액체 밥을 그렇게 마시면 취한다. 많이 먹고 배불러

죽겠다는 사람이나 많이 마시고 힘들어 죽겠다는 사람이나 어리석기는 마찬가지다.

쇠주의 탄생

"막걸리의 반대말이 뭘까?"

대학교 1학년을 대상으로 하는 '한국어의 이해' 수업 시간, 단어 간의 관계에 대해 공부하는 시간이어서 장난스럽게 질문을 던져본다. 물론 답은 '탁주'의 반대말 '청주'다.

"잘걸리요. 막 거르지 않고 잘 걸렀으니까요. 아니면 곱게 걸러서 곱걸리요."

"소주요. 마시면 막걸리보다 머리가 덜 아프니까요."

"양주요. 막걸리는 국산인데 양주는 외제잖아요."

그냥 '탁주'의 반대말을 물었으면 될 것을 한 번 꼬아서 질문한 게 잘못이다. 첫 번째 나온 엉뚱한 대답을 바로 진압하지 않았더니 해괴한 답이 꼬리를 물고 나온다.

"빠이깔입니다. '빠이白/bai'는 '희다' 뜻이지만 '맑다' 뜻 있어요. '깐干/gan'은 '깨끗하다', '높다' 뜻 있어요. '빠이깐쥬白干酒/baiganjiu'라고 해야 하는데 '쥬'를 안 쓰고 '얼儿/er' 붙인 겁니다."

약간 어눌한 한국말, 그러나 정확한 성조. 중국에서 온 교환학생이다. 농담으로 던진 우문愚問에 현답을 얻었다. 듣고 보니 '고량주' 또는 '배갈'이라고 부르는 중국 술과 막걸리는 모든 게 반대다.

'탁주'와 '청주'라는 이름은 술의 맑고 흐림에 따라 정해진 것이니 그리 매력적이지 않다. 매력적이지 못한 것은 '소주燒酒'도 마찬가지다. '燒'는 '사르다', '불태우다', '타다', '익히다'의 뜻이 있으니 '소주'는 '불을 가해서 만든 술'이란 의미다. 술은 익혀야 먹을 수 있는 음식이 아니니 불을 가하는 것은 익히기 위한 것이 아니라 '더 높게, 더 깨끗하게' 하기 위한 것이다. 자연 발효로 얻을 수 있는 알코올 도수에는 한계가 있으니 이를 더 높이기 위한 과정이 필요하다. 자연 발효된 술에는 갖가지 잡성분이 섞여 있으니 이를 걸러낼 필요도 있다.

이 목적을 달성하기 위해서는 '증류'라는 높은 수준의 기술이 필요하다. 알코올은 물보다 끓는점이 낮아 뭉근하게 불을 가하면 알코올이 먼저 기화된다. 이것을 다시 응결시켜 모으면 도수도 높고 잡성분도 없는 깨끗한 증류주가 되니 이것이 곧 '소주'다. 불을 가했으니 '화주火酒'라고도 하고, 기화된 알코올이 이슬 혹은 땀처럼 응결되니 '기주氣酒', '노주露酒', '한주汗酒'라고도 한다.■

이렇게 만들어지기 시작한 소주는 사랑과 미움을 동시에 받으며 퍼져나가기 시작한다. 도수가 높으니 빨리 취하고 뒤끝이 깨끗하니 애주가들의 사랑을 듬뿍 받는다. 그러나 밥 지을 쌀로 술을 빚는 것도 미움을 받는 데다 그렇게 빚은 술을 또 증류한 다음 나머지는 버리니 더

■　평안북도에서는 '아랑주', 개성에서는 '아락주'라고도 하는데 아랍어로 소주를 '아락'이라고 하는 것에서 알 수 있듯이 이 기술과 말은 아라비아 지역에서 개발돼 전래되었다.

큰 미움을 받는다. 소주가 오랜 기간 동안 사치품 취급을 받은 데는 이런 이유가 있다. 재료가 귀하고 만드는 과정이 복잡하니 당연히 귀하게 여겨지는 것이다.

과학의 발달에 따라 탄생한 소주는 과학의 발달에 따라 또 한 번의 신분 변화를 겪는다. 증류는 본래 술이 아닌 순도 높은 알코올이 목적이다. 이 증류법이 발달하면서 순수 알코올로만 이루어진 '주정酒精'을 얻을 수 있게 된다. 주정은 순도만 높을 뿐, 술과 다를 바 없다. 다만 도수가 너무 높아 그대로는 마실 수가 없고 특별한 맛이 없어 매력도 없다. 다시 증류의 역순으로 물을 타고 맛과 향을 가해야 마실 수 있는 술이 된다. 그렇게 만들어진 것이 '희석식 소주'다. 쉽게 말하자면 '물 탄 소주'요, '맛 낸 소주'인데 그것이 대중화되면서 앞에 붙어 있던 '희석식'이란 말을 떼어낸 채 본래의 '소주'를 몰아내고 '소주'로 행세하게 된다.

막걸리도 다른 나라에서는 찾아보기 어려운 술이지만 소주 또한 그러하다. 희석식 소주 공장이 일제강점기에 일본 기술로 만들어지기 시작했지만 오늘날은 우리만 만들어 마신다고 해도 과언이 아니다. 주정은 술도가가 아닌 화학 공장에서 만들어지는 것이니 '술'이라고 해야 할지 '화학약품'이라고 해야 할지 난감하다. 그러나 그것은 마시는 사람들이 결정할 문제다. 화학자들이 물 탄 알코올로 보든, 외국인들이 이상한 약품으로 보든 마시는 사람들이 술로 마시면 술일 뿐이다. 이 가격에 이 정도 '성능'을 발휘할 술이 없으니 소주를 배척할 이유도 없다.

'소주'가 '쏘주'가 되고 나아가 '쐬주'까지 된 것은 사랑의 징표일 수 있다. 사람들의 입에 자주 오르내리면 말소리는 변화하기 쉽다. 막걸리나 맥주보다 도수가 높으니 좀 더 세게 부르고 싶어 '쏘주'가 된다. '쏘주'가 '쐬주'가 된 것은 언어학적으로 설명할 길이 없으니 결국은 이 술에 대한 사랑으로 해석할 수밖에 없다. 그러나 그 사랑이 지나치면 문제다. 밥을 지어 만든 술이 아니니 애초부터 '액체 밥'으로서의 자격이 없다. 밥 대신 먹으면 든든하기는커녕 몸만 축나고, 일할 때 먹으면 힘이 나기는커녕 사고가 나니 역시 밥을 대신할 수 없다. 싼값에 무제한으로 공급되더라도 적당히 마시지 않으면 우리 몸의 화학 공장인 간을 망치는 '화학약품'일 수밖에 없다.

정종과 사케

'흐린 술'과 '붉은 술' 사이에 애매한 위치를 차지하고 있는 술이 있으니 청주가 그것이다. '청주'의 본뜻은 '맑은 술'인데 요즘 사람들이 받는 인상이 이 이름과 일치하지는 않는다. 맑기로 치면 소주가 더 맑으니 맑다는 것만으로는 이 술의 특징이 되지 않는다. 오히려 순한 술, 또는 부드러운 술로 받아들여지는 경우가 많다. 낮은 도수의 막걸리가 있고 높은 도수의 소주가 있으니 그 사이에 어중간한 도수의 술이 바로 청주다. 막걸리처럼 든든하지도 않고 소주처럼 화끈하지도 않다. 취할 만큼 먹고 나면 뒤끝이 좋지 않으니 술꾼들의 사랑을 받기도 어렵다. 청주가 제상에나 올리는 술로, 혹은 '전통주'라는 이름으로 가끔씩 맛보는 술로 남겨진 이유가 여기에 있다.

나이 든 세대에게 청주는 '정종'이라는 이름으로 기억된다. 뒤에 '대포'까지 붙여 '정종 대포'라고 하면 그럴듯한 말이 된다. '대포'가 '큰 잔' 또는 '큰 그릇'의 뜻이니 굳이 청주 말고 막걸리에 붙기도 한다. 큰 그릇에 부어 마시려면 높은 도수의 술은 안 되니 청주나 막걸리에나 적합하다. 따져보면 '정종'은 '바바리'나 '포스트잇'만큼이나 엉뚱한 이름이다. '정종'은 '正宗'이라 쓰고 '마사무네'라고 읽는 일본 청주의 상표다. 우리나라에 처음으로 세워진 일본식 청주 회사의 상표가 '마사무네'인데 그것이 워낙 널리 퍼지다 보니 '정종'이 곧 '청주'가 된 것이다. '바바리'가 '트렌치코트'를 뜻하게 되고, '포스트잇'이 간편한 메모지의 이름이 된 것과 마찬가지다.

'정종'은 그 기원을 아는 이들, 그리고 일본에 대한 반감이 큰 이들이 없애야 할 잔재로 찍은 말로서 이제는 거의 안 쓰인다. 물론 이들이 노력한 결과는 아니다. 그 말을 아는 세대들이 점점 줄어들고, 신세대들은 이 술을 잘 안 마시기 때문이다. 젊은이들에게는 '청하'라는 이름이 훨씬 더 익숙하다. 그리고 새롭게 유행하기 시작한 일본 술과 음식에 익숙한 이들에게는 '사케'가 더 입에 잘 붙는다. '사케'는 술을 통칭하는 일본말이니 일본 술을 '사케'라고 하는 것은 썩 옳은 용법은 아니다. '일본 술'이란 뜻의 '니혼슈'라는 말이 있고 일본의 주세법에 따라 다양한 말이 있지만 우리가 굳이 따를 필요는 없다. '정종'이 한때 쓰이다 자연스럽게 사라졌듯이 '사케'도 자연스럽게 사용되는 것이라면 그대로 두어도 무방하다.

'사케'라는 술 이름이 못마땅하다면 '와인'과 '포도주'의 관계를 생각해보는 것도 재미있다. 포도를 주원료로 하여 만드는 술이니 '포도주'는 극히 자연스러운 이름이다. 그런데 어느 순간부터 '포도주'는 '와인'으로 대체된다. 포도주의 본고향이라 인식되는 프랑스어로는 와인이 아닌 '뱅 vin'인데 프랑스에서 비싸게 수입한 것은 왠지 '포도주'가 아닌 영어의 '와인 wine'이라 불러야 할 것 같은 느낌을 받는다. 사실 술로서의 '와인'도, 이름으로서의 '와인'도 편 가르기의 상징이다. 소주나 막걸리는 '맘'이 맞는 사람들이라면 아무나 둘러앉아 같이 마실 수 있는 술이다. 그러나 와인은 '격'이 맞는 사람들끼리 맛, 향, 색, 목넘김, 어울리는 안주까지 논하며 우아하고 예의 바르게 마신다.

같은 술이지만 '포도주'란 이름은 사뭇 다르게 쓰인다. 성당이나 교회에서 성찬식 때 마시는 술은 '포도주'라 하지, '와인'이라 하지 않는다. 예수님이 가나의 혼인잔치에서 물로 만든 것도 와인이 아니라 포도주다. 교회나 성당 밖에서는 포도주라 하면 '과일주'로 격이 떨어진다. '포도주'가 아닌 '와인', 나아가 '보르도'나 '보졸레 누보'를 쓰는 것이 용인된다면 '정종'이나 '사케'도 그러해야 한다. 즐기는 사람들이 그렇게 부른다면 굳이 탓할 필요는 없다.

그러나 혹시라도 술 또는 술을 부르는 이름에 편 가르기가 개입된다면 기분 좋은 일은 아니다. 그것이 물 건너온 술과 관계된 것이라면 더더욱 그렇다. 현지에서는 누구나 동네 구멍가게에 가서 손쉽게 사와 즐겁게 마시는 술인데 물을 건너오면서 운송료와 관세 이외에 다른 것이 붙는 것은 상쾌한 일이 아니다. 먹고 마시고 즐거워하기 위해서는 그것이 무엇이든, 그리고 누구든 자유롭게 둘러앉을 수 있어야 한다.

우리 음식의 언어

폭탄주와 칵테일의 차이

와인만큼이나 흥미로운 의미 영역을 차지하고 있는 술이 있으니 '양주'가 그것이다. 어떤 말에 '양(洋)'이 붙으면 모두 물 건너온 것, 특히 미국이나 유럽에서 온 것을 뜻한다. 술 또한 마찬가지여서 '양주'는 기본적으로는 서양에서 온 술을 가리킨다. 그러나 서양에서 온 모든 술이 양주인 것은 아니다. 맥주나 포도주는 서양에서 들어온 것이 분명한데도 양주 축에 끼지 못한다. 양주라고 하면 도수가 높은 위스키, 브랜디, 럼, 진, 보드카 등의 증류주만 가리킨다. 이 중에도 일종의 등급이 있어서 위스키나 브랜디가 '진짜 양주'로 꼽힌다. 누군가 의도적으로 이런 분류를 한 것으로 보이지는 않는다.

그런데 이 양주가 테러의 재료가 되는 난감한 상황이 만들어진다. 말만 들어도 무시무시한 '폭탄주'가 그것이다. 도수가 낮은 술에 도수가 높은 술을 섞거나 잔째 넣어 마시는 것을 뜻하는 폭탄주는 제정 러시아의 벌목 노동자들이 추위를 이기기 위해 맥주에 보드카를 섞어 마신 데서 유래했다고 알려져 있다. 영어로는 '밤 샷bomb shot'이라고 하고 각국에 다양한 제조법과 이름의 폭탄주가 있는 것으로 보아 밖으로부터 들어온 술 문화임에 틀림이 없다. 그러나 1980년대에 검찰, 군, 경찰, 공무원들을 중심으로 퍼지기 시작하여 마치 우리의 고유한 술 문화인 양 광범위하고도 깊게 자리를 잡게 된다. 더욱이 상명하복이 중시되는 조직에서부터 퍼져나가다 보니 일종의 폭력성까지 더해지게 된다.

술에 다른 무언가를 섞는 것은 자연스러운 일이다. 독한 술에 물을 타서 희석하여 먹는 것, 충분한 양의 얼음을 넣어 차게 하는 동시에 자연스럽게 묽게 하여 마시는 것은 각자의 취향에 따라 자신을 위해 하는 것이다. 여러 술과 향과 맛을 더하기 위해 다른 재료를 섞는 칵테일은 마시는 사람을 위해 정성스럽게 준비하는 것이다. 그러나 우리 식의 폭탄주는 만드는 사람을 위한 것이다. 한꺼번에 빨리 취하게 해서 어떤 소득을 얻든 폭탄주를 '제조'해 돌리는 사람이나 '하사'하는 사람을 위한 것이다. 적어도 10년 넘게 참나무통에서 그윽하게 숙성된 술을 마구잡이로 섞어서 먹는 것은 술에 대한 예의가 아니다. 각자의 주량이 있고 사람마다 간의 해독 능력이 다른데도 모두가 똑같은 양을 한꺼번에 먹어야 한다고 강요하는 것도 술에 대한 예의가 아니다. 여기에 '원 샷'이란 구호까지 더해지면 말 그대로 상대는 물론 자신까지 '원 샷 원 킬'하겠다는 것이 아닐 수 없다.

양주와 맥주를 섞는 것은 별도로 이름을 얻지 못하지만 소주와 맥주를 섞는 것은 '소맥', 나아가 '쏘맥'이라는 이름이 붙여진다. 두 가지 술 이름의 앞 글자를 딴 것이니 자연스러운 우리말 조어법을 따른 것이긴 하다. 오늘날의 소주는 그리 독한 술이 아니니 소맥을 폭탄주라고 해야 할지 망설여지기는 한다. 또한 소주가 그리 비싼 술도 아니니 그렇게 마셔 없앤다고 탓할 일도 아니다. 칵테일은 '정성껏 만들어 바치는 술'이고, 폭탄주는 '거칠게 만들어 하사하는 술'이다. 칵테일은 마시는 사람을 위한 술이고, 폭탄주는 돌리는 사람을 위한 술이기도 하다. 그렇게 보면 '쏘맥'은 그 중간에 있는 듯하다.

다만 각각의 술마다 고유한 맛과 향이 있는데 그것을 뒤섞는 것이 권장할 만한 일은 아니다. '백세'까지 오래오래 살라고 여러 약재를 넣어 술을 빚었더니 소주와 반반 섞어서 '50세'까지만 살라며 상대에게 권하는 것과 다를 바가 없다. 술이 '음식'의 하나임을 생각해보면 폭탄주나 칵테일은 비빔밥과도 같은 술이다. 비빔밥은 아주 가끔씩 먹어야 맛있다.

한 잔 술에 설움을 타서 마셔도 마음은 고향 하늘을 달려갑니다
　　　　　　　　　　　　　　　　　　　　　　　－ 나훈아, 〈머나먼 고향〉

마시자 한 잔의 술, 마셔버리자　　　　　　　　－ 이장희, 〈한잔의 추억〉

이런 나 당돌한가요, 술 한잔 사주실래요　　　　－ 서주경, 〈당돌한 여자〉

돌연꽃 소리 없이 피었다 지는 날에도 인생은 나에게 술 한잔 사주지 않았다　　　　　　　　　－ 안치환, 〈인생은 나에게 술 한잔 사주지 않았다〉

술 한잔해요. 날씨가 쌀쌀하니까 따끈따끈 국물에 소주 한잔 어때요
　　　　　　　　　　　　　　　　　　　　　　　　－ 지아, 〈술 한잔해요〉

시나 노래에 술이 들어가는 것은 오랜 전통이다. 그런데 묘하게도 그 양은 대부분 '한 잔'이다. 모든 술이 한 잔부터 시작하지만 한 잔으로 끝나는 일은 드물다. 그래도 '한 잔'인 것은 이유가 있다. 술마다 잔의 크기가 다른 것은 그 양만큼 마실 때 가장 맛있고 적당하기 때문이다. 그렇게 '술'과 '잔'이 권하는 대로 '한잔'하는 것이 술의 참맛을 즐

기는 길이다.

갖가지 술을 욕심껏 한 잔에 쏟아붓는 것, 차수를 바꿔가면서 온갖 술을 위 속에 들이붓는 것은 음식에 대한 예의가 아니다. 술을 섞어 마시면 더 취한다는 말은 거짓말이다. 화학적으로는 그저 알코올일 뿐인데 우리의 몸이 각각의 알코올을 구별해 반응할 리 만무하다. 이 술 저 술 옮겨 타면서 각각의 한 잔이 너무 많이 축적된 것이 문제일 뿐이다. '음식'에서 '식'을 너무 많이 해도 탈나고 '음'을 너무 많이 해도 탈난다. 특히 요즘처럼 '음'과 '식'의 대상이 넘쳐나는 시대에는.

차 한잔의 가치

우리말에서 남자들 사이의 '차 한잔하자', '밥 한번 먹자', '술 한잔 마시자'는 반드시 지키겠다는 의지를 드러내는 말은 아닐지라도 상대방에 대한 친소의 등급을 분명하게 드러내는 말이다. '차를 마시자'는 사이는 소원하지만 조금 알아가고 싶은 사이이고, '술을 마시자'는 사이는 속내를 털어놓으며 깊은 얘기를 하고 싶은 사이다. '차 한잔'에서의 '차'는 만나서 이야기하는 동안 맹숭맹숭함을 이길 수 있게 하는 도구다. 그것이 반드시 찻잎을 덖어서 우려낸 바로 그것이어야 할 이유는 없다. 커피도 좋고 주스도 좋다. 그래도 '차 한잔'이란 말이 자연스럽게 나오는 것은 그만큼 '차'가 마실 것의 대명사라는 뜻이다.

'차'는 꽤 묘한 단어다. 한자로는 '茶'로 쓰는데 '차'로 읽히기도 하고 '다'로 읽히기도 한다. '다방 茶房', '다모 茶母' 등에서는 '다'로 읽는데 마실 거리나 원료를 뜻할 때는 '차'로 읽는다. 무엇으로 읽든 한자에 기댄 것이 분명하니 재료나 문화는 물론 말까지 수입한 것이 분명하다. 그러나 말이 물을 건너고 산을 넘으면 뜻이 달라지는 법. 우리말에서 '차'는 꽤나 넓은 뜻으로 쓰인다. 본래 카페인을 함유하고 특유의 향기를 내는 식물의 잎을 가공해 우려낸 것이 차이지만 우리는 그 재료가 무엇이든 우려내어 먹는 모든 것을 차라고 한다. 보리나 옥수수를 볶아 구수한 맛으로 우려내 먹는 것도 차고, 인삼을 말려 가루로 낸 것을 물에 타 먹는 것도 차라 한다. 심지어 '쌍화차'처럼 각종 한약재를 넣고 우려낸 것도 '차'가 뒤에 붙으니 그 뜻이 매우 넓어졌음을 알 수 있다.

그런데 우리의 음식 문화에서 음료는 그리 흔하지 않다. 음료가 필요 없기도 하고 음료를 먹을 만한 형편도 안 되는 것이다. 그런데 형편이 나아지면서 커피가 밀려들기 시작한다. 맛과 향이 강렬한 데다 대규모 재배 덕분에 값이 싸기까지 하니 순식간에 음료의 왕으로 군림하게 된다. 비록 볶고, 갈고, 추출하는 과정을 겪은 다음 마시는 쓴 커피 대신 인스턴트커피에 '프림'과 설탕을 듬뿍 넣어 구수하고도 달달하게 먹는 커피에 익숙해지기는 했지만. 어쨌든 차를 모르던 사람들도 커피는 즐겨 마시는 상황이 된다. '마담'이 타주는 '다방 커피', 동전 하나면 즐길 수 있는 '자판기 커피', 그리고 뜨거운 물만 있으면 비닐 포장의 머리만 제거해 휘휘 저어 먹는 인스턴트커피의 맛에 길들여진다. 세월이 흐르면서 밥보다 비싼 '별다방'과 '콩다방'의 커피가 젊은이들의 손에서 떨어질 줄 모르는 상황이 되기도 한다.

우리들의 변한 입맛이나 전 세계적으로 이루어지는 커피의 공세를

이기기는 어려워 보인다. 아니, 굳이 그것을 거부할 이유는 없다. 다만 그 중독성을 이기지 못해 습관적으로 마시게 되는 상황, 커피의 생산 과정에 담긴 노동 착취의 상황을 모르는 상황, 한잔의 가치에 비해 터무니없이 많은 값을 치르는 상황만 아니면 된다. 술보다는 중독성이 덜하고, 술보다는 몸도 덜 축나고, 술보다는 사고도 덜한 차를 사이에 두고 사람들이 모일 수 있는 상황은 바람직하기도 하다. 무조건 '술 한잔'을 해야 가까워지는 것이 아니라 '커피 한잔'으로도 충분히 가까워질 수 있다면 그것만으로도 커피의 가치는 충분히 있을 것이다.

사이다와 콜라의 특별한 용도

> 코카콜라 한 병 압구정동 현대아파트 7동 몇 호실로 배달되더니
> 코카콜라 두 병 헬스클럽 우리 사모님 목구멍에 아싸리 달달 넘어가더니
> 에야디야 기분이 났네, 살기 좋은 이 세상에 잘 태어났네
>
> — 민중가요, 〈코카콜라〉

> 인천 앞바다에 사이다가 떴어도 고뿌가 없으면 못 마십니다.
> 쿵따라락딱 삐약삐약 쿵따라락딱 삐약삐약
>
> — 서영춘, 〈만담〉

달걀, 김밥, 사이다의 조합을 경험한 사람은 반백 년 이상의 인생을

살았을 가능성이 크다. 그리 잘 어울릴 것 같지 않은 이 조합은 한때 소풍의 필수품이었다. 그냥 먹기에는 목이 메는 달걀과 김밥이니 사이다로 뚫으라는 의미의 조합으로 생각할 수 있다. 그러나 아이들에게는 특별한 날인 소풍날에 아이들이 좋아하는 것을 사주겠다는 부모님의 마음으로 보는 것이 더 정확하다. 지금에야 흔하지만 당시에는 녹색 병에 일곱 개의 별이 그려진 사이다는 특별한 의미였다.

아무렇지도 않게 쓰고 있지만 '사이다'는 꽤나 안 어울리는 이름이다. 영어로는 'cider'인데 이는 사과즙을 발효시켜 만든 낮은 도수의 과일주를 뜻한다. 오늘날의 사이다와 비슷한 음료는 '소다수'라고 통칭된다. 톡 쏘는 청량감을 주기 위해 이산화탄소를 높은 압력에서 녹여 넣고 맛과 향을 가미한 것이 그것이다. 우리나라에는 이른 시기인 1905년에 일본에서 만든 것이 선을 보이게 된다. 일본의 제조사에서 사과 향을 가미하고는 사과를 발효시켜 만든 술의 이름을 슬쩍 빌려다 '사이다'라고 한 것이 오늘날까지 이어진 것이다. 이름의 유래야 어찌 됐든 사이다는 무색의 청량음료를 대표하는 이름이 된다. 유색의 청량음료는 콜라를 필두로 환타, 오란씨 등이 뒤를 잇는다.

콜라와 사이다는 특별한 의미와 용도가 따로 있다. 음식점에서는 '술'의 반대말로 쓰인다. 음식점에서 술을 주문하면서 술을 못 마시거

■　콜라 하면 바로 떠오르는 '코카콜라'는 꽤나 무성의한 이름이다. 콜라의 주원료가 코카 나무의 잎과 콜라 나무의 열매인데 각각의 이름을 따서 그저 조합한 이름인 것이다. 모든 것을 한자로 표기할 수밖에 없는 중국에서는 '코카콜라'를 '可口可樂'이라 쓰고 '커코우커러'라고 부르는데 '맛있고 즐거움을 주는 음료'라는 뜻이니 중국어 이름을 지은 사람에게 코카콜라에서는 큰 상을 줘야 할 듯하다.

나 마실 수 없는 사람들을 위한 배려로 따로 주문되는 것이 '음료수'이고 이때의 음료수는 콜라나 사이다. 속이 거북할 때도 마치 소화제처럼 먹기도 하는데 콜라나 사이다의 탄산 성분 때문에 트림이 나오면 속이 뚫린다는 생각 때문인 듯하다. 요즘에는 엉뚱하게도 사이다가 '고구마'의 반대말로 쓰이기도 한다. 뭔가 답답한 상황을 목이 메는 '고구마'로 비유하고 이를 시원하게 뚫어주는 것을 톡 쏘는 '사이다'에 비유하는 것이다. 답답한 일이 많은 삶에서 사이다가 잠시나마 답답한 마음을 시원하게 뚫어주는 것은 고마운 일이다.

마이 마입소!

"피주 한 잔 마여야잼까?"

"아닙니다. 어제 마신 빠이쥬도 아직 안 깼습니다."

"일없슴다. 빠이깔로 번데진(뒤집어진) 속은 피주로 눌러야 함다. 마이 마입소."

1998년 여름, 두만강을 사이에 두고 함경북도 회령과 마주하고 있는 중국 삼합진의 조선족 마을. 조선족 소학교 선생님이자 동네 유일의 구멍가게 주인, 그리고 방언 조사를 온 우리 일행이 묵고 있는 민박집 주인인 김 선생님은 아침 상머리에 맥주부터 올린다. 전날, 우리나라의 면장 급인 이곳 진장의 저녁 초대 자리에서 돌려 마신 고량주 때문에 속은 울렁대고 머리도 지끈댄다. 거절하기 어려워 한 모금 마시고 밥도 몇 술 뜨지만 입안이 깔깔해 영 고역이다.

"춘월아, 양칫물 올려라."

밥을 다 먹자 김 선생님은 딸에게 물을 가져오라 하여 우물우물, 꿀꺽꿀꺽 입안의 남은 음식물을 삼킨다. 김 선생님을 따라 모두 '양칫물'을 마신다.

"카페이(커피)? 커러(콜라)? 뭐 마이겠슴까? 다 있슴다. 마이 마입소."

아침 식사 후 바로 내미는 음료. 중국의 땅끝, 두만강 건너로 북한 땅이 보이는 이곳에서 아침 식사 후 커피나 코카콜라를 마시리라고는 상상도 못 했다. 콜라의 톡 쏘는 맛이 상쾌하다. 맥주와 양칫물, 그리고 콜라를 들이켜니 속이 조금 가라앉는다. 어차피 몸속의 알코올을 분해하려면 물이 필요하니 잘됐다.

먹는 것만큼이나 마시는 것도 우리의 삶에서 빠질 수 없다. 극한 상황에서는 먹을 것을 먹지 못하는 것보다 물을 마시지 못하는 것이 더 치명적이다. 단식을 하더라도 곡기를 끊지 물을 끊지는 않으니 마시는 것의 중요성은 새삼 말할 필요가 없다. 우리 몸의 약 70퍼센트를 차지하는 것이 물이니 "마이 마입소!"란 말은 우리의 생명 유지를 위해 고마운 말이 아닐 수 없다. 그러나 이 말이 언제나 고마운 것은 아니다. 물이되 물이 아닌 것들이 문제다. 술, 차, 그리고 음료라는 말로 표현되는 것들이 문제다. 음식을 앞에 두고 습관적으로 "많이 드세요"라고 하듯이 이런 마실 것들을 두고도 역시 같은 말을 하는 것이 문제다.

아기들은 엄마 젖에 집착을 하더라도 양을 넘게 먹지는 않는다. 돌이 지날 무렵 젖을 떼는 것은 어렵지만 젖을 먹다가 배가 부르면 스스로 물러날 줄 아니 걱정할 것이 없다. 그러나 물이 아닌, 그리고 젖이 아닌 다른 것에 대한 집착은 대단하다. 취하기 위해 마시는 술, 잠깐의 각성을 위해 마시는 차, 단맛의 즐거움을 위해 마시는 각종 음료가 그 집착의 대상이다. 그 해악을 모르는 이는 없지만 알면서도 마신다. 그러니 이런 것들을 앞에 두고 "마이 마입소!" 하는 것은 죄악이다.

먹고 마시는 즐거움은 누구도 빼앗을 수 없다. 그러나 제어가 되지 않는 즐거움이라면 어떻게든 막아야 한다. 물이 과하면 화장실이 자주 부른다. 술이 과하면 미치광이에 가까워지고 차가 과하면 잠과 멀어진다. 그리고 단맛의 음료가 과하면 치과가 가까워진다. 이렇게 우리 몸은 각종 신호를 보낸다. 물이 과할 때 오는 신호에 대해서 우리는 늘 즉각적으로 반응한다. 그렇듯 물을 닮은 나머지 것이 신호를 보내기 전에 대응할 수 있으면 이 말은 언제나 유효하다.

"마이 마입소! 그리고 즐깁소!"

13

갖은 양념의 말들

• 맛의 말, 말의 맛 • 갖은 양념 • 말 많은 집의 장맛 • 작은 고추의 탐욕 •

• 웅녀의 특별식 • 열려라 참깨! • '미원'과 '다시다'의 싸움 •

음식은 무엇으로 먹는가? '맛'으로 먹는다. 배가 고플 때는 있는 대로, 주는 대로 먹겠지만 이왕이면 맛있는 음식을 먹고 싶은 것은 당연한 이치다. '맛'은 한 글자의 짧은 단어지만 그 속내는 꽤나 복잡하다. 혀로 느끼는 것, 코로 느끼는 것, 이로 느끼는 것, 목으로 느끼는 것, 심지어 눈으로 느끼는 것 모두가 맛을 구성한다. 이 중에서 가장 핵심적인 것은 역시 혀다. 코로 느끼는 것은 향기로 표현되고, 이로 느끼는 것은 씹는 맛, 목으로 느끼는 것은 목넘김으로 표현되는데 다 부수적인 것들이다. 눈으로 보는 것은 겉만 보고 판단하는 것이기 때문에 참맛과는 거리가 멀다.

혀는 네 가지 핵심적인 맛을 서로 다른 부위로 느낀다. 세상에 이 네 종류의 맛만이 존재하는 것은 아니다. 다만 인간이 감지할 수 있는 맛이 이 네 종류일 뿐이다. 세상에 존재하는 각종 화학적인 성분이 미각을 자극해도 혀의 세포는 그것을 이렇게 네 가지로 구별해서 받아들일 뿐이다. 구별할 수 있는 맛이 네 가지뿐이니 맛을 나타내는 말도 네 가지로 표현된다. '쓰다', '시다', '짜다', '달다'가 그것인데 이들 단어끼리, 그리고 각각의 단어 안에서도 복잡한 관계가 형성된다.

'쓰다'와 '달다'는 서로 반대의 뜻을 가진 것으로 사용된다. 반대의 뜻을 가진 단어가 핵심적인 맛의 반을 이루고 있는 것이다. 이에 비해 '짜다'의 반대말은 '싱겁다'다. '쓰다'와 '달다'는 의미상 대척점에 있지만 '짜다'와 '싱겁다'는 정도의 차이로 구별되는 것이다. '시다'의 경우에는 아예 반대말이 없어서 '시지 않다', '안 시다'와 같이 표현할 수밖에 없다. 물론 '시다'도 정도의 차이를 구별할 수는 있지만 시지 않은 것에 대해서는 따로 말을 만들지 않은 것이다. 그런데 상황에 따라서 맛의 관계는 조금씩 바뀔 수 있다. 단맛의 과일을 원하는데 덜 익어 신맛이 난다면 이때는 단맛과 신맛이 반대말의 관계를 형성한다.

맛 중에서 빼놓을 수 없는 맛이 매운맛인데 이는 '맵다'로 표현된다. 이 역시 반대말이 따로 없다. 그런데 매운맛은 혀로 느끼는 정상적인 맛은 아니다. 특정한 성분이 통증을 일으키는 것이니 맛이라기보다는 '아픔'에 가깝다. 통증을 느끼는 감각세포는 혀뿐만 아니라 입술에도 있어서 음식을 먹을 때 입술과 혀가 같이 느낀다. 물론 다른 부위의 피부에도 통각이 있으니 조리할 때 손으로도 느낄 수 있다. 매운맛은 그 원천에 따라 여러 가지가 있다. 피부만 자극하는 것이 있는가 하면 코를 함께 자극하는 것도 있고 피부가 마비되는 듯한 느낌을 주는 것도 있다. '맵다'는 종종 '싱겁다'와 반대말의 관계를 형성하기도 한다. 적당히 매워야 하는데 그 맛이 부족하면 '싱겁다'란 말을 쓰기도 한다.

이러한 모든 맛은 독립적인 것이 아니라 서로 어우러져 맛을 이룬다. 갖가지 맛이 조화와 균형을 이룰 때 비로소 음식의 참맛이 난다. 따라서 맛은 훨씬 더 다양한 말로 표현할 수 있다. '담백하다'처럼 마치 아무 맛도 안 나야 할 듯한 표현이 있는가 하면, '감칠맛이 나다'처럼 도대체 어떤 맛인지 설명하기 어려운 표현도 있다. 음식의 맛은 재료 자체에서 나기도 하고 조리할 때 가해지는 것에 의해서 나기도 한다. 이때 가해지는 것이 '양념'이라 불리든 '향신료'라 불리든, 혹은 '조미료'라 불리든 결국은 '맛'을 지향한다. 그리고 우리는 이 맛을 즐긴다.

맛의 말, 말의 맛

'조미료調味料', 어쩌다 공공의 적이 되어버린 슬픈 말이다. 글자 그대로 풀이하자면 '맛을 조절하는 재료'이니 딱히 배척할 이유가 없다. 음식의 맛은 결국 모든 재료가 어우러져 만들어지는 것이니 각각의 맛을 조절하는 것은 필수적이다. 우리는 몸에 반드시 필요한 소금을 필두로 갖가지 재료들로 맛을 내어왔는데 그 모든 것이 조미료이니 그 연원도 퍽이나 오래되었다. 문제는 인공으로 만들어낸 '인공조미료', 특히 화학의 힘을 빌려 만들어낸 '화학조미료'다. 이것이 너무나 광범위하게 사용되고 그 해악에 대한 말들이 많으니 '인공'과 '화학'을 땐 '조미료'마저 도매금으로 넘겨지고 있는 것이다.

> 소금은 좋은 것이로되 만일 소금이 그 맛을 잃으면 무엇으로 이를 짜게 하리요. 너희 속에 소금을 두고 서로 화목하라 하시니라.
>
> – 〈마가복음〉 9장 50절

조미료의 시조

인공조미료의 원조인 아지노모토. 이 제품 때문에 '조미료'는 본래의 뜻과는 달리 어느 순간부터는 맛을 내기 위해 화학적으로 만들어낸 제품을 가리키게 된다.

맛을 만드는 첫 번째 재료는 역시 소금이다. 소금 속의 여러 성분은 우리 몸의 대사를 조절하는 데 필수적이다. 소금은 짠맛을 내기 위한 것이지만 짠맛이 가장 기본이 되기에 '간'을 맞추기 위한 것이 바로 소금이다. 간을 맞추는 것이 단순히 소금의 양을 조절하는 것을 넘어서 음식 맛의 균형을 맞추는 것으로 쓰이고 있으니 '간'이라는 말만으로도 소금의 역할이 얼마나 중요한지 알 수 있다. 무슨 이유에서인지 '짜다'가 사람에게 쓰이면 '인색하다'의 뜻이 된다. 반찬이 짜면 적은 양으로도 많은 밥을 먹을 수 있어서 이런 용법이 생긴 것일 수도 있으나 증거는 없다. '밥'과 마찬가지로 '소금'도 예나 지금이나 변이가 거의 발견되지 않는다. 옛 문헌이나 방언에 '소곰'이 나타나기는 하지만 소리가 살짝 바뀐 것일 뿐, 결국은 같은 단어다.

단맛도 우리 몸에서 간절히 원하는 맛인데 단맛을 내는 재료는 여럿이다. 당분은 에너지로 바꾸기에 가장 쉬운 것이기도 하고 음식에서 가장 매력적으로 느껴지는 맛이기도 하다. 과일과 꿀 등에서 단맛을 느낄 수도 있고, 엿이나 설탕처럼 자연 재료를 가공 응축해서 단맛을 만들어낼 수도 있다. 단맛의 반대인 쓴맛은 따로 내려고 하지 않는다. 단맛을 좋아하는 만큼 쓴맛을 싫어하기 때문에 오히려 피해야 할

우리 음식의 언어

맛이기도 하다. 그러나 재료 자체에 포함된 쓴맛이 오히려 고급스러운 맛을 내기도 하기 때문에 재료에서 나는 쓴맛을 억지로 지우지 않으면 즐길 수 있는 맛이다. '감탄고토甘呑苦吐', '고진감래苦盡甘來' 등의 한자성어에서, '좋은 약은 입에 쓰다'라는 말에서 단맛에 대한 열망도 느낄 수 있지만 동시에 쓴맛의 필요성도 함께 느낄 수 있다.

신맛은 재료 자체에서 나기도 하고 재료를 발효시켜 만들기도 한다. 덜 익은 과일 맛을 비롯해 각종 식재료에 신맛이 포함되어 있으니 그 자체의 맛을 즐기기도 한다. 그러나 《이솝 우화》의 '신포도'에서 알 수 있듯이 우리가 바라거나 즐기는 맛은 아니다. 위의 상태가 좋지 않거나 몹시 힘들 때 '신물이 나다'란 표현을 쓰기도 하니 역시 좋은 맛은 아니다. 그러나 곡물이나 과즙을 발효시켜 만든 식초는 음식의 풍미를 더하는 데 한몫을 한다.

음식의 맛을 내는 데는 '향신료香辛料'도 한몫을 한다. 누가 지었는지는 모르지만 기가 막힌 이름이다. 말 그대로 '향기롭고(香, 향기 향) 매운(辛, 매울 신)' 재료를 따로 분류해 이런 이름을 붙인 것이다. 이런 재료들은 네 가지의 기본적인 맛도 내는 동시에 코와 입안의 점막도 자극한다. 우리는 향신료를 특별히 즐기는 편이 아니기 때문에 이 말 자체가 낯설기는 하다. 그러나 유럽이 밖으로 눈을 돌린 결정적 계기가 바로 이 향신료였고, 중국을 비롯한 더운 지역의 음식에서 향신료가 빠질 수 없는 것을 보면 그 중요성을 가늠할 수 있다.

우리는 이 중에 매운맛에 집착한다. 매운맛은 통증의 하나이기 때문에 '맵다'는 말은 '심한 고생'이나 '사나운 기운' 등을 뜻한다. '신랄하다'에서 '신辛'과 '랄辣'은 둘 다 '맵다'는 의미로, 말이 매우 매섭고 혹

향신료

향기롭고 매운맛을 가진 것들. 우리는 '양념'이란 말이 더 익숙하지만 서양에서는 허브까지 포함해 '향신료'라는 말로 부른다.

독할 때 쓴다. 그러나 통증은 의외로 입맛을 자극해 은근히 중독을 유발하기도 한다. 이것은 오로지 매운맛으로 승부하겠다며 이름 앞에 '신辛' 자만 달랑 붙인 라면이 최고의 인기 품목이 되는 것으로도 알 수 있다. '고추 당추 맵다 해도 시집살이 더 맵더라'처럼 삶에 더 매운 것이 있으니 매운맛의 고통쯤은 덜한 것으로 느껴지는지도 모른다.

갖은 양념

고유어 '양념'은 조미료나 향신료를 아우르는 말로 쓰인다. 네 가지 기본적인 맛을 내는 재료든 향과 매운맛을 더해주는 재료든 음식을 조

우리 음식의 언어

리할 때 맛을 내기 위해 쓰는 모든 재료를 '양념'이라 한다. 영어로는 '스파이스spice', '시즈닝seasoning', '컨디먼트condiment' 등으로 부르는 것도 우리말에서는 '양념' 하나로 통틀어 부를 수 있을 만큼 폭이 넓은 말이다.▪

'갖은 양념'이라고 하면 그 폭이 훨씬 더 넓어진다. '갖은 양념을 넣고 나물을 무친다'라고 하면 발음의 유사성 때문에 '가지고 있는 모든 양념'인 '가진 양념'으로 생각할 수도 있다. 그러나 '갖은 고생', '갖은 노력' 등을 생각해보면 전혀 엉뚱한 해석이다. '갖은'은 '골고루 다 갖춘' 또는 '여러 가지'의 뜻으로 쓰인다. 그러니 '갖은 양념을 하다'는 맛의 균형이 맞도록 여러 가지 양념을 골고루 하는 것을 뜻한다. 양념은 '넣다', '치다', '뿌리다' 등을 쓸 수 있지만 '하다'를 쓰는 것이 가장 자연스럽다.

양념으로 쓰이는 것은 매우 다양하다. 소금이나 설탕 등 정제된 것을 가루 상태로 만든 것도 있다. 후추, 고추와 같이 열매를 말려 가루로 만들거나 잘게 썬 것도 있다. 간장, 식초, 꿀, 조청, 물엿, 액젓처럼 액상으로 된 것도 있다. 된장, 고추장처럼 발효시켜 가공한 것도 있고 파, 마늘, 생강처럼 생으로 쓰는 것도 있다. 더 넓게는 동식물로부터 추출한 기름과 각종 허브까지 양념에 속하기도 한다. 여기에 '미원',

---

▪ '양념'의 어원을 '약념藥念'으로 보는 이도 있다. '약념'의 발음도 결국은 [양념]이 되고 '약을 생각한다' 혹은 '약으로 생각한다'의 뜻이니 그럴듯해 보인다. 게다가 영어의 '스파이스'에도 '약'이란 뜻이 들어 있고, 일본어에서도 양념을 '야쿠미藥味/やくみ'라고도 하니 관련성이 전혀 없어 보이지는 않는다. 그러나 '藥念'의 단어 구성이나 뜻이 자연스럽지 않으므로 한자와 관련짓는 것은 설득력이 떨어진다.

'다시다' 등 상표명으로 더 잘 알려진 인공조미료, 또는 화학조미료까지 포함된다. 이 모든 것의 최종 목적은 맛과 향이다.

그런데 '레시피'를 중시하는 사람에게 '갖은 양념'은 참으로 애매한 말이다. '레시피'는 우리말로 '조리법' 정도로 번역될 수 있지만 우리의 전통적인 조리법과는 접근 방법이 다르다. 서양식의 레시피에는 재료와 양념을 무게, 양 등으로 세세하게 나타내지만 우리의 조리법에서는 '적당량'의 '갖은 양념'을 하라는 식으로 표현된다. 표준화된 음식을 만들고 누구나 기계적으로 따라할 수 있는 조리법을 알리는 데 레시피는 많은 도움이 된다. 그러나 음식은 화학 공장에서 만들어지는 것이 아니라 손끝에서 만들어지는 것이다. 갖은 양념을 감으로 조절해 최선의 맛을 이끌어내기 위해서는 레시피보다 오랜 경험과 정성이 더 도움이 되기도 한다.

'갖은 양념'은 '균형'과 '조화'를 전제로 하는 말이다. '갖은 양념'은 가지고 있는 온갖 양념을 양껏 쓰라는 의미가 아니다. 음식의 맛을 최대한 이끌어내기 위해 재료와 양념 사이에 균형이 맞고, 그리고 양념끼리 조화를 이루도록 해야 한다는 의미다. 양념이 과한 음식은 재료가 맛이 없거나 만드는 이의 솜씨가 없거나 둘 중의 하나다. 갖은 양념이 사용되었더라도 양념의 맛이 튀지 않아야 참맛이다. '양념'은 '흥이나 재미를 돕기 위하여 덧붙이는 재료'를 비유적으로 이르는 말로도 쓰인다. 일상에서 흥이나 재미가 필요하기는 하지만 이것에 지나치게 집착하면 삶의 균형이 깨어진다. 양념도 마찬가지다.

우리 음식의 언어

음식을 만들 때 간을 맞추는 것은 기본이다. 주식인 밥에는 특별한 경우가 아니면 간을 하지 않지만 나머지 모든 반찬, 국, 찌개 등은 간이 맞아야 맛나게 먹을 수 있다. '간'은 음식물에 짠맛을 내는 물질 모두를 일컫는 말이다. 옛 책에는 '곤'으로 나오는데 'ㆍ(아래아)'가 'ㅏ'로 바뀐 것뿐이니 특별한 변화는 없었다. 그런데 그 용법은 다소 복잡하다. 입맛이 당길 정도의 약간 짠맛이 있으면 '간'을 두 번 겹쳐 '간간하다'라고 말한다. '간장'에서는 한자 '장醬'과 결합되고 천일염에서 빠지는 물인 '간수'에서는 한자 '수水'와 결합된다. 이렇게 다양하게 나타나더라도 관련이 있는 한자가 없으니 고유어로 여겨진다.

간을 맞추는 재료로는 소금, 간장, 된장 등이 있다. 소금은 바닷물을 증발시키거나 고체 상태로 있는 것을 채취해서 쓰는 자연 재료다. 그러나 간장과 된장은 소금과 다른 재료를 섞어 발효와 숙성을 거쳐 만든 것이다. 짠맛은 당연히 소금에서 나오는 것이지만 발효와 숙성의 과정을 거치면서 특별한 풍미가 더해진다. 우리에게 너무나 익숙해진 말이어서 간과할 수도 있지만 '간장'과 '된장'은 꽤나 특이한 단어다. 둘 다 한자 '장醬'이 포함되어 있는데 '장'은 본래 '간장'을 뜻한다. 그러니 '간장'은 '간'이 군더더기로 덧붙은 말이다. 상황이 이렇다 보니 '장'은 간장, 된장, 고추장 등을 통틀어 이르는 말로 쓰이기도 한다.

'간장'의 방언을 살펴보면 약간 혼란스러워진다. '감장', '국물장', '김장', '진장', '날장', '물장', '장물' 등에는 '장'이 포함되어 있으니 '간장'과 같은 계통임을 알 수 있다. 그런데 꽤나 많은 지역에서 '김장'

이 쓰이고 있다는 것이 문제다. '김장'은 겨울에 먹을 김치를 한꺼번에 담그는 것을 뜻한다. '김장'이란 말은 '잠기게 하여 저장하다'란 뜻의 '침장'에서 온 것이다. 간장을 만들 때도 메주가 소금물에 오래도록 잠기도록 하니 의미상 통하는 바가 있다. 또 다른 유형으로는 '기령', '지령', '지령', '기름', '지름' 등이 있다. 이 유형의 방언 역시 '기름'과 혼동되기는 하나 기름과는 관련이 없다. 옛 문헌에서 '간장'은 '지령'으로 나오기도 한다. '길'이 '질'이 되고 '기르다'가 '지르다'가 되듯이 '기령'과 '지령'이 서로 관련을 맺고 있는 것이다.

'장'이 본래 간장을 뜻하는 것을 감안하면 '된장'은 더 이상한 말이 된다. '된장'의 '된'은 '되다'에서 온 말이다. '되다'는 '물기가 적어 빡빡하다'는 뜻인데 '된장'을 말 그대로 풀자면 '물기가 적어 빡빡한 간장'이 된다. 그러나 간장과 된장을 만드는 과정을 생각해보면 이 말은 매우 이상하다. 삶은 콩을 찧어 메주를 만든 뒤 이것을 띄워 소금물에 넣고 우려낸 것이 간장이고, 간장을 따라내고 남은 것이 된장이다. 둘이 엄연히 구별되는데 '된장'을 다시 '간장'과 관련지을 수는 없다. 따라서 이때의 '장' 또한 '간장'이라기보다는 통칭으로서의 '장'이라 봐야 한다. 그러니 '된장'은 '되직한 장'의 뜻인 것이다.

간장을 우려낸 뒤에 먹는 된장은 마치 간장의 부산물인 듯한 느낌이 들고 된장이 되기까지 시간도 많이 걸린다. 그래서 콩을 삶아 발효시킨 후 오롯이 먹는 장도 있다. 통상 '청국장'이라고 부르는 장이 그것이다. '청국장'이라고 하면 '淸國醬'이라 하여 중국으로부터 유래한 장이라고 생각하기 쉽다. 그러나 '청국장'은 한자로 '淸麴醬'이라고 쓴다. '淸'은 맑다는 뜻이고, '麴'은 누룩을 뜻하니 '맑은 누룩 장' 정도의 뜻이다. 그런데 왜 '맑다'는 뜻의 '淸'이 쓰였는지 알 수가 없으니 아무래도 중국 청나라와 관련지을 수밖에 없다. 병자호란 때 청나라 병사들이 식량으로 썼던 것에서 유래했다는 설도 있는 것으로 보아 '청국장'의 '청'은 '청나라'를 뜻하는 것으로 보인다. 청국장을 발효시키기 위해 볏짚에 있는 균을 쓰니 만드는 방법은 오래전부터 알고 있었고 이름만 따온 것으로 보는 것이 더 정확할 듯하다.

청국장과 같은, 혹은 비슷한 방법으로 만드는 장의 이름은 꽤나 많다. 청국장의 또 다른 이름으로는 '퉁퉁장', '띄움장', '담뿍장', '하룹장' 등이 있다. '퉁퉁장'은 아무래도 의성어일 텐데 누가 이름을 지었는지 심통 맞아 보이기도 하고 귀엽게 들리기도 한다. '띄움장'은 메주에 곰팡이가 피게 하는 것을 '띄우다'라고 하는 것과 관련이 있다. 기원은 '띄우다'이지만 실제 발음은 '띰장'인 경우가 많아서 무슨 뜻인지 알아차리지 못하는 경우도 있다. '담뿍장' 역시 넘칠 정도로 가득하거나 소복한 모양을 뜻하는 '담뿍'이 연상된다. '하룹'은 '하룹소', '하룹망아지' 등에서 알 수 있듯이 태어난 지 얼마 되지 않았다는 의미다.■ 그러니 '하룹장'은 '만든 지 얼마 되지 않아서 바로 먹는 장'이라는 뜻을 담고 있다.

이밖에도 메줏가루와 다른 곡물을 섞어 바로 발효시켜 먹는 '막장', '집장', '거름장' 등도 있다. '막장'은 '담가서 바로 먹는다'는 의미로

■ '하룹'보다 우리에게 더 익숙한 것은 '하룻'이다. '하룻강아지 범 무서운 줄 모른다'라는 속담 때문인데 '하룻강아지'도 본래는 '하룹강아지'였다. '하룹'은 소, 말, 개 등의 나이가 한 살이란 뜻이다. 그런데 '하룻강아지'로 바뀐 후 많은 사람들이 이를 난 지 하루밖에 안 된 강아지로 오해한다.

'바로 지금'을 뜻하는 '막'이 '장'과 결합된 것이다. '집장'은 집에서 담그는 장으로 오해하기 쉽다. 그런데 요즘에는 장을 사 먹지만 과거에는 모두 집에서 만들었으니 이런 풀이는 맞지 않다. 옛 문헌에 '즙장'이 나타나는 것, 그리고 여러 가지 채소나 곡물의 가루를 넣는 것으로 보아 본래 '즙장汁醬'이었을 가능성이 높다. 오늘날의 '짓'은 본래 '즛'이었고 '아직'도 '아즉'이라 쓰는 사람이 아직도 있는 것에서 알 수 있듯이 '즈'가 '지'로 변하는 것은 자연스러운 현상이다. 말 많은 집의 장맛이 정말로 쓴 것은 아니다. 그러나 장을 뜻하는 말, 혹은 장의 종류가 많은 것은 사실이다.

작은 고추의 탐욕

"맛이 어때? 하오츠마?"
"응, 말 시키지 마요, 바빠요."
중국 가족 여행 첫째 날, 비행기가 연착돼서 저녁 8시에야 식당에 들어간다. 두 시간이나 늦어 예약한 집에서는 퇴짜를 맞고 찾아간 칭다오의 훠궈 집, 우리 식으로는 샤브샤브 집이라고 해야 하지만 중국 땅이니 이렇게 불러야 맞다. 초등학교 1학년 조카는 말도 못 붙이게 하면서 고기, 해물, 채소를 온갖 소스에 찍어 먹는다. 그런데 갑자기 아이의 얼굴이 굳어진다.
"아파. 혀 아파. 입술도 아파."
밑도 끝도 없이 아프단다. 다친 데가 있어 보이지는 않는다. 그런데

우리 음식의 언어

도 아프단다.

"선생님, '마'한가 봐요. 화지아오 먹었나 봐요. 화초花椒요. 뱉어. 넌 못 먹어."

동석한 중국 제자의 말을 듣고 조카가 '에퉤' 하고 뱉어내는 콩알 크기의 흑갈색 열매. 쓰촨 요리에 들어가는 화초가 맞다. 조카는 울며불며 물을 찾는데 갑자기 딴생각에 빠진다. 조카가 맞다. 아픈 것이다. 늘 맵다고만 생각했는데 매운 게 아니다. 고추의 매운맛과는 다른 맛이다. 좁은 어휘의 통에 갇혀 미처 깨닫지 못한 것을 깨우쳐준 조카가 고마운데 조카는 그저 딴생각에 잠겨 있는 이모부를 원망스럽게 쳐다보기만 한다.

'고통'이란 말이 있다. 한자로는 '苦痛(쓸 고, 아플 통)'이라 쓰는데 '쓰고 아프다'는 의미의 한자로 구성되어 있다. 이 말은 그저 '아프다'의 뜻으로 쓰이고 있지만 본래 '쓰다'는 의미도 있는 단어다. 우리 음식에서 이제는 빠질 수 없는 양념이 되어버린 '고추'는 묘하게도 '고통'과 죽이 맞는다.

'고추'는 '고초苦椒'가 변한 말이다. '초椒'는 매운맛을 내는 향신료에 붙는 글자이니 '고초'는 '쓴맛도 포함한 매운맛의 향신료'란 뜻이다. 본디 쓴맛과 매운맛은 다른데 이 작물은 매운맛이 아주 강해 쓴맛까지 느껴진다 하여 '고추'라는 이름이 붙은 듯하다. 본래 매운맛은 통증이고 '고통'이란 말도 '아프다'는 뜻이니 '고추'와 '고통'은 일맥상통하는 말이다. '고추' 말고도 '번초蕃椒', '당신唐辛', '당초唐椒', '왜개자倭芥子', '랄초辣椒', '향초香草', '진초秦椒', '랄가辣茄', '랄호辣虎', '해초海椒', '랄각辣角' 등의 여러 이름이 있지만 역시 '고추'가 가장 어울린다.

이 작물이 어디에서 들어왔는가는 문헌마다 조금씩 다르다. 시기는 대개 임진왜란 무렵인 듯한데 일본에서 들어왔다는 기록과 중국에서 들어왔다는 기록이 모두 남아 있다. 어느 쪽에서 들어온 것이든 우리 음식에서 고추는 빠질 수 없는 것이 되었다. 김치에 들어가 맛과 색을 더해주었고, 고추장이라는 이제까지 없던 장이 만들어졌으며, 각종 음식에 꼭 들어가는 양념으로 자리를 잡았다. 우리의 밥상이 온통 붉은색이 된 계기, '맵고 짠' 자극적인 음식이 일반화된 계기가 바로 고추의 전래다.▪

고추 말고도 매운맛을 내는 양념은 여럿이다. 콜럼버스가 인도로 향한 항해를 시작한 계기가 되었던 '후추'가 그것이다. '후추'는 한자로 '호초胡椒'라고 쓴다. '胡(오랑캐 호)'는 중국을 뜻하니 '중국에서 온 매운 향신료'라는 뜻이다. '고초'는 '초'만 '추'로 바뀐 데 비해 '호초'는 '호'까지 '후'로 바뀌었다. '겨자' 또한 매운맛을 내는데 오늘날에는 다른 음식을 먹을 때 살짝 가미하거나 소스의 재료 정도로만 쓰인다. 한자로는 '개자芥子'라고 쓰는 것으로 보아 '겨자'는 한자에 기원을 두고

▪ 우리에게 가장 익숙한 고추는 '청양고추'인데 이름의 유래를 두고 설이 분분하다. '청양'이 지명인 것은 분명하다. '청양'이란 군이 충청남도에 있으니 당연히 충청남도 청양에서 개발되었거나 청양과 관련이 있어 보인다. 그런데 이 고추가 많이 재배되는 지역이 경상북도 '청송'과 '영양'인데 두 지역에서 하나씩 글자를 떼어 '청양고추'라 이름을 지었다는 설도 있다. 이 품종은 제주산 고추와 태국산 고추를 교배해서 만든 것이고 가장 많이 재배되는 지역은 경남 밀양이다.

있는 이름인 듯하다.

향신료가 약의 일종이듯이 고추 또한 약리 작용이 있기는 하다. 그러나 어떤 약이든 과하면 독이 된다. 소주에 고춧가루를 타서 마시면 감기에 효능이 있다는 말도 있으나 실제로 그렇게 하는 사람은 보지 못했다. 이미 음식만으로도 충분한, 아니 넘치도록 많은 고추를 먹는다. 짜게 먹는 것만큼이나 나쁘다고 의사들이 그렇게 강조하는데도 사용량이 줄어들 기미는 보이지 않는다.

고추 중에 처음 딴 것을 '맏물'이라 하고 끝에 딴 것을 '끝물'이라 한다. 또한 벌레가 먹어 빨갛게 익지 못하고 떨어진 고추를 '희나리'라고 한다. 매운맛은 맛의 앞자리에 '맏물'로 서게 되면 입맛을 돋운다. 그러나 시종일관 매워서 맛의 '끝물'을 이루면 그 음식은 천박해진다. 모든 음식에 고춧가루가 들어가 시뻘겋게 되는 것은 우리 음식의 발전에 장애가 되니 고추가 이렇게 남용되면 우리 음식은 성숙하기도 전에 떨어져버리는 '희나리'가 될 수 있다. 작은 고추가 매운 줄 알면서도 이토록 많이 먹는 것은 어리석은 짓이 아닐 수 없다.

웅녀의 특별식

기록에 의지하면 마늘은 역사가 가장 오래된 양념이다. 단군신화의 웅녀가 사람이 되기 위해 먹었다는 것이 쑥과 마늘이니 단군신화의 내용을 역사적 사실이라고 믿는다면 마늘은 가장 먼저 기록된 양념임에 틀림없다. 중앙아시아가 원산지이고 극동 지역에서 가장 많이 재배되는 작물이니 아주 오래전부터 재배되어 양념으로 쓰였다는 것은 추측이 가능하다. 옛 문헌에는 '마늘'로 나오는데 이 위치에 있는 'ㆍ(아래아)'가 'ㅡ'로 변하는 것은 일반적인 현상이니 변화가 거의 없는 말이다. 방언에서도 딱히 '마늘' 이외의 다른 말이 발견되지 않는다.▪

마늘은 주로 뿌리를 먹지만 특별한 부위를 먹기도 한다. 마늘이 거의 자랄 무렵 가운데 부분에서 대가 하나 올라오는데 마늘의 꽃줄기로서 '마늘종'이라 한다. 보통은 [마늘쫑]으로 발음하기 때문에 '마늘쫑'이라고 쓰는 경우가 많은데 사전에는 '마늘종'이라 되어 있다. 충청도에서는 '마늘꽁'이라고도 하는데 '종', '공', '쫑', '꽁'이 어떻게 만들어진 말인지는 모르지만 꽃대를 뜻한다는 것은 분명히 알 수 있다.

마늘과 쌍벽을 이루는 채소류의 양념으로는 '파'가 있다. 한자로는 '蔥(파 총)'이라고 쓰지만 고유어 '파'가 예나 지금이나 쓰이고 있는 것으로 보아 아주 오래된 채소라 할 수 있다. 여러 종류의 파가 있지만 크기나 모양에 따라 '대파'와 '쪽파'로 나누는 것이 일반적이다. '대파'는 '큰 파'라는 뜻이고 '쪽파'는 뿌리가 여러 쪽으로 갈라지기 때문에 붙여진 이름이다. '대파'를 '호파'라고도 하는데 대개 그렇듯이 '호'가 붙으면 중국에서 유래했음을 뜻한다. 파 중에 특별한 맛을 내는 파가 있는데 겨울에 먹는 '움파'가 그것이다. 여기서 '움'은 '싹'을 뜻한다. 가을에 캔 파를 흙에 묻어서 뿌리의 양분으로 속은 꽉 차고 연한 잎줄

▪ 19세기에 나온 책을 보면 '맹렬하게 맵다'는 뜻의 '맹랄猛辣'이 '마랄'로 바뀌고 다시 '마늘'이 되었다고 쓰고 있다. 'ㅇ'이 탈락되고 'ㄹ'이 'ㄴ'으로 바뀌고 'ㅏ'가 'ㅡ'로 바뀌었다고 보아야 하는데 이런 변화는 불가능하므로 그저 심심풀이 정도로만 받아들여야 한다.

우리 음식의 언어

기가 자라나도록 하여 먹는 것이 '움파'다. '움'은 '움트다' 정도로만 쓰는 단어인데 '움파'로써 그 사용 예를 늘릴 수 있다.

파 중에 특별한 파가 하나 더 있는데 '양파'가 그것이다. '양'은 바다를 뜻하는 '洋'이지만 대개는 서양에서 유래한 것을 뜻한다. 양파는 1900년 전후에 들어온 것으로 알려져 있는데 한때는 '양파' 대신 일본 말 '다마네기'가 더 많이 쓰이기도 했다. 지금은 잘 안 쓰는 말이지만 '서울내기 다마네기'란 말이 널리 쓰이기도 했다. 서울 아이가 시골 마을에 오면 꼭 '서울내기 다마네기 맛 좋은 고래고기'라는 노래를 부르며 놀렸다. 이유도 잘 모르겠고 앞뒤의 맥락도 잘 맞지 않지만 '네기'와 '내기'가 비슷해 무작정 이런 노래가 만들어져 아이들의 입에 오르내렸다. '다마네기'는 일본어에서 유래한 말이어서 지적을 많이 당하다가 지금은 자연스럽게 사라져버렸다.

마늘과 파는 조금 과한 향을 내기도 한다. 동양의 음식, 특히 우리 음식에 마늘이 많이 들어가기 때문에 서양 사람들이 마늘 냄새로 우리나라 사람을 구박하기도 한다. 맛이나 냄새에 대해서는 호불호가 있게 마련이다. 그런데 '향신료'라는 말 자체가 냄새란 말을 담고 있다. 물론 '냄새'와 '향기'는 같으면서도 다르다. 그렇더라도 허브는 '향기'라는 말로 표현하고, 마늘은 '냄새'라는 말로 표현하는 것은 옳지 않다. 물론 삶에서는 냄새가 아닌 향기를 풍겨야 하는 것은 당연하다.

기름이 양념인가 아닌가는 좀 애매하다. 물에 삶아서 조리를 하듯이 기름에 튀겨서 조리를 하기도 한다. 삶는 물을 양념이라고 하지 않으니 튀기는 기름을 양념이라고 하기가 어렵다. 그러나 기름은 고유의 맛과 향을 가지고 있어 음식에 넣으면 맛과 향을 더해준다. 특히 우리처럼 나물을 많이 먹는 경우에는 기름을 넣어주어야 참맛이 난다. 튀김용으로 쓰는 기름이야 양념이 아니겠지만 음식에 첨가하는 기름은 양념인 것이 분명하다. 동물이나 식물에서 모두 추출할 수 있는데 우리에게 익숙한 것은 역시 식물에서 추출한 것이다.

기름은 원재료에 따라 매우 다양한데 우리에게는 마치 두 종류의 기름이 있는 듯한 느낌을 받는다. 하나는 공장에서 대량으로 생산되어 '식용유'란 이름으로 불리는 것이며, 다른 하나는 '참기름'과 '들기름'으로 불리며 동네 방앗간에서 짰을 것 같은 느낌을 주는 것들이다. 공장에서 생산되는 기름의 재료는 콩, 올리브, 해바라기씨, 포도씨 등 매우 다양하지만 그저 '식용유'란 이름으로 뭉뚱그려진다. 가끔씩은 다른 첨가물이 들어 있지는 않을까, 유전자가 변형된 재료가 사용된 것은 아닐까 의심을 받기도 한다. 그러나 참기름과 들기름은 직접 기른 참깨와 들깨를 고소하게 볶아 기름틀에 눌러 짠 것으로 취급된다. 물론 가격은 후자가 더 비싸다.

원재료나 짜낸 기름 모두에 '참'과 '들'이 들어가는데 이름으로 보면 매우 흥미롭다. 생물학적으로 보면 두 작물은 꽤나 거리가 멀다. 꽃, 잎, 줄기의 모양에서 알 수 있듯이 완전히 다른 종이지만 두 열매의 기름은 우리의 식생활에 중요한 위치를 차지하고 있으니 둘 다 '깨'라는 이름을 달고 '참'과 '들'로 구별되고 있다. 동식물의 이름에 '참'이 붙으면 가치가 높은 것을 지시할 때가 많고, '들'이 붙으면 야생의 것을 뜻하기도 하지만 상대적으로 가치가 떨어지는 것을 뜻할 때가 많다. 참기름이 상대적으로 귀하고 들기름은 등잔 기름으로 쓸 만큼 흔해서 이런 이름이 붙었을 수 있다. 그리고 맛과 향에 대한 호불호가 갈리긴 하지만 참기름의 고소한 맛을 더 높이 평가해 이런 이름이 붙었을 수 있다. 어느 쪽이든 오늘날 공장에서 대량으로 생산되는 것보다 귀한 대접을 받아 값이 비싸긴 하다.

깨와 기름 모두 우리의 삶과 밀접해서인지 '깨'와 관계된 말이 일상에서도 많이 쓰인다. 갓 결혼한 부부의 금슬이 좋으면 '깨가 쏟아진다'라고 말하고 미워하던 사람이 안 좋은 일을 당하면 '깨소금 맛이다'라고 표현한다. 모두 맛이 고소해서 생긴 말이다. 깨의 크기가 작기 때문에 '깨알'은 작은 것의 대명사인데 요즘은 '깨알 자랑', '깨알 정보'처럼 작지만 의미 있는 것에 대해 쓰인다. 사전에는 올라 있지 않지만 행동이 가벼우면 '깨방정'을 떤다고 하는데 이때의 '깨'가 정말 '깨'인지, 아니면 '개방정'이 된소리가 된 것인지 불분명하다. '홀아비 3년에 서캐가 서 말, 홀어미 3년에 깨가 서 말'이란 속담은 남편들이 아내를 아껴야 하는 이유를 잘 말해주기도 한다.

기름은 음식에 첨가하기도 하지만 재료 자체에 포함되어 있는 경우도 많다. 재료에 기름기가 많으면 '기름지다'는 표현을 쓴다. 이 표현이 땅에 쓰이면 '비옥한 땅'이 되고 음식에 쓰이면 '영양가가 넘치는 음식'을 뜻한다. 나아가 '부유한 사람들의 음식', '필요 이상의 영양이 첨가된 음식'의 뜻으로도 쓰인다. 특히 오늘날처럼 많이 먹어서 오히려 문제가 되는 상황에서 '기름진' 음식은 결코 바람직한 음식 취급을 받지 못한다. 오히려 '담백한' 음식이 대우를 받는다. '기름'은 '동물의 몸에 축적된 비계'를 뜻하기도 하고 사람의 얼굴에 번들거릴 만큼 분비되는 것을 뜻하기도 한다. 과거에는 기름지게 먹고 얼굴에 '개기름'이 번들대는 사람이 부유한 사람이었으나 오늘날에는 담백하게 먹고도 '투명하게 반짝이는' 사람이 부유한 사람이다.

'미원'과 '다시다'의 싸움

아리스토텔레스는 〈영혼론〉에서 인간이 느끼는 기본 맛을 단맛, 신맛, 짠맛, 쓴맛의 네 가지로 제시했는데 이는 우리가 구별하는 맛의 종류와 일치한다. 그런데 이 네 가지 맛과는 구별되는 또 다른 맛이 있는데 우리말로는 '감칠맛'으로 표현된다. 다시마를 우려낸 물에서 잘 느껴지고 치즈, 토마토소스, 육수, 간장 등에서도 느껴지는 맛이다. 흔히 느끼는 네 가지 맛은 그 느낌이 확실해서 금세 구별이 되고 표현도 쉬우나 이 맛은 확실히 느끼기도 어렵고 표현하기도 어렵다. 느낌이 바로 와 닿지 않기는 '감칠맛'이란 말도 마찬가지다. '감칠맛'에 포함된 '감치다'는 '어떤 사람이나 일, 느낌 따위가 눈앞이나 마음속에서 사라지지 않고 계속 감돌다'라는 뜻과 '음식의 맛이 맛깔스러워 당기다'라는 뜻을 가지고 있다. 이 말처럼 입안에 계속 남아 있으면서 입맛을 당기게 하는 맛이 감칠맛이다.

우리 음식의 언어

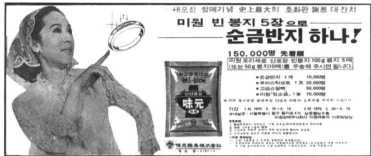

'미원'과 '미풍'의 전쟁

1950년대 등장한 조미료 광고에는 '고급 쉐타'와 순금반지를 얻는 손쉬운 방법이 나온다. 그러나 '쉐타'와 반지가 음식을 잘하도록 도와주지 않는다. 마찬가지로 조미료가 음식의 참맛을 내주지도 않는다.

솜씨가 좋은 이는 여러 재료에서 감칠맛을 자연스럽게 이끌어낼 수 있다. 그런데 엉뚱하게도 이 감칠맛은 화학적인 방법으로 손쉽게 낼 수 있게 된다. 화학적 성분이 미각세포를 자극하면 그것을 뇌에서 인지한 결과다. 감칠맛이 나는 재료를 연구해서 그 속에 공통적으로 포함되어 있는 화학적 성분을 추출하게 되었는데 그것이 '글루타메이트$_{C5H9NO4}$'이고 이것을 안정된 분자로 만든 것이 '글루탐산모노나트륨$_{MSG/monosodium\ glutamate}$'이다. 글루타메이트든 MSG든 모두 화학의

산물이지만 이것들이 '조미료'란 이름으로 바뀌어 우리의 입맛을 공략하게 된다. 이 조미료는 '아지노모토味の素/あじのもと'라는 이름으로 출시되었는데 우리말로는 '미소味素'라고 써도 '맛을 내는 성분'이라는 뜻으로 통한다. 1909년에 만들어져 우리나라에도 전해지게 되는데 알 수 없는 흰 가루가 기묘한 맛을 낸다고 해서 처음에는 '뱀가루'로 불리기도 한다.

우리나라에서는 1956년에 '미원味元'이란 이름으로 자체 생산되어 세상에 선보인다. '미원'은 '맛의 으뜸'이란 뜻이니 그저 성분만 내세운 '아지노모토'보다 훨씬 더 자신감이 넘치는 상표명이다. '미원'이 대성공을 거두자 '미풍', '일미소', '미왕', '맛나니', '우마미' 등의 상표를 단 제품도 선보인다. 그러나 '미원=조미료'라는 등식을 깨지 못하고 모두 참패해 '미원'은 '조미료의 으뜸' 자리를 유지한다. '미원'은 '다시다'의 등장으로 으뜸의 자리를 빼앗기게 된다. 미원이나 다시다의 기본 성분은 같다. 그런데 '쇠고기'를 앞에 붙이고 제품의 색깔을 화학약품처럼 보이는 흰색 대신 갈색으로 바꾸고 포장도 고급스럽게 한다. 그 결과 '조미료=미원'이란 등식은 유지되지만 격이 떨어지는 것으로 밀려나고 '다시다'는 고급으로 인식되기 시작한다.

게다가 '다시다'란 이름도 기가 막히게 지어져서 더 큰 효과를 거둔다. 이 이름은 공모를 통해서 선정된 것으로 '입맛을 다시다'에서 '다시다'를 따온 것이라 알려져 있다. 해초 다시마에서 감칠맛이 난다는 것, 맛있게 국물을 우려내는 것을 일본말로 '다시'라고 한다는 것과도 일치한다. 상품의 이름은 당연히 명사여야 하지만 이 이름은 동작을 나타내는 말이어서 그 유례를 찾아보기 어렵다. 이름의 처음과 끝이 같다 보니 '엎어 치나 메치나 다시다'란 말장난도 만들어져 '다시다'란 이름을 각인시키게 된다.

감칠맛은 인간이 느낄 수 있는 소중한 맛이다. 그리고 그 맛을 값싸게 느끼게 해준 '아지노모토', '미원', '다시다' 모두 고마운 존재이기는 하다. 인공적으로 만들어낸 조미료가 인간의 몸에 정말 해로운지 확실한 결론이 나지는 않았으니 필요하다면 조금씩 첨가하는 것도 그리 나쁜 일은 아니다. 그러나 화학조미료를 맛의 으뜸으로 치부하거나 이것이 듬뿍 들어간 음식을 보고 입맛을 다시는 것은 그리 바람직해 보이지 않는다. 화학에 의존하지 않고 손끝만으로 얼마든지 맛을 낼 수 있다. 음식의 맛은 재료의 맛이 첫째고, 조리에 의한 맛이 둘째고, 양념에 의한 맛이 셋째다. 혹시 부족하다 싶으면 화학조미료가 답이 될 수는 있으나 처음부터 조미료에 의지한다면 그건 요리가 아니다. 그러나 이미 모두가 화학조미료에 너무 많이 길들여져 있다. 사 먹는 음식에서 나는 '텁텁한 맛', 이 맛은 '감칠맛'이 아니다.

14

뭐키와 퀴진

● 부엌의 탄생 ● 음식의 탄생 ● 밥상의 하이테크 ●

● 금수저의 오류 ● 뭐키의 추억 ●

　　　　　　'뷔키' 혹은 '뷕'. 글자만 놓고 보면 과연 우리말일까 하는 의심이 들지만 충청도의 어느 한구석에서 쓰이고 있는 우리말로, 표준어의 '부엌'과 뿌리가 같은 말이다. '부엌'이 줄어들면 '뷕'이고, 장소에 붙는 '에'가 충청도에서는 '이'니 '뷕이'가 만들어지고, 소리대로 쓰면 '뷔키'가 되는 것이다. 기억 속의 뷔키는 마법의 공간이자 생명의 공간이다. 반질반질한 부뚜막에 걸린 커다란 가마솥, 뭐든지 삼킬 것 같은 아궁이, 바닥이 보이지 않는 커다란 물 항아리, 바닥에 구멍이 숭숭 뚫린 시루 등이 가득 찬 마법의 공간이다. 거기서는 하루도 거르지 않고 무엇인가가 마법처럼 만들어진다. 그리고 가족들의 입을 즐겁게 하고 배를 채워준다. 먹어야 살고 먹기 위해서 사는 것이니 뷔키는 생명의 공간이다.

　　부엌은 영어로는 'kitchen'이고 프랑스어로는 'cusine'이다. '키친'과 '퀴진' 정도로 발음하는데 전문가가 아니더라도 두 말은 뿌리가 같음을 알 수 있다. 이 단어들은 거슬러 올라가면 '요리하다'의 뜻인 라틴어 'coquere'와 만나게 된다. 독일어로는 'küche', 스페인어로는

'cocina', 이탈리아어로는 'cucina', 포르투갈어로는 'cozinha', 러시아어로는 'кухня', 체코어로는 'kuchyně'다. 유럽의 여러 언어가 조상이 같다고 알고 있기는 하지만 놀랍도록 유사하다. 언어마다 조금씩 변이가 있기는 하지만 같은 뿌리에서 나와 갈라진 말이라는 것은 누구나 쉽게 짐작할 수 있다.▪ 좁은 우리나라 땅에서도 부엌에 해당하는 말이 크게 두 갈래로 갈리는데 넓은 땅덩어리의 여러 나라에서 부엌이라는 말이 공통적으로 나타나는 것이 재미있다.

부엌, 그리고 키친과 퀴진에서는 음식이 만들어진다. 이곳에는 음식을 만들기 위한 각종 시설들, 도구들이 가득 차 있다. 또 음식을 먹기 위한 갖가지 도구들이 있다. 모든 것이 '만들어 먹는' 목표를 달성하기 위한 것이니 궁극적으로는 같다. 무엇으로 어떻게 만들어 어떻게 먹느냐에 따라 조금씩 다르기도 하다. 그러나 국경의 의미가 퇴색된 오늘날, 음식 또한 국경을 자유롭게 넘나든다. 각종 도구 또한 우리의 전통적 도구와 함께 사용되고 있다. 공간으로서의 '정지'는 남아 있지만 표준어 '부엌'에 밀려 잘 쓰이지 않는다. '부엌'도 현대식 '주방'으로 바뀌어가면서 '키친'과 닮아가고 있다. 그래도 우리에게는 여전히 '부엌'이 친숙하다. 그리고 그곳을 가득 메우고 있는 것들도 정답다. 심지어 새로운 것까지도.

▪ '퀴진'은 프랑스어이지만 영어로 흘러들어가 '키친'과 달리 '요리'나 '요리법'의 뜻으로 쓰인다. '이탈리안 퀴진Italian cuisine'이라고 하면 '이탈리아의 부엌'이 아니라 '이탈리아의 요리법이나 그 요리법으로 만든 음식'을 뜻하는 것이다. 마찬가지 용법으로 '퓨전 퀴진fusion cuisine'이라고 하면 '여러 나라의 재료와 조리법이 섞여서 발전된 요리'를 뜻한다. 음식점 이름에도 '퀴진'이 붙는데 이 경우에는 '음식점'을 뜻한다.

우리 음식의 언어

부엌의 탄생

부엌은 어떻게 생겨났을까? 부엌의 탄생을 살펴보려면 집의 탄생부터 살펴보아야 한다. 최초의 집은 벽을 치고 지붕을 씌운 '원룸'일 수밖에 없다. 먹고 자는 것이 인간의 삶이니 원룸의 한편에서는 먹을 것을 만들고 다른 한편에서는 잠을 잔다. 원룸을 면하기 위해서는 벽과 문이 필요하니 첫 번째 벽과 문은 방과 부엌을 나눈다. 그리고 좀 더 많은 벽을 세우면 더 많은 방이 만들어지고 경우에 따라서는 마루도 분화된다.

그런데 이상하다. '집', '지붕', '부엌'은 고유어인데 '벽壁', '방房', '문門'은 모두 한자에 기대어 있다. 다행히 과거에는 '벽' 대신 '바람'이 쓰였고 사투리에 '바람벽'으로 그 흔적을 남기고 있다.▪ '문'을 대신할 '지게'가 있었고 오늘날에도 '지게문'이 남아 있기는 하다. 그러나 '방'은 아무리 뒤져보아도 고유어가 발견되지 않고 흔적도 없다. 아궁이의 불기운이 굴뚝으로 향하며 납작한 돌로 만든 구들장을 덥히도록 만들어놓은 그곳, 구들장 위에 흙을 바르고 콩기름을 잔뜩 먹인 종이를 덧바른 그곳, 아랫목은 이불이 타도록 뜨겁지만 윗목은 겨울에 걸레가 얼 정도로 차가운 그곳의 우리말 이름이 없다. 아예 없었다기보다는 사라졌을 터인데 그 흔적이 없다. 어쨌든 부엌은 가장 처음 분화된 공간이자 집집마다 반드시 하나는 있어야 하는 공간이다. 집 안에

▪ 이때의 '바람'은 쌩쌩 부는 바람과는 관계가 없다. 본래 '바람'을 오늘날의 '벽'의 뜻으로 썼는데 '바람'이 사라지고 '바람벽'만 남게 되니 '바람을 막는 벽'으로 생각하게 되는 것이다.

서 필수적인 공간이니 어느 지역에든 부엌은 있다.

그런데 방언을 뒤져보면 '부엌' 계열과 '정지' 계열이 팽팽하게 맞서고 있다. '부엌'도 방언을 뒤져보면 '부억', '벡', '부사케', '부수케' 등 자잘한 변이형들이 많지만 이것은 모두 하나의 뿌리에서 갈라져 나온 것이 분명하다. 그런데 '정지(간)', '정제', '정주', '정게'는 '부엌'과 계통이 전혀 다르다. '부엌'이 '정지'로 말소리가 바뀔 수도 없고 그 반대도 불가능하니 아예 출생의 비밀이 다른 말이다. 이 중에 '정주'는 한자어 '鼎廚'와 발음이 같고 '솥이 걸린 부엌'이란 의미니 한자어에서 기원을 찾을 수도 있을 듯하다. 그러나 합리적인 의심도 충분히 가능하다. 한자에 기원을 두고 있다면 이렇게 다양한 방언형이 나오는 일은 드물다. '정주'가 '정지'가 되기도 쉽지 않고 '정기'를 거쳐 '정게'까지 나아가기도 어렵다. '鼎廚'라는 한자어를 찾아낸 것은 우리말의 어원을 추적하면서 한자나 한자어에 갖다 붙이려는 태도가 드러난 것일 수도 있다.

문제는 또 있다. '정지'를 쓰는 지역에서도 '부엌'과 같은 계통인 '부삭', '부수케' 등이 쓰인다. 그러나 이는 부엌의 일부인 아궁이를 뜻할 뿐, 음식을 만드는 공간 전부를 뜻하지는 않는다. 대체로 한반도의 서쪽에서는 '부엌'에 '아궁이'가 있고, 한반도의 동쪽과 남쪽에서는 '정지'에 '부엌'이 있는 것이다. 우리말과 그리 멀지 않은 친척 관계인 만주어에서 부엌은 '부스케' 혹은 '종지'로 쓰인다. '부스케'는 '부엌'과 뿌리가 같고 '종지'는 '정지'와 뿌리가 같음을 쉽게 추정할 수 있다. 결국 '부엌', '정지', '아궁이' 셋 간의 상호관계를 고려해 문제를 풀어야 한다.

다시 원룸 분화 이전의 모습을 상상해보아야 한다. 한편에는 자는 곳, 한편에는 음식을 만드는 곳이 있다. 음식을 만드는 곳에서 가장 중요한 것은 역시 불이다. 초기에는 모닥불 형태에 그릇을 걸어 음식을 만들다가 점차 화덕 형태로 발전한다. 그곳, 혹은 그것의 이름이 '부엌' 또는 '정지'였을 가능성이 있다. 공간의 분화를 위해 벽을 세우는 순간 난방이 문제가 되자 방에 불기운이 들어가도록 부뚜막을 만들고 솥을 건 뒤 불을 땐다. 불을 때는 곳이니 그곳은 여전히 '부엌' 혹은 '정지'일 수 있다. '부엌'의 의미가 확장되어 음식을 만드는 공간 전체를 지시하는 곳에서는 새로이 '아궁이'가 쓰인다. 이와 달리 공간 전체를 '정지'로 지칭한 곳에서는 '부엌'이 여전히 불을 때는 그곳, 혹은 그것의 뜻으로 쓰인다. 그렇게 분화를 일으켰을 가능성이 크다.

이렇게 탄생한 부엌은 누구를 위한 공간인가? 이야기 속에나 나오는 신데렐라나 콩쥐가 그 주인공은 아니다. '신데렐라'가 프랑스어로는 '상드리용 *cendrillon*'인데 이 말은 '재를 뒤집어쓴다'는 뜻이다. 재를 뒤집어쓰고 허드렛일을 하는 여자이니 우리말로 치면 '부엌데기' 정도의 뜻이다. 그저 콩쥐의 서양식 이름, 혹은 좋은 남자를 만나 팔자 고치려는 여자의 대명사로만 알고 있었는데 본래의 뜻은 그게 아니다. 뜻을 알고 나니 씁쓸한 기분이 든다. 여자들은 늘 집안일에 시달리고 그중에서 부엌에서의 일이 가장 많다. 재를 뒤집어쓰고 빵을 구워내야 하고 똬리가 짓눌리도록 물동이로 물을 이어 날라야 한다. 그렇게 동서고금의 모든 신데렐라와 콩쥐가 시달리는 공간이 부엌이다. 그러나 부엌은 먹고 마실 것이 탄생하는 생명의 공간이고 또 그래야 한다.

음식의 탄생

그리스신화의 프로메테우스가 아니더라도 불을 발견한 우리 조상에게는 반드시 감사를 표해야 한다. 불이 없었다면 '음식'이란 말 대신 '먹이'란 말만 있었을지도 모른다. 인간이 동물과 구별되는 특징 중 하나가 불을 사용한다는 것이다. 빛과 열을 내는 불은 어둠을 쫓고 추위를 극복하는 데 큰 도움을 준다. 그리고 그 열로 무언가를 익힐 수 있는데 이 덕분에 인간의 먹거리에 새로운 장이 열리게 된다. '굽다', '끓이다', '삶다', '찌다', '지지다', '볶다', '튀기다', '부치다'는 모두 불을 이용해 재료를 '익히는' 과정이다. 이 중에서 '굽다'는 특별한 도구 없이 그저 불 위에 재료를 얹으면 되니 가장 먼저 이용된 방법이라는 것을 쉽게 추측할 수 있다. 다른 방법은 익힐 재료와 불을 분리하되, 열을 전달할 수 있는 도구를 필요로 한다.

재료를 익히는 도구로 우리에게 가장 익숙한 것은 '솥'인데 이는 우리의 전통적인 주거 문화와 밀접한 관련이 있다. '솥'은 '가마'라고도 하고 둘을 합쳐 '가마솥'이라고도 하는데 예나 지금이나 말에 변화가 없고 지역적으로도 차이가 거의 없는 것으로 보아 오랫동안 우리의 삶과 밀접한 관련을 맺어왔음을 알 수 있다. 솥은 '화덕'이나 '부뚜막'에 걸쳐놓고 '아궁이'에 불을 지펴서 쓴다. '화덕'은 '불'을 뜻하는 한자 '화火'와 무엇인가를 걸쳐놓을 수 있는 장치인 고유어 '덕'이 결합된 말로서 한자와 고유어가 결합되었다는 점에서 특이하다. '부뚜막'은 난방도 겸할 수 있도록 방과 연결되어 있는 경우가 많은데 불을 때는 곳인 '아궁이'와 함께 지역에 따른 방언형이 매우 다양하다.

'냄비'는 난방과 취사가 분리되면서 본격적으로 쓰이기 시작한다. 부뚜막이 아닌 화로, 곤로, 가스레인지 등에는 작고 가벼운 도구를 올려야 하는데 그것이 '냄비'다. 그런데 이 말의 기원이 영 애매하다. 냄비는 우리의 전통적인 주방 도구가 아니기 때문에 옛 문헌에는 보이지 않다가 19세기에 '남비'가 보인다. '남비'가 '냄비'가 되는 것은 '아비'가 '애비'가 되는 것처럼 자연스러운 일이다. 문제는 '남비'란 말의 기원을 일본어 '나베なべ'로 보는 것에 있다. '나베'가 '남비'로 바뀌는 것은 말소리의 일반적인 변화로는 설명이 안 된다. 말끝에 있는 '베'가 '비'로 바뀌는 것도 이상하지만 'ㅁ'이 끼어드는 이유도 알 수 없다. '나베'를 '남와南鍋'로 쓴 사례도 발견되는데 여기서 '남'을 따온 것일 수도 있으나 결정적인 증거는 없다.

우리말에 들어와 있는 일본말에 대해서 우리는 심한 거부반응을 보인다. 고유어가 있는데 굳이 한자어를 쓰는 것에 대해서도 비판하는 일이 많다. 그런데 '냄비'에 대해서만은 관대한 편이다. 19세기 이전에 들어와 우리말 속에 완전히 자리를 잡았기 때문인 것으로 보인다.

이웃 간에 말과 글이 오가는 것은 자연스러운 일이다. '솥'의 다른 말인 '가마'는 일본어에서도 똑같은 뜻, 똑같은 의미로 쓰이고 있으니 '냄비'의 빚은 이미 갚은 것인지 모른다. 말과 글이 오가는 자연스러운 문제에 대해서 지나치게 집착하는 것, 특히 한글날 즈음만 되면 부글부글 끓어오르는 것은 바람직해 보이지 않는다. 이를 '냄비근성'이라 하여 우리의 뿌리 깊은 습성처럼 비하하는 것은 더더욱 기분이 나쁘다. 열을 빠르게 전달하는 데 최선인 냄비는 죄가 없다.

밥상의 하이테크

서양의 르네상스 시기 최고의 하이테크 산업은 무엇이었을까? 오늘날의 전기, 전자, 기계 등과 같은 산업이 발전하기 전, 최고의 하이테크 산업은 중국을 중심으로 한 도자기 산업이었다. '도자기陶瓷器'는 낮은 온도에서 구워내는 '도기陶器'와 높은 온도에서 구워내는 '자기瓷器'를 합친 말이다. 보통은 '사기沙器', '질그릇', '오지그릇' 등까지 포함해 흙으로 빚어 가마에서 구워낸 것을 일컫는다. 오늘날에는 도자기의 용도가 매우 다양해졌지만 주된 용도는 예나 지금이나 '그릇'이다. 진흙은 여러 가지 모양으로 빚을 수 있는 데다 유약을 발라 구워내면 깔끔하고 단단해지니 도자기는 그릇으로서는 최고라 할 수 있다.

용도에 따라 어떤 모양이든 만들어낼 수 있으나 우리 밥상에 주로 오르는 것은 '사발', '대접', '접시', '종지' 정도다. 사발이나 대접에는 물이나 국 등을 담고, 접시에는 반찬을 담고, 종지에는 각종 장을 담는다. 이렇게 따져보면 의문스러운 것이 하나 있다. 밥상의 주인인 '밥'을 담는 그릇이 없는 것이다. '주발'이 있기는 하나 이 말은 본래 놋쇠로 만든 것을 뜻한다. 밥을 담는 그릇만 놋으로 만들었을 리가 없는데 묘하게도 '밥그릇'의 이름이 없다. 더 흥미로운 것은 어느 순간 '밥그릇'이 '빈 그릇'을 뜻하는 '공기空器'로 대체되었다는 점이다. '작은 밥그릇'이라는 느낌을 주는 '공기'는 밥의 양이 줄어드는 추세에 따라 만들어진 그릇이다. '밥그릇'만은 다른 이름 없이 말 그대로 '밥그릇'이라 생각할 수밖에 없다.

'밥그릇'은 본래의 지시 대상을 넘어 밥벌이를 위한 일자리를 속되게 이르는 말로 쓰이기도 한다. '먹고살아야 하는 사람'에게 먹는 것의 대표는 역시 '밥'이고 그것을 담는 그릇이 '밥그릇'이다. 어떻게든 이 밥그릇을 채워야 삶을 유지할 수 있으니 이때의 밥그릇은 생계 유지의 수단이다. 그러나 현실에서는 '밥그릇을 빼앗다'나 '밥그릇 싸움을 하다'와 같은 용법으로 더 많이 쓰인다. '밥그릇'을 빼앗는 것은 남의 명줄을 자르는 것과 같은데 현실에서는 이러한 일이 너무나 많이 벌어진다. 나눠 먹으면 모두가 먹을 수 있는데 더 많이 먹겠다고 밥그릇을 두고 다투는 일도 벌어진다. '밥그릇' 자체가 속된 표현이기는 하지만 본래의 '밥그릇'은 인간의 삶을 위한 가장 필수적인 것이니 '밥그릇'은 나누어야 할 대상이지 아귀다툼의 대상이어서는 안 된다.

이러한 그릇들은 우리의 식생활과 밀접한 관련이 있으니 그 이름은 모두 고유어일 것 같은데 의외로 한자와 관련 있는 것들이 많다. '주발'과 '사발'은 각각 한자로 '周鉢', '沙鉢'이라 쓰고 '鉢'이 그릇을 뜻하니 한자어인 것이 분명하다. '대접'은 크기나 용도로 보면 '크다'는 뜻의 '大'와 관련이 있을 듯하나 한자와 관련을 시키지 않는다. '접시'는 조선 시대의 중국어 학습서에 '접자楪子'로 기록되기도 했는데 '접시'는 중국어 발음을 우리 식으로 변형한 것으로 보인다. '접시'의 '접'을 '대접'의 '접'과 관련지을 수도 있는데 이렇게 보면 '대접'도 한자어가 된다. '종지'는 한자로 '종자鍾子'로 적는데 단어의 구성이나 발음을 살펴보면 역시 중국어를 빌려다 쓰는 것으로 보인다. 다만 '沙鉢'은 중국어에서는 아예 쓰지 않는 단어이니 우리가 만든 단어이거나 몽골어와 관련이 있는 것으로 보기도 한다.

진흙 외에 금속도 그릇으로 사용될 수 있는데 그릇으로 사용되는 금속은 녹이 슬지 않아야 한다. 금속 그릇의 대표는 역시 놋그릇이다. 놋은 가격도 비싸고 관리도 어렵다. 쇠와 같은 붉은 녹이 슬지는 않지만 관리를 제대로 안 하면 검푸르게 변하기 때문에 웬만한 집에서는 쓰기 어렵다. 이러한 문제를 단번에 해결해준 것이 '스뎅'이다. 녹이 슬지 않는 쇠라는 '스테인리스스틸stainless steel'이 어쩌다 꼬리를 둘이나 자르고 발음도 바뀌어 '스뎅'이 되어버린 것이다. '스뎅'의 원말인 '스테인'이 '녹'이란 뜻이니 '스뎅그릇'은 '녹그릇'이 된다. 다행스럽게 요즘에는 '스테인리스'라는 본래의 말을 복원해 쓰는 사람들이 많아졌다. 이름이야 어찌 됐든 녹슬지도 않고 깨지지도 않는 이 그릇은 주부들의 사랑을 받는다.

양은 또한 그릇으로 많이 쓰인다. 스테인리스 그릇이 좋기는 하지만 무겁고 비싸다는 단점이 있다. 이에 비에 구리, 아연, 니켈 등의 합금인 양은은 가볍고 녹이 슬지 않는다. 또한 가공도 쉬워서 그릇을 비롯해 냄비, 주전자, 양동이 등 다양하게 만들어 쓴다. 그러나 너무 얇게 만들어지다 보니 찌그러지거나 구멍이 나기 쉽다. 금속이기는 하지만 단단하게 잘 만든 플라스틱 그릇만도 못한 취급을 받는다. 서양을 뜻하는 '양洋'과 금 다음으로 가치 있는 금속 '은銀'이 결합되었는데도 '양은洋銀'은 싸구려의 대명사다. 그래도 얇아서 화력이 바로 전달되니 라면을 끓일 때는 최고로 여겨지며, 추억의 술 막걸리를 마실 때는 일부러 찌그러진 양은그릇을 쓰기도 한다.

'그릇'은 사람에게 쓰이면 어떤 일을 해나갈 만한 능력이나 도량을 가진 사람을 비유적으로 이르는 말이 된다. 그릇의 크기는 음식의 양과 비례하니 요즘처럼 비만이 문제되는 상황에서는 큰 그릇이 결코 좋은 것은 아니다. 그러나 각박한 삶에서 점점 사람들의 속이 좁아지고 있으니 큰 그릇은 탐낼 만하다. 물론 큰 그릇의 사람을 탐낼 것이 아니라 스스로 '큰 그릇'이 되도록 노력해야 하는 것은 당연하다.

금수저의 오류

참으로 씁쓸한 일이다. 밥을 먹는 도구가 어쩌다 사람의 신분을 가늠하는 잣대가 되었는지. 팍팍한 현실에 대한 자조의 표현이니 이해가 되기는 하지만 '금수저'란 말에 숨겨져 있는 오류가 맘에 걸린다. 요즘 쓰이는 말은 '금수저'이지만 이 말의 근원은 '은수저', 그것도 영어의 '실버 스푼silver spoon'인 것은 분명하다. 영어의 관용적 표현인 '은수저를 물고 태어나다born with a silver spoon in one's mouth'가 더 격을 높여 '금수저'로 바뀌어 사용되는 것이다. 독에 반응하는 은의 특성 때문

씁쓸한 수저계급론
흙숟가락에서 금숟가락까지의 간극이 멀다.

■   요즘은 막걸리 집에서나 쓰이는 '양재기'는 '양자기洋瓷器'에서 온 말이다. 말 그대로 보면 '서양에서 온 자기'라는 뜻인데 아무리 봐도 자기로는 보이지 않는다. 양재기는 본래 광물을 원료로 만든 유약을 바른 그릇, 즉 '법랑'을 뜻하던 말이었다. 법랑은 꽤나 고급스러운 그릇인데 이 말이 양은이나 알루미늄으로 만든 그릇으로 확대되어 쓰이게 된 것이다.

에 임금을 비롯한 부유한 이들이 사용하기도 했고 아이들의 백일이나 돌 선물로도 흔했으니 '은수저'는 그리 낯선 표현은 아니다. 그리고 부의 등급을 매기기 위해 '금수저'를 추가한 것도 받아들일 만한 일이다.

문제는 '수저'에 있다. '수저'는 '술[匙]'과 '저[箸]'가 합쳐진 말이다. '술'은 '밥 한술'이란 말에서 확인할 수 있고, '저'는 본래 고유어로 한자 '箸'에 기원을 둔 말이다. 두 말이 합쳐질 때 'ㄹ'이 'ㅈ' 앞에서 떨어지면서 '수저'가 된 것이다. 이렇게 어원을 따져보면 '실버 스푼'을 '은수저'로 번역한 것부터 잘못된 것이다. 서양 사람들은 젓가락을 사용하지 않으니 '스푼'은 '숟가락'으로 번역해야 더 정확하다. 그러니 '금수저론'도 '금숟가락론'이 되어야 하고 다른 등급의 '수저'도 모두 '숟가락'으로 바꿔야 한다.

물론 '수저'가 뜻이 변하여 '숟가락'만을 뜻하기도 하니 반드시 틀린 것은 아니지만 더 헷갈리는 것은 '숟가락'과 '젓가락'이다. 이 두 말에는 모두 '가락'이 들어가 있으니 '술'과 '저'가 '가락'과 결합된 것임을 알 수 있다. '젓가락'은 소위 '사이시옷'이 들어간 것이니 자연스러운 것이지만 문제는 '숟가락'이다. '술'과 '가락'이 결합될 때도 '사이시옷'이 필요하니 '숤가락'이 되고 과거에는 이렇게 쓰이기도 했다. 이것이 '숟가락'으로 바뀐 것은 잘 설명이 되지 않는다. 이런 예로는 '이튿날', '사흗날', '삼짇날' 등이 더 있다. 이러한 예들도 있으니 '숟가락'을 '숫가락'으로 쓰고 싶어도 '숟가락'으로 쓰는 것이 맞다.

수저는 항상 짝을 이루며 쓰여야 할 것 같지만 그렇지 않을 때도 있다. '밥숟가락을 놓다'는 '이 세상에서의 삶을 다한다'는 뜻으로도 쓰인다. 젓가락은 반찬을 위한 것이고 숟가락은 밥을 위한 것이다. 결국

우리 음식의 언어

생의 마지막 순간까지 우리의 목숨을 유지해주는 것은 밥이라는 사실을 이 표현이 간접적으로 알려준다. '밥 한술 뜨다'란 말도 결국 같은 맥락이다.

뷔키의 추억

집을 이루는 공간 중에 마지막까지 남을 공간은 무엇일까? 어차피 집은 '먹고 자고' 하는 공간이니 마지막까지 남을 공간은 결국 방과 부엌이다. 집 안에서 최초로 분화된 공간 역시 방과 부엌이었듯이 말이다. 그렇다면 방과 부엌 중에선 무엇이 마지막까지 남을 것인가? 오늘날과 같은 추세라면 부엌이 먼저 사라질 것이다. 오로지 집에서만 먹어야 한다면 부엌 또한 마지막까지 살아남을 것이다. 그러나 사서 먹어도 되고 주문해서 먹어도 되니 굳이 집에서 음식을 만들어 먹을 필요는 없다. 북쪽에서는 '식당'을 '밥공장'이라고도 하는데 식당이든 밥공장이든 이곳에서 먹을 것을 만족스럽게 공급해준다면 집에 부엌이 있을 필요는 없다.

　그러나 다행스럽게도 방과 부엌을 두고 고민해야 하는 일은 없을 듯하다. 우리의 삶이 아무리 바뀌더라도 당분간 집은 '먹고 자는' 공간이다. 냄비의 음식을 익힐 불은 꺼지지 않을 것이며, 소재는 바뀔지 몰라도 각종 그릇은 여전히 제 역할을 할 것이다. 부엌의 일을 책임지는 이의 성별이 바뀌어갈 수는 있어도 해야 할 일은 여전히 남아 있어 누군가는 여러 도구를 쓰게 될 것이다. 도구가 바뀌고 그에 따라 말이 바뀌어도 '먹고 살아야' 하니 부엌은 여전히 생명의 공간이다. 그렇게 지내고 나면 부엌은 언제나 맛이 있었던 추억의 공간으로 남게 될 것이다.

'뷔키'는 사라질 운명의 말, 혹은 이미 사라진 말이다. 혹시 '키친'이라는 말, 혹은 이 말이 속한 영어가 지구상의 모든 말을 밀어낼지도 모른다는 공포를 가질 수도 있다. 그러나 말은 그렇게 쉽게 사라지거나 바뀌지 않는다. 최초의 분화된 공간인 부엌에서 무엇인가가 끊임없이 만들어진다면 그 공간은 유효하고 그 공간을 가리키는 말도 유효하다. 그러니 '뷔키'라는 말을 추억하는 것은 단어 자체에 대한 추억이 아니라 그 시절 그곳에서 만들어진 음식을 추억하는 것이다. 추억 속의 그 맛은 늘 행복하다.

우리 음식의 언어

오늘도 먹고 마신다

04:00   인스턴트커피 한 잔, 도넛 한 조각

07:30   갖가지 채소에 오리엔탈 드레싱을 뿌린 샐러드, 플레인 요
         구르트, 닭 가슴살

12:00   잔치국수 한 그릇, 김치 한 보시기

15:00   아이스커피

19:00   밥 반 공기, 김치찌개, 콩나물 무침, 감자 볶음, 계란말이,
         어묵 무침, 소주 반 병

20:30   자두, 포도주 한 잔

집에서의 일과, 하루 종일 먹은 것을 되짚어본다. 새벽녘의 공복은
견디기 어렵지만 의사의 잔소리를 듣기 싫어 최대한 참아본다. 40년
넘게 아침을 거른 적이 없지만 어느 순간부터 시작한 다이어트식, 온
갖 풀 위에 뿌려진 멀건 소스, 시큼한 소젖, 그리고 퍽퍽한 닭고기가
전부인 아침 식사. 어머니가 보실까 두렵다. 잔칫집 인심 치고는 양이

나 고명이 너무도 야박하다고 느껴지는 국수 한 그릇에 김치 한 보시기가 전부인 점심. 역시 어머니가 아시면 큰일 날 법하다. 나른한 오후를 커피 한 잔으로 견디며 맞이한 저녁, 꽤나 가짓수도 많고 먹을 만하다. 저렴하고 성능 좋은 소주를 반주로 곁들이니 살 것 같다. 밥과 반찬을 안주로 먹는다는 딸과 아내의 핀잔 빼고는. 아내는 '와인'이라고 부르고 나는 '포도주'라 부르는 자줏빛 액체, 자두 맛을 반감시키지만 잠은 잘 올 듯하다.

08:00	밥 한 공기 반, 김치찌개, 아욱국, 가지 무침, 노각 무침, 애호박젓국, 배추김치, 열무김치, 계란찜, 조기구이
10:00	토마토
12:00	밥 한 공기, 김치찌개, 오이냉국, 가지 무침, 풋고추, 열무김치
15:00	미숫가루, 참외
18:00	밥 두 공기 반, 된장찌개, 마늘종 무침, 콩나물 무침, 깻잎, 오이장아찌, 상추, 고추장 삼겹살, 갈치구이, 막걸리 한 사발
19:00	수박

아침 일찍 본가를 찾아 하루를 보내야 했던 날의 일과, 하루 종일 먹은 것만 생각난다. 아침을 같이 먹어야 한다는 어머니의 성화에 일부러 배 속을 비워두고 맞이한 아침상, 고봉의 밥그릇부터 다 비워야 한다. 아직도 한창 먹을 나이라고 믿는 어머니를 위해. 간식으로 먹은 토

우리 음식의 언어

마토가 채 꺼지기도 전의 점심, 그나마 가볍지만 밥을 덜어내거나 남기면 큰일이니 다 먹어야 한다. 열 가지 이상의 잡곡이 들어갔다는 미숫가루와 참외가 어울리는지는 모르겠지만 커피 대신 먹을 만하다. 그리고는 해가 중천에 떠 있는데 맞이한 저녁상, 역시 말끔히 먹어야 한다. 두툼한 삼겹살과 아버지의 차지가 됐어야 할 갈치의 가운데 토막도 다 먹어야 한다. 어머니는 고기가 힘의 원천이라 믿으신다. 오랜만에 아버지와 막걸리를 더 주고받고 싶지만 늦게라도 돌아가야 하니 수박으로 더 무거워진 배를 이끌고 집으로 향한다.

참 많은 것이 다르다. 아니, 달라졌다. 끼니때 받는 밥상이 먹을 것의 전부였던 시절이 있었는데 냉장고를 비롯한 집 안 곳곳에 먹을 것이 쟁여져 있다. '밥심'으로 살던 시절, 밥 두 그릇은 말끔히 비웠는데 지금은 밥 한 공기도 벅차다. 풀은 거들떠보기도 싫고 오로지 고기반찬으로만 눈이 가던 때도 있었는데 지금은 심드렁하다. 쓴 커피를 왜 먹어야 하는지, 소화도 안 되는 소젖을 왜 먹는지, 비싼 포도주에 왜 돈을 쓰는지 모르겠던 시절이 있었는데 지금은 일상이 되었다. 가끔씩은 과거를 사는 어머니를 위해 옛날로 돌아가기는 하지만 미래를 바라보는 아내와 미래를 살아갈 아이 때문에 앞으로 더 달라질 수밖에 없어 보이기도 한다.

무엇이 달라진 것일까? 열거하자면 수없이 많겠지만 '밥상'과 '식탁'으로 수렴시켜 생각을 해도 될 듯하다. 방바닥에 양반다리 자세로 앉아서 먹는 밥상에서, 의자에 엉덩이를 걸치고 앉아서 먹는 식탁으로의 변화가 꽤나 많은 것들을 설명한다. 커다란 밥그릇, 국그릇, 찌개

그릇과 자잘한 반찬이 가득 차려져야 했던 밥상은, 기원 불명의 각종 음식들이 아무것이나 올라와도 되는 식탁과 꽤나 차이가 있다. 그러나 무엇보다도 큰 차이는 '밥'이다. '밥'이 주인이어서 '밥상'으로 불리던 것이 '먹을 것'이 주인이어서 '식탁'으로 불리는 것에 자리를 내준 변화가 가장 큰 차이다. '밥'에 집착하던 우리의 삶이 '먹을 것'을 마음대로 즐길 수 있을 만큼 풍요롭게 바뀐 것이 가장 큰 변화다.

그 변화는 오롯이 말에 반영된다. '밥'이란 단어 하나에 대해서 세대별로 느끼는 의미의 스펙트럼이 다르다. '빵'에 대해서도 마찬가지고 고기든, 풀이든, 생선이든, 음료든 그 재료를 가리지 않고 먹고 마시는 모든 것에 대해 가지는 생각이 다르다. 먹고 마시는 것에 관련된 단어의 의미만 달라지는 것이 아니다. 이미 사라져버린 말도 있고 생뚱맞게 새로 생겨난 말도 있다. 국경을 가리지 않고 넘나드는 음식과 함께 새로운 말들도 쏟아져 들어오고 있고, 그렇게 들어온 말들이 또 우리의 방식대로 변하고 있다. 우리는 이 모든 음식들을 먹고 마시면서 그와 관련된 말들도 먹고 마시고 있다.

음식과 관련된 가능한 모든 말들을 꼼꼼히 되짚어보았다. 너무나 익숙한 것이어서 관심을 가지지 않았던 말들에 우리가 얼마나 많은 삶의 향기를 불어넣어 왔는가를 생각해보았다. 이리저리 엮다 보니 빠진 항목들도 꽤 있고, 분량 때문에 덜어낸 이야기도 많다. 우리말에 관한 것이니 어쩔 수 없이 자꾸 과거로 거슬러 올라갈 수밖에 없었던 것도 있고 확신할 수 있는 것만 솔직하게 말하다 보니 해결하지 못하고 남겨둔 것들도 많다. 한 사람이 가지고 있는 지식의 총량과 사고의 깊

우리 음식의 언어

이에만 의존하다 보니 부정확한 것과 편견으로 비춰질 만한 것들도 있다.

그러나 이 모든 것에 대한 두려움은 없다. 어차피 음식도 우리 모두의 것이고 말도 우리 모두의 것이다. 먹고 마시는 것들은 끊임없이 바뀔 수밖에 없고 그에 따라 말도 바뀔 수밖에 없다. 그 과정에서 엑스선으로 뼈를 찍듯이 말로써 우리 삶의 모습을 정지된 사진처럼 글로 남겨보고자 했을 뿐이다. 공감할 수 있는 것은 공감하고, 부족한 것들은 함께 먹고 마시면서 이 시대를 살고 있는 모든 사람들이 같이 채워나갈 수 있으리라 믿는다.

동물은 살기 위해 먹는다. 인간은 동물이다. 그러므로 인간은 살기 위해 먹는다. 기초적인 삼단논법이지만 이 추론은 '생존'을 위한 절대적인 진리를 담고 있다. 그러나 우리는 삶의 원초적인 목적을 '먹고살려고'라는 말로 표현한다. 더 정확히 표현하자면 '잘 먹고 잘 살려고'다. 이는 '생존'인 동시에 '생활'의 표현이다. 우리 삶의 원초적인 목적이 이와 같으니 잘 먹고 잘 마시는 것만큼 중요한 것도 없다. 그러니 '먹고 마시는 것'의 맛을 즐기는 만큼 '말'의 맛을 즐기며 살면 된다. '우리 음식의 말'을 앞으로도 늘 곱씹어야 하는 이유가 여기에 있다.

이 책에 사용된 작품은 대부분 퍼블릭도메인이거나 저작권자의 동의를 얻었지만, 일부는 협의중에 있으며 저작권자를 찾지 못한 도판은 확인되는 대로 통상의 사용료를 지불하겠습니다.

우리 음식의 언어

초판 1쇄 발행 2016년 10월 7일
초판 9쇄 발행 2024년 11월 20일

지은이 한성우
발행인 김형보
편집 최윤경, 강태영, 임재희, 홍민기, 강민영, 송현주, 박지연
마케팅 이연실, 이다영, 송신아 **디자인** 송은비 **경영지원** 최윤영, 유현

발행처 어크로스출판그룹(주)
출판신고 2018년 12월 20일 제 2018-000339호
주소 서울시 마포구 동교로 109-6
전화 070-5038-3533(편집) 070-8724-5877(영업) **팩스** 02-6085-7676
이메일 across@acrossbook.com **홈페이지** www.acrossbook.com

ISBN 979-11-6056-000-8 03700

만든 사람들
편집 서지우, 김수경 **교정** 윤정숙 **표지디자인** 오필민 **본문디자인** 김성인